PHILIPP SCHLÄGER // **DER ENTZAUBERTE PRÄSIDENT**

ZU DIESEM BUCH

Es war ein schweres Erbe, das Barack Obama nach seiner Wahl antrat. Doch von dem »Wandel«, den er versprach, ist kaum noch etwas zu spüren.
Philipp Schläger zeigt, wie der neue US-Präsident entgegen seiner Wahlkampfrhetorik einer Strategie der Mitte den Vorzug gab und auf die Mobilisierung seiner Basis verzichtete – mithin »dieselbe alte Politik mit denselben alten Spielern« betreibt, vor der er so entschieden gewarnt hatte. Er demonstriert, wie Kompromisse mit den Republikanern misslangen und mit welch hohen Zugeständnissen Erfolge erkauft wurden. Und er analysiert, wie in vielen Bereichen der US-Politik weitergehende Veränderungen von weltpolitischen Zwängen und Rücksichtnahmen auf innenpolitische Lobbys von vornherein untergraben werden.
Auch unter Barack Obama klaffen Anspruch und Wirklichkeit der USA weit auseinander. Der Hoffnungsträger ist entzaubert, sein Charisma verblasst. Es bleibt die Hoffnung, dass er aus seinen Fehlern lernt und endlich auf den richtigen Kurs einschwenkt: »Change we can believe in.«

Foto: privat

ZUM AUTOR

Philipp Schläger, geboren 1977, ist nach dem Studium der Rechtswissenschaften in Frankfurt und Paris als Anwalt tätig und arbeitet als Journalist für die *Frankfurter Rundschau*. Seit 2008 lebt er in New York und berichtet von dort regelmäßig über politische und soziale Entwicklungen in den Vereinigten Staaten u. a. in der Tageszeitung *junge Welt*.

PHILIPP SCHLÄGER

DER ENTZAUBERTE PRÄSIDENT

BARACK OBAMA
UND SEINE POLITIK

ROTBUCH VERLAG

ISBN 978-3-86789-113-4

1. Auflage

Umschlaggestaltung: Buchgut, Berlin
Umschlagabbildung: Corbis
Druck und Bindung: CPI Moravia Books GmbH

Ein Verlagsverzeichnis schicken wir Ihnen gern:
Rotbuch Verlag GmbH
Neue Grünstraße 18
10179 Berlin
Tel. 01805/30 99 99
(0,14 Euro/Min., Mobil max. 0,42 Euro/Min.)

www.rotbuch.de

INHALT

1. ERNÜCHTERUNG

Der 20. Januar 2010 war ein kalter Tag in Washington D. C. Genau ein Jahr nach seiner Amtseinführung saß Barack Obama im Oval Office des Weißen Hauses. Er begrüßte eine Gruppe von Jugendlichen anlässlich des National Mentoring Month, anschließend zeichnete der US-Präsident einen Erlass zur Vergabe von Regierungsaufträgen ab und verabschiedete sich von den Journalisten.[1] Mit keinem Wort erwähnte er den Jahrestag. Eine offizielle Stellungnahme gab es nicht. Kein Empfang und keine Party dort, wo ein Jahr zuvor noch mehr als eine Million Menschen euphorisch die historische Amtseinführung des 44. Präsidenten der Vereinigten Staaten gefeiert hatten. Auf die Frage eines Reporters, was der Präsident mache, um den Jahrestag zu begehen, antwortete der Sprecher des Weißen Hauses Robert Gibbs in einer Pressekonferenz am selben Tag: »Nichts Besonderes.« Es sei lediglich ein Datum im Kalender, das anzeige, »dass du ein Jahr hier gewesen bist«[2]. Im Weißen Haus war niemand in Feierlaune. Die Stimmung war am Boden. Und auch draußen war die Euphorie der Ernüchterung gewichen. Auf der Mall in Washington waren an diesem Tag keine Millionen, keine »Yes we can«-Parolen, keine »Hope«- und »Change«-Poster.

In Umfragen war Barack Obama abgestürzt. Er war mit der höchsten Zustimmung seit John F. Kennedy ins Amt gekommen und innerhalb eines Jahres so tief gefallen, wie kein Präsident vor ihm.[3] Zudem war Amerika trotz seiner Botschaft der Versöhnung so polarisiert wie nie. Nur 23 Prozent der Republikaner bewerteten die Leistungen des US-Präsidenten positiv, im Gegensatz zu 88 Prozent der Demokraten.[4] Doch diese Umfragewerte waren nicht der Grund für die schlechte Stimmung im Weißen Haus. Angesichts der Wirtschaftskrise und der kontroversen Reformen Obamas waren sie keine Überraschung. Der Grund war ein anderer. Einen Tag zuvor hatten die Demokraten die

Nachwahl im nordöstlichen Bundesstaat Massachusetts verloren. Die Niederlage beendete ihre strategische Mehrheit im Senat. Damit schien eines der wichtigsten innenpolitischen Projekte des US-Präsidenten vor dem endgültigen Aus zu stehen: die Gesundheitsreform.

Von der Energie des Neuanfangs, von einem historischen Amtsantritt schien nichts übrig geblieben zu sein. Diese Niederlage kam nicht völlig überraschend. Zuvor hatten die Demokraten bereits Schläge bei den Gouverneurswahlen in New Jersey und Virginia einstecken müssen. Besonders frustrierend daran war, dass Barack Obama dort den Wahlkampf der demokratischen Kandidaten aktiv unterstützt hatte. In beiden Bundesstaaten verloren sie. Und bei der Bürgermeisterwahl in New York schien seine Abwesenheit dem demokratischen Herausforderer nicht zu schaden. Obwohl finanziell hoffnungslos unterlegen, erzielte der Demokrat Bill Thompson gegen den Multimilliardär Michael Bloomberg allen Voraussagen zum Trotz ein überraschend respektables Ergebnis. Am schwerwiegendsten allerdings war der Verlust des Senatssitzes in Massachusetts, seit jeher eine Hochburg der Demokraten. Umfragen hatten nur wenige Wochen zuvor noch einen Sieg der Nachfolgerin des verstorbenen Ted Kennedy, Martha Coakley, prognostiziert. Doch die Stimmung drehte sich, und auch eine Last-Minute-Kampagne Barack Obamas vor Ort konnte ihre Niederlage nicht mehr abwenden. Am Morgen vor der Wahl kommentierte Stabschef Rahm Emanuel wütend das sich anbahnende Debakel: »Ich war im Weißen Haus, als wir 1994 das Repräsentantenhaus und den Senat verloren haben. Damals waren wir die Dummen. Und in rund zwölf Stunden werden wir wieder die Dummen sein«, polterte er vor Regierungsmitarbeitern im Roosevelt-Raum des Weißen Hauses. »Wie Ax sagt, du bist nie so smart, wie sie sagen, wenn du gewinnst, und du bist nie so dumm, wie sie behaupten, wenn du verlierst«, erklärte er weiter mit Verweis auf Präsidentenberater David Axelrod. »Wir waren smart, und heute Abend sind wir die Dummen.«[5] Die Niederlage war mehr als nur eine Kräfteverschiebung im Kongress oder ein misslungener Auftakt für das Wahljahr 2010 – sie markierte den Höhepunkt eines verlorenen Jahres.

Die Gründe dafür sind vielfältig. Schon vor seiner Amtseinführung wartete auf Barack Obama eine Herkulesaufgabe. Er übernahm die größte Wirtschaftskrise seit der Großen Depression, die sich unter seiner Administration noch verschärfte. Auf dem Höhepunkt der Krise wurden jeden Monat mehr als 700 000 Arbeitsplätze in der US-Wirtschaft vernichtet. Dazu kamen zwei langjährige Kriege, die ihm sein Amtsvorgänger George W. Bush hinterlassen hatte, und die Herausforderung durch einen fortschreitenden Klimawandel. Obama versprach, das Gefangenenlager auf der US-Militärbasis in Guantánamo, Kuba, zu schließen und rechtsstaatliche Bedingungen wiederherzustellen. Er wollte eine Gesundheitsreform und ein Klimagesetz verabschieden, den Finanzmarkt regulieren und einen Dialog mit Ländern wie dem Iran und Nordkorea aufnehmen, die nach den Worten seines Vorgängers zur »Achse des Bösen« gehörten. Auch ein Abrüstungsvertrag mit Russland war Bestandteil seiner außenpolitischen Agenda, die stärkere Einbindung Chinas und ein neuer Anlauf für einen Friedensprozess im Nahen Osten. Nicht gerade ein bescheidenes Programm. Und doch erschien es angesichts der allgemeinen Frustration am Ende der Bush-Ära und einer populären Welle der Unterstützung machbar. Schon der Sieg Barack Obamas war ein kultureller Meilenstein für das Land, in dem noch bis in die sechziger Jahre hinein in zahlreichen Bundesstaaten eine »Mischehe« zwischen Weißen und Afroamerikanern illegal und öffentliche Einrichtungen wie Gaststätten oder Schulen nach Rassen getrennt waren. Alle Zeichen standen auf Wechsel. Millionen Menschen feierten den historischen Moment auf der Mall in Washington oder vor Fernsehbildschirmen und Radios weltweit. Hinzu kam, dass der neue US-Präsident nach seiner Wahl Ende 2008 über eine stabile demokratische Mehrheit im Kongress verfügte. Zu viel war in den vorangegangenen Jahren liegengeblieben, und hoch waren die Erwartungen, die den 44. Präsidenten in sein Amt begleiteten. Und entsprechend groß war die Enttäuschung.

Wer von der »Obama-Ära«[6] einen personellen Neuanfang erwartet hatte, wurde früh enttäuscht. »Wenn er Leute wie Lawrence Summers in seinem Kabinett mit Schlüsselpositionen bedenkt oder die verfehlte Wirtschaftspolitik von Clinton und Bush weiterführt, dann wird der Messias irgendwann als falscher Prophet geschmäht werden«[7], hatte die Philosophin Judith Butler in einem Aufsatz kurz nach der Wahl geschrieben. Obama setzte personell auf Kontinuität. Anstatt eines Wechsels gab es *business as usual* mit einer Mischung aus seiner »Chicago Gang« und Ex-Mitarbeitern Clintons und Bushs. Die von ihm zusammengestellte Regierungsmannschaft bezeichnete der Kolumnist David Brooks ganz ohne Ironie als »die Besten der Washington-Insider«[8]. Ein Großteil der neuen Regierung hatte eine Ausbildung an Eliteuniversitäten wie Harvard und Yale genossen und brachte langjährige politische Erfahrung aus der US-Hauptstadt mit. Nur einen Nachteil habe die Wahl, scherzte Brooks in seiner Kolumne in der *New York Times*. Sollten die USA während eines Spiels von Harvard gegen Yale angegriffen werden, »sind wir aufgeschmissen«.

Barack Obama ernannte den Prototypen des Washington-Insiders Rahm »Rahmbo« Emanuel zum Stabschef im Weißen Haus. Hillary Clinton bekam den Job der Außenministerin. Noch im Wahlkampf hatte sie aggressivere Positionen vertreten als Obama selbst. Und er behielt George W. Bushs Verteidigungsminister Robert Gates im Team. Lawrence Summers wurde Vorsitzender des einflussreichen Wirtschaftsrats im Weißen Haus. Der ehemalige Mitarbeiter Ronald Reagans und Ex-Chefökonom der Weltbank vollzog als Finanzminister unter Bill Clinton die Deregulierung des Finanzmarkts. Barack Obama holte auch den Architekten des Bankenrettungsplans und Chef der New Yorker Notenbank Timothy Geithner als Finanzminister in die Regierung. Republikaner freuten sich, andere lobten die Auswahl als klugen Schachzug. Der idealistische Außenseiter Obama bediene sich pragmatischer Insider mit Regierungserfahrung. Er spalte die Republikaner, hieß es sogar. Er sei ein Student der Geschichte Washingtons und wolle Fehler vorangegangener Administrationen vermeiden,[9] schrieb etwa der Journalist Peter Baker. Jimmy Carter und Bill Clinton hätten beide unerfahrene Vertraute nach Washington geholt und seien anschließend an dem schwierigen politischen Terrain der Hauptstadt gescheitert. Obama selbst bemühte das Bild des *team of rivals*, nach dem Titel einer Biografie über Abraham Lincoln.[10] Wer auch immer der Beste sei, bekomme den Job,[11] hatte er vor der Wahl erklärt. Schon in seinem Buch *The Audacity of Hope* (dt.: *Hoffnung wagen*) beschrieb er diesen Ansatz und warnte vor der zunehmenden Polarisierung. Dies sei kein Erfolgsrezept für die Demokraten. Jeder Versuch, eine »stärker polarisierte und ideologische Strategie« zu vertreten, verkenne »den Moment, in dem wir uns befinden«[12]. Seine progressiven Anhänger hatten nicht damit gerechnet, dass er es ernst meinte. »Viele von uns dachten, das sei nur Politik gewesen«[13], sagte etwa Barney Frank im Frühjahr 2009. Und viele reagierten enttäuscht. Für sie erhielt Obamas Image des *agent of change* eine deutliche Delle.

Wie sich bald herausstellen sollte, waren diese personellen Entscheidungen auch in anderer Hinsicht nachteilig. Die Insider brachten einiges an Gepäck aus ihren langjährigen politischen Karrieren mit. Barack Obamas erste Tage im Amt waren darum geprägt von unangenehmen Personalquerelen. Während unter George W. Bush nur ein Kandidat im Ernennungsverfahren des Senats scheiterte, verlor sein Nachfolger gleich eine ganze Reihe seiner Wunschkandidaten. Darunter war Nancy Killifer, die nach den Plänen Obamas den neu geschaffenen Posten des Haushaltswächters im Weißen Haus bekommen sollte. Sie stolperte über Steuerschulden. Der Gouverneur von New Mexico, Bill Richardson, wie Hillary Clinton und Joe Biden ein früherer Kontrahent in den Vorwahlen, stand für den Posten des Handelsministers nicht mehr zur Verfügung, als Ermittlungen wegen Korruptionsvorwürfen gegen ihn bekannt wurden. Auch der ehemalige Fraktionsvorsitzende der Demokraten im Senat, Tom Daschle, schied aus. Ihm wollte der neue Präsident das Amt des Gesundheitsministers übertragen. Doch nachdem bekannt geworden war, dass er in seiner Zeit als Lobbyist jahrelang einen Dienstwagen eines New Yorker Investors genutzt, aber nicht versteuert hatte, zog er seine Kandidatur zwei Wochen nach Obamas Amtsantritt zurück. Der bekannte: »Ich habe es vermasselt.«[14] Und es ging weiter. Die von Obama avisierte Überparteilichkeit stieß früh an ihre Grenzen. Der nach Bill Richardson als Handelsminister vorgesehene Republikaner Judd Gregg zog seine Kandidatur angesichts des nahezu geschlossenen republikanischen Widerstands gegen das Konjunkturprogramm Obamas noch im Februar 2009 zurück. Auch die Bestätigung von Kandidaten für rangniedrigere Posten dauerte länger als erwartet. Das Finanzministerium hatte mitten in der Krise bis März 2009 von 15 Schlüsselpositionen nur eine besetzt. Auch nach 100 Tagen im Amt waren nur 10 Prozent der Regierungsposten besetzt.[15]

Andere Personalentscheidungen waren in Anbetracht der vielversprechenden Agenda von »Change« und »Hope« nicht weniger problematisch. George W. Bushs Verteidigungsminister Robert Gates verblieb im Amt. Die von Barack Obama nominierte Leiterin der nationalen Umweltschutzbehörde Lisa Jackson war zuvor in der gleichen Funktion für den Bundesstaat New Jersey zuständig gewesen, wo sie versagt hatte.

Die Einrichtung habe landesweit die schlechteste Bilanz,[16] schloss ein Bericht der übergeordneten Behörde EPA angesichts der mehr als 20 Jahre dauernden Reinigung von verseuchtem Grund und Boden. »Wir sollten uns schämen, dass Bushs EPA einschreiten muss, um die Kontrolle über die Bekämpfung der Umweltverschmutzung in unserem Staat zu übernehmen«, hieß es darin. Dennoch feierten die Medien Jacksons Ernennung: Sie war die erste schwarze Leiterin der US-Behörde.

Auch mit Blick auf die Lobbyisten hielt Barack Obama nicht, was er im Wahlkampf versprochen hatte. Seinen Erlass vom ersten Amtstag, wonach kein ehemaliger Lobbyist in demselben Bereich für die Regierung arbeiten dürfe, weichte er durch zahlreiche formelle oder formlose Befreiungen auf. Angesichts der lauter werdenden Kritik sah sich das Weiße Haus schließlich genötigt, ein *Ethics Update* zu veröffentlichen, in dem die Administration die Ausnahmen als »angemessen«[17] rechtfertigte. Ein schillerndes Beispiel dieser Befreiungen war die Anstellung von William J. Lynn. Der ehemalige Lobbyist von Raytheon, einem Hersteller von Waffensystemen, wurde unter Obama rechte Hand von Verteidigungsminister Robert Gates. In dieser Funktion entscheidet er beispielsweise mit über die Ausrüstung der US-Armee. Das Pentagon war für Lynn ein vertrauter Ort. Ganz im Sinne des *Revolving-door*-Effekts, in Washington gang und gäbe, hatte er bereits vor seiner Lobbytätigkeit dort als Rechnungsprüfer gearbeitet.[18] So wie William Lynn absolvieren zahlreiche Karrieristen in Washington einen reibungslosen Gang durch Institutionen, durch Unternehmen – und wieder zurück.

Mark Patterson brauchte für seinen Posten als Stabschef unter Finanzminister Timothy Geithner gar keine Befreiung. Für den Lobbyisten, der noch 2008 für Goldman Sachs gearbeitet hatte, reichte die »Zusicherung«, sich nicht an Diskussionen zu beteiligen, die seine vorherige Arbeit betreffen.[19] Angesichts der zentralen Rolle seines vorherigen Auftraggebers in der Finanzkrise ist unklar, wie er eine solche Zusage an seinem neuen Arbeitsplatz einhalten wollte. Die Anordnung Barack Obamas lief damit von Anfang an ins Leere. Inzwischen gehören zahlreiche ehemalige Mitarbeiter der Investmentbank Goldman Sachs zu seinem Kader. Statt »Change« gab es mehr »Government Sachs«[20]. »Es sieht so aus, als ob sie das eine sagen und das andere machen«[21], sagte Melanie Sloan, die geschäftsführende Direktorin der Organisation Citizens for Responsibility and Ethics in Washington.

Gleichzeitig erhielten Menschenrechtsaktivisten und Gewerkschafter wie Tom Malinowski von Human Rights Watch und Peg Seminario von der Gewerkschaft AFL-CIO aufgrund der ihnen beschiedenen »Lobbytätigkeit« für Menschenrechte und eine Gesundheitsversorgung für Arbeiter keine Anstellung.[22]

Auch auf einem anderen Gebiet beschritt der neue US-Präsident den traditionellen Weg. Wie seine Vorgänger erklärte auch er nach der Wahl, dass besonders erfolgreiche Spendensammler Aussicht auf Diplomatenposten hätten, obwohl er selbst diese Praxis George W. Bushs und anderer Präsidenten zuvor kritisiert hatte.[23] Auf diese Weise erhielt beispielsweise der in Chicago geborene 71-jährige Jurist und Banker Louis »der Staubsauger« Susman den Posten des US-Botschafters in Großbritannien, obwohl er keinerlei diplomatische Erfahrung mitbrachte.[24] Den Botschafterposten in Berlin erhielt der langjährige Goldman-Sachs-Manager Philip Murphy. Auch Murphy sammelte als Vorsitzender des Finanzausschusses der Demokratischen Partei erfolgreich Millionen für Obamas Wahlkampf.[25]

Doch all diese Personalien rückten angesichts anderer, sich überstürzender Ereignisse in den Hintergrund: In Windeseile schien Barack Obama seine Agenda bereits in den ersten Tagen seiner Präsidentschaft umzusetzen. Er ordnete an, das Gefangenenlager auf der US-Militärbasis Guantánamo Bay zu schließen. Er befahl seinen Truppen, den Abzug aus dem Irak vorzubereiten. Er weitete ein bestehendes Krankenversicherungsprogramm für bedürftige Kinder aus. Er verabschiedete ein Gesetz, das Frauen die Durchsetzung ihres gesetzlichen Anspruchs auf gleichen Lohn erleichtert. Während die US-Automobilindustrie und Banken vor dem Zusammenbruch standen, Millionen Menschen ihre Arbeit und Hunderttausende ihr Zuhause verloren, kämpfte ihr Präsident für das größte Konjunkturprogramm in der Geschichte der Vereinigten Staaten. Bald schon stiegen die Profite der Großbanken wieder auf das Niveau vor der Krise. Doch die Wirtschaft steckte weiterhin in Schwierigkeiten. Noch vor seiner Wahl war Barack Obama an dem 700 Milliarden Dollar schweren Rettungspaket für die Finanzindustrie maßgeblich beteiligt gewesen, und George W. Bush hatte das Gesetz nur durch die substanzielle Unterstützung der Demokraten durch den Kongress bringen können. Nach seiner Amtseinführung half der neue

Präsident der US-Wirtschaft nun mit einer weiteren Finanzspritze von rund 787 Milliarden Dollar. Er musste das Gesetz allerdings gegen den nahezu geschlossenen Widerstand der republikanischen Opposition durch den Kongress bringen. Fragt man daher seine Berater, so war das erste Jahr des 44. US-Präsidenten durchaus eine Erfolgsgeschichte.

Doch all den von Obama verwirklichten Projekten ist gemeinsam, dass er sie in den ersten Monaten, viele davon sogar in den ersten Tagen und Wochen nach Amtsantritt auf den Weg brachte. Es ist wesentlich schwerer, Erfolge aus dem zweiten Halbjahr aufzulisten. Das liegt vor allem an dem Kampf um die Gesundheitsreform, die er viel zu lange der taktierenden Legislative überlassen hatte. Das Projekt kam nicht von der Stelle. Die Republikaner blockierten fast einhellig alle Vorschläge der Demokraten, ohne eigene vorzubringen. Dennoch versuchte die Obama-Administration geradezu verzweifelt, einen Minimalkompromiss auszuhandeln, um wenigstens einige Republikaner auf ihre Seite zu ziehen. Probleme könnten zwischen vernünftigen Menschen im offenen Gespräch gelöst werden, glaubte der Präsident. Selbst Kernelemente seiner Reformen schienen unter diesen Bedingungen verhandelbar zu sein. So war er beispielsweise bei den Gesprächen zur Gesundheitsreform früh bereit, die in der amerikanischen Öffentlichkeit durchaus beliebte staatliche Krankenversicherungsoption der Aussicht auf eine Kooperation der Republikaner zu opfern. Obendrein zeigte sich schon bald, dass die demokratische Mehrheit keineswegs geschlossen hinter ihrem Präsidenten stand. Häufig waren es gerade dessen konservative Parteigenossen, die es der Regierung in entscheidenden Momenten schwermachten.

Barack Obamas defensive Haltung gab der Opposition neue Kraft. Die amerikanische Öffentlichkeit wurde nach einem engagierten Wahlkampf unter der Beteiligung Tausender Freiwilliger und mit Millionen Menschen auf der E-Mail-Liste der Graswurzelorganisation Obama for America (später in Organizing for America, OFA, umbenannt) nun auf die Zuschauertribüne verbannt. Sie bekam nicht zu sehen, was ihre Politiker in den Hinterzimmern aushandelten. Der neue Präsident hielt sich ebenfalls zurück. Vor der Wahl hatte er von einem »Kampf« gesprochen, der nötig sein werde, um Reformen durchzusetzen. Als es ernst wurde, bremste er eine Offensive progressiver Gruppen, aktivierte nicht seine Basis der OFA und verlor den Kontakt zur Öffentlichkeit.

Das Weiße Haus habe vergessen, dass es für Reformen mehr brauche, »als Gesetzentwürfe, Verhandlungen mit dem Kongress und freundliches Lobbying«[26], schrieben Peter Dreier und Marshall Ganz, die Barack Obama im Wahlkampf beim Aufbau der machtvollen Graswurzelbewegung beraten hatten. Viele Anhänger warteten gespannt auf ihre Mobilisierung, schrieben sie und zitierten die Nachricht eines Koordinators der OFA aus Pennsylvania kurz nach der Wahl: »Wir werden hier mit Anfragen von Freiwilligen bombardiert: ›Nowwhatnowwhatnowwhat?‹« Doch der Appell für eine Bewegung von unten stieß oben auf taube Ohren. Barack Obama setzte auf einen Kompromiss mit den Republikanern und wollte in Ruhe verhandeln.

Stattdessen nutzte die aufkeimende konservative Bewegung die Gunst der Stunde. Angesichts der Gerüchte über die jüngsten Gesetzentwürfe und die neuesten Kompromissvorschläge verbreitete sie systematisch Angst. Auf der Straße bildete sich die Tea-Party-Bewegung. Die Protestbewegung wurde koordiniert von der AstroTurf-Stiftung[27] FreedomWorks und hofiert von Medien wie dem erzkonservativen Fernsehsender *Fox News* sowie Radiomoderatoren wie Rush Limbaugh. Bald beherrschten absurde Gerüchte von sogenannten *death panels* die Nachrichten. Gemäß dem Reformwerk der Demokraten würden staatliche Gremien zukünftig entscheiden, wer weiterleben dürfe und wer nicht. Barack Obama verglichen sie mit Adolf Hitler. Andere warfen ihm vor, er plane die »Übernahme der Versicherungsindustrie durch den Staat« und eine sozialistische Revolution. Die groteske Propaganda zeigte Wirkung. In der Debatte um die Gesundheitsreform erhielt die Tea-Party-Bewegung so viel Schwung, dass sie republikanischen Kandidaten wie in Massachusetts wichtige Wahlhilfe leistete und schon bald einen Rechtsruck der Republikanischen Partei bewirkte. Moderate Republikaner wurden für die Kongresswahlen im November 2010 durch konservativere Kandidaten ersetzt.[28] Und die Demokraten gerieten in die Defensive.

Entsprechend frustriert reagierten die Anhänger von Barack Obama. »Kommen Sie, Herr Präsident. Zeigen Sie uns, dass Amerika mehr ist als ein Zirkus oder ein Markt«, forderte der Kommentator Bill Moyers. »Erinnern Sie uns an unsere Größe als Demokratie.« Nur wenig später stellte er enttäuscht fest: »Etwas läuft falsch. Ein Jahr nach dem Kollaps unseres Finanzsystems ist die Wall Street wieder wohlauf, während unsere Politiker schwanken.« Die Vorschläge der Demokraten zur

Reform des Gesundheitswesens würden Menschen zum Abschluss von Versicherungen bei Unternehmen zwingen, deren Kurse stiegen, und das sei »ganz in Ordnung für das Weiße Haus«, sagte er. »Die Wahrheit ist, unsere Hauptstadt wird geplündert, Republikaner verhalten sich wie Rowdys, der Sheriff feuert Platzpatronen und mächtige Demokraten im Kongress machen gemeinsame Sache mit der Räuberbande. Dies ist nicht Kapitalismus. Es ist Kapital. Raues Geld, große Mengen davon, das Politiker und politische Konzepte kauft, als wären sie Futures auf dem Schweinemarkt.«[29]

Auch bei der Wiederherstellung rechtsstaatlicher Institutionen waren die Erwartungen hoch. »Obamas einzige Chance, eine folgenreiche und dramatische Enttäuschung zu vermeiden, besteht darin, in den ersten zwei Monaten seiner Präsidentschaft schnell und entschieden zu handeln«[30], schrieb Judith Butler. Neben einem Abzug aus dem Irak und der Änderung seiner kriegerischen Absichten in Afghanistan, so Butler, heiße das, »Guantánamo zu schließen und einen Weg zu finden, die Inhaftierten an legitime Gerichte zu überweisen«. Doch eine Jahresfrist zur Schließung des Gefängnisses verstrich ohne Konsequenzen. Die neue Transparenz, die Barack Obama anstelle der exzessiven Geheimhaltungspolitik der Bush-Administration versprochen hatte, fand schnell ihre Grenzen. Foltergutachten gab die Administration erst nach Klagen von Bürgerrechtsvereinigungen frei. Neue Folterfotos blieben auf den Rat des Verteidigungsministeriums geheim. Obwohl Obama vor der Wahl die Veröffentlichung von Informationen sogenannter Whistleblower als »patriotisch« gelobt hatte, weil sie Missstände aufdeckten, ging er in weniger als zwei Jahren seiner Präsidentschaft aggressiver gegen die Insider vor als George W. Bush in seiner gesamten Amtszeit und jeder andere Präsident vor ihm.[31] Zudem verwässerte er unter dem Vorwand der nationalen Sicherheit ein Gesetz zum Schutz von Informanten. Und wie Bush autorisierte auch dessen Nachfolger im Kampf gegen den Terror die präventive und unbefristete Haft für vermeintliche Gegner der USA. Er genehmigte sogar die präventive Tötung von terrorverdächtigen US-Bürgern. George W. Bush war vor diesem Schritt noch zurückgeschreckt. Schon nach wenigen Monaten der »Prüfung« waren Militärtribunale wieder eine gefragte Alternative für Verfahren gegen vermeintliche Mitglieder der Terrororganisation Al Qaida, nachdem der Kongress im neuen Military Commissions Act vom Oktober 2009 die extremsten Auswüchse – wie die Verwertbarkeit von unter Zwang erpressten Aussagen der Angeklagten – gestrichen hatte. Im April 2010 begannen erstmals wieder Prozesse gegen Insassen von Guantánamo vor Militärtribunalen, und noch im Februar 2010 verlängerte der Kongress auslaufende Regelungen des unter Bush verabschiedeten Patriot Act.[32] Das Gesetz greift massiv in Bürgerrechte ein. Es erlaubt Hausdurchsuchungen ohne Wissen der Betroffenen, Abhörmaßnahmen ohne richterliche Prüfung und die Einsichtnahme in Bankdaten auch ohne Anhaltspunkte für eine Straftat. Es weitet zudem das Mandat des Auslandsgeheimdienstes CIA auf das US-Inland aus und erlaubt eine intensive Kooperation von Geheimdiensten mit Organen der Strafverfolgung. Nach dem Anschlagsversuch am New Yorker Times Square zeigte sich Barack Obama zudem offen für eine Einschränkung der polizeilichen Aufklärungspflichten bei Vernehmungen von Beschuldigten im Fall des Terrorismusverdachts.[33]

Das zweite Jahr begann für Obama in der Defensive. Die Niederlage von Massachusetts drohte, seine Präsidentschaft zu lähmen. Doch bald schon zeigte sich ein überraschender Schwenk. In seiner Rede zur Lage der Nation Ende Januar 2010 ging er auf die Wut vieler Amerikaner ein, dass »der Wandel nicht schnell genug gekommen ist«. Sie verstünden nicht, warum die Wall Street für schlechtes Verhalten belohnt würde, während andere für ihre harte Arbeit nichts bekämen, »oder warum Washington unfähig oder unwillig war, irgendwelche unserer Probleme zu lösen«. Auf dem Tiefpunkt nahm Barack Obama erstmals das Heft in die Hand. Er forderte eine starke Regulierung der Finanzhäuser und präsentierte seinen eigenen Vorschlag für eine Gesundheitsreform. Er befolgte dabei nicht den Rat seines Stabschefs Rahm Emanuel, eine umfassende Reform aufzugeben und ein kleineres Paket zu schnüren. Schon im Sommer 2009 hatten Mitarbeiter auf Drängen Emanuels hin einen solchen »Notentwurf« entwickelt. Obamas Initiative kam spät, nun musste er mit den im vorherigen Jahr produzierten Vorlagen arbeiten. Nur der Entwurf des Senats – die schwächste Reformversion, gespickt mit zahlreichen konservativen Konzessionen – hatte eine Chance, das Verfahren im Kongress zu überstehen. Absprachen mit der Pharmaindustrie, mit Krankenhäusern und Ärzten sowie kräftige Zugeständnisse an private Versicherer und einzelne Kongressabgeordnete verwässerten das Reformprojekt. Der Präsident musste einsehen, dass die Republikaner keinerlei Kompromisse wollten. Daher drohte er mit dem besonderen, Reconciliation genannten Abstimmungsverfahren im Kongress. Und endlich richtete er sich an die Öffentlichkeit, um wieder Rückenwind zu bekommen. Er organisierte einen live ausgestrahlten Gesundheitsgipfel mit Top-Demokraten und Republikanern, der das Thema zurück in die öffentliche Diskussion brachte und deutlich machte, wie wenig kooperationsbereit die Republikaner tatsächlich waren. Vor allem aber hielt er zahlreiche Reden vor seinen Anhängern, in denen er die schlimmsten Exzesse der privaten Versicherungsindustrie am Beispiel einzelner Betroffener ins allgemeine Bewusstsein zurückrief. Und es funktionierte. Die Ärmel hochgekrempelt, erhöhte er seine rhetorischen Angriffe gegen die Versicherungsindustrie. Im März 2010 verabschiedete der Kongress schließlich – ohne eine einzige Stimme der Republikaner – die in ihren Ausmaßen historische Reform. Doch das Gesetz ist unzureichend. Es lässt weiterhin Millionen Menschen unversichert. Darüber hinaus beruht die Reform auf der privaten Versicherungsindustrie, einem der Verursacher der Gesundheitskrise. Dennoch sicherte der Erfolg Obamas Präsidentschaft. Zahlreiche Präsidenten vor ihm waren an diesem Vorhaben gescheitert.

Und für seine weitere Amtszeit brachte der politische Sieg die Euphorie und Energie der Anfangszeit zurück und befreite ihn von der Lethargie des ersten Jahres. »Noch vor meiner Amtseinführung kamen die Kongressführer der anderen Partei zusammen und rechneten sich aus, dass sie gewinnen, wenn ich verliere«, sagte er in einer Rede im Juni 2010. »Als ich sie anlässlich des Konjunkturgesetzes traf, erklärten sie, noch bevor ich im Kapitol angekommen war, dass sie gegen das Gesetz seien. Und noch bevor wir einen Gesetzentwurf für eine Gesundheitsreform hatten, sagte ein republikanischer Senator: ›Wenn wir den Präsidenten hier stoppen können, wird das sein Waterloo. Es wird ihn brechen.‹ Dies waren keine hoffnungsvollen Zeichen.«[34] Nun konnten Projekte wie die Reform des Finanzmarkts auf den Weg gebracht werden. Doch die hierfür vom Kongress entwickelten Entwürfe blieben hinter den Erwartungen zurück. Die sogenannte Volcker-Regel, die den Eigenhandel der Finanzinstitute unterbinden sollte, kommt nur in einer schwächeren Form. Eine Verbraucherschutzbehörde wird nicht unabhängig sein. Regelungen für den Handel mit Derivaten, von dem

Investor Warren Buffet einmal als »finanzielle Massenvernichtungswaffen« bezeichnet, bleiben aufgrund der intensiven Arbeit von mehr als 1500 Lobbyisten durchlöchert von Ausnahmen. Anstelle einer starken strukturellen Reform gibt es eine monströs aufgeblähte, die dennoch zahnlos bleibt.

Der Erfolg von Barack Obamas Präsidentschaft und die Chancen für seine Wiederwahl 2012 werden vor allem an seiner Fähigkeit gemessen, die in der Krise vernichteten Arbeitsplätze zumindest teilweise wieder zu schaffen. Doch die Arbeitslosigkeit verharrt auch nach dem Höhepunkt der Wirtschaftskrise und massiven staatlichen Interventionen bei rund zehn Prozent, ein für die Vereinigten Staaten beachtlich hoher Wert. Nachdem allein die Krise mehr als acht Millionen Jobs vernichtete, sind inzwischen 15 Millionen Menschen auf der Suche nach Arbeit. Die Schere zwischen Arm und Reich ist unter der Regierung Obama so weit geöffnet wie nie zuvor. 2008 lebten fast 40 Millionen Amerikaner in Armut, der höchste Wert in 50 Jahren.[35] Einer von acht Amerikanern ist damit auf Essensmarken angewiesen. Während weniger als zehn Prozent der weißen Bevölkerung offiziell als arm gelten, trifft dies für einen von vier Schwarzen zu. In einer Videobotschaft vom Januar 2010 warnte der Soziologe Cornel West den Präsidenten, nicht diejenigen zu vergessen, die ihn gewählt hätten und tagtäglich ums Überleben kämpften. Nur Monate später klang seine Botschaft weniger konziliant. Barack Obama sei der Vertreter des Big Business und nicht von denen, die vergeblich Arbeit suchten,[36] erklärte er.

Auch der Einsatz des Präsidenten für ein gewerkschaftsfreundliches Arbeitsrecht fehlte bislang. Noch im Wahlkampf unterstützte Obama den Employee Free Choice Act, der eine gewerkschaftliche Organisation in den Betrieben erleichtern würde. Doch bislang muss die Gewerkschaftsbewegung weiter auf eine Initiative des US-Präsidenten warten. Unternehmensverbände und Konzerne wie Wal-Mart bekämpfen das Gesetz verbissen.

Die Massenarbeitslosigkeit und die rechtslastige Stimmung verschärften auch die Lage von Einwanderern ohne legalen Status. Im April 2010 verabschiedete etwa der US-Bundesstaat Arizona ein Anti-Immigrationsgesetz, das die Befugnisse der Strafverfolgungsbehörden ausweitet und den Staat zum Vorreiter für Repressionen gegen Immigranten macht. Pikanterweise schaffte es ein rechtsextremer Außenseiter innerhalb der Republikanischen Partei des Bundesstaats, den Mainstream der Konservativen auf seine Seite zu ziehen, ein Beispiel für den Rechtsruck der Republikaner unter dem Druck der Tea-Party-Bewegung. Der Präsident räumte daraufhin ein, dass einer der Gründe für die Eskalation der Immigrationsfrage die Untätigkeit der Regierung gewesen sei. Er versprach als Teil seiner Agenda eine umfassende Einwanderungsreform. Die Zahlen sprechen gegen ihn. Im ersten Jahr seiner Amtszeit wurden mehr als 400 000 illegale Einwanderer abgeschoben, mehr als in jedem Jahr unter George W. Bush. Auch 2010 werden mindestens so viele Menschen die USA zwangsweise verlassen. Und anstatt in der Folge zügig ein Gesetz auf den Weg zu bringen, schickte Obama 1200 Nationalgardisten an die Grenze zu Mexiko. Millionen von Einwanderern warten weiterhin auf die Reform. Die bislang präsentierten Vorschläge der Demokraten zeigen zwar einen Weg hin zu ihrer Legalisierung auf, setzen jedoch schwerpunktmäßig auf Repressionen. 67 Prozent der spanischstämmigen Wähler stimmten 2008 in der Hoffnung auf »Change« für Barack Obama. Ob sie ihm bis 2012 treu bleiben, ist ungewiss.

Ein Energiegesetz steckt im zweiten Jahr seiner Amtszeit im Kongress fest. Er verdreifachte in der Zwischenzeit die staatliche Subventionierung für den Bau von Atomkraftwerken. Er verteidigte den »sauberen« Abbau von Kohle. Und nur kurz nachdem er gegen den Widerstand von Umweltschützern eine Ausweitung der Ölbohrungen vor der Küste der USA angekündigt hatte, explodierte die von dem Konzern BP betriebene Ölplattform Deepwater Horizon und sorgte damit für die größte Ölpest aller Zeiten. Obwohl Obama in der internationalen Klimapolitik einen Neuanfang versprochen hatte, gab es auf dem Klimagipfel in Kopenhagen keine verbindlichen Zusagen. Dies lag ebenso an den innenpolitischen Kräfteverhältnissen im US-Kongress wie am Verhalten aufstrebender Weltmächte wie China, die dem Einfluss der USA reale Grenzen setzen.

Die außenpolitische Bilanz ist zur Halbzeit von Barack Obamas erster Amtsperiode ebenfalls dünn. Er stellte ein neues multilaterales Zeitalter, Gespräche mit Gegnern der USA und ein Ende der Kriege im Irak und in Afghanistan in Aussicht. Schon seine Amtsübernahme löste weltweit Begeisterung aus.

Doch Obama setzte die Kriegspolitik seines Vorgängers fort. Der aktuelle Verteidigungshaushalt ist der größte in der Geschichte der

Vereinigten Staaten. Unter Obama sind inzwischen mehr Truppen im Nahen Osten stationiert als auf dem Höhepunkt des Irakkrieges unter George W. Bush. Und der Afghanistankrieg eskaliert. Während Obama im Wahlkampf aus seiner Opposition gegen den Irakkrieg keinen Hehl machte, bezeichnete er Afghanistan immer wieder als die zentrale Front im Krieg gegen Al Qaida. Im Amt verdreifachte er die Zahl der US-Truppen am Hindukusch. Der Juli war der verlustreichste Monat für die US-Truppen seit Beginn des Krieges 2001. Auch unter dem neuen Oberkommandierenden General David Petraeus ist ein Ende der Gewalt nicht in Sicht.

Mit den Verhältnissen im Irak überließ George W. Bush der neuen Administration einen weiteren unerledigten Konflikt. Angesichts neuer Gewalt ist fraglich, inwiefern Barack Obama sein Versprechen eines Abzugs der Truppen bis Ende 2011 einhalten kann.

Ein israelisch-palästinensischer Frieden scheint nach der Ankündigung der Israelis während des Besuchs von US-Vizepräsident Joe Biden, neue Siedlungen bauen zu wollen, und dem tödlichen Angriff Israels auf eine zivile Flotte mit Hilfsgütern für den blockierten Gazastreifen an Bord in weiter Ferne. Nach einem anfangs gespannten Verhältnis zu Israel versuchte Obama im Sommer 2010, die Wogen zu glätten. Die inhaltlichen Differenzen blieben jedoch unübersehbar.

Das Verhältnis zum Iran bleibt trotz mehrerer diplomatischer Offensiven gespannt. Ein Abkommen zur Urananreicherung im Ausland, das die Türkei und Brasilien mit dem Land ausgehandelt hatten, ignorierte die US-Regierung. Im Gegenteil, unter dem Druck der Obama-Administration leitete der Sicherheitsrat der Vereinten Nationen eine neue Stufe internationaler Sanktionen gegen Teheran ein.

Eine Änderung zu dem bisher üblichen Ton war in den bilateralen Beziehungen zu Russland und China zu vernehmen. Gegenüber ihrem russischen Amtskollegen beendete Außenministerin Hillary Clinton die an den Kalten Krieg erinnernde Konfrontationshaltung der Bush-Administration und plädierte für einen Neuanfang. Die Folge war ein neuer START-Vertrag. Das atomare Abrüstungsabkommen gilt als der erste große außenpolitische Erfolg Obamas. Russland, das in seinen auswärtigen Beziehungen auf die Anerkennung als gleichberechtigter Partner drängt, unterstützte im Gegenzug die von den Vereinigten Staaten geforderten Sanktionen gegen den Iran.

Signifikant war der neue Umgang mit China, das 2010 über Währungsreserven in Höhe von mehr als einer Billion Dollar verfügte und inzwischen der größte ausländische Kreditgeber der USA ist. Obamas Annäherung war von deutlich mehr Zurückhaltung geprägt, als die Belehrungen Präsident Clintons über Menschenrechte und George W. Bushs Kritik an den Manipulationen der Landeswährung. Das neue Verhältnis zog einige Erfolge nach sich. Das Reich der Mitte unterstützte die neue Stufe von Iran-Sanktionen des Sicherheitsrats der Vereinten Nationen und vermittelt im Konflikt mit Nordkorea. Gleichzeitig allerdings wies China die USA und andere Mächte in ihre Schranken und blockierte beispielsweise eine stärkere Abschlusserklärung beim Klimagipfel in Kopenhagen.

Auch die traditionelle Hinterhofpolitik der Vereinigten Staaten in Südamerika sollte unter seiner Administration der Vergangenheit angehören, versprach Obama. Reisebeschränkungen zwischen Kuba und den Vereinigten Staaten lockerte er, zumindest für zerrissene Familien. Und auf dem Lateinamerika-Gipfel in Trinidad und Tobago sprach er von einer »neuen Partnerschaft«. Zur Begrüßung gab es sogar einen Handschlag mit Hugo Chávez, der dem US-Präsidenten eine Ausgabe von Eduardo Galeanos *Die offenen Adern Lateinamerikas* überreichte. Tatsächlich änderte sich im Verhältnis zu Kuba indes wenig. Die US-Sanktionen sind weiterhin in Kraft, und die US-Regierung bemüht sich weiter um einen Regimewechsel auf der Karibikinsel. In Honduras folgte dem anfänglich gespannten Verhältnis zu den Putschisten die formelle Anerkennung der neuen Regierung nach Wahlen unter polizeistaatlichen Bedingungen.

Mit seiner neuen Rhetorik verbesserte Barack Obama ohne Zweifel das Ansehen der Vereinigten Staaten in der Welt. Wer allerdings mehr als eine atmosphärische Verbesserung erwartet hatte, wurde enttäuscht. Anstatt eines Neuanfangs und fundamentalen Wandels führte Obamas Politik auf nahezu allen Politikfeldern zu einer Stabilisierung des Status quo. »Hope« und »Change« sehen anders aus. Noch 2008 hatte er anlässlich seiner Nominierung als Präsidentschaftskandidat vor Tausenden Anhängern in Denver zu bedenken gegeben, dass »das größte Risiko [ist], dass wir dieselbe alte Politik mit denselben alten Spielern versuchen und ein anderes Ergebnis erwarten«. Wie wurde der Kandidat zu einem Präsidenten, »der sich selbst mit denselben alten Spielern umgab und dieselbe alte Politik versuchte und ein anderes Ergebnis erwartete?«[37], fragte sich nicht nur die Journalistin Arianna Huffington verwundert. Was war geschehen?

2. »HOPE« UND »CHANGE« – DAS ENDE DER ÄRA BUSH

Es waren die letzten Monate der Ära George W. Bush. Die gesamte politische Elite war an jenem 25. September 2008 im Cabinet Room des Weißen Hauses versammelt, auch der demokratische Präsidentschaftskandidat Barack Obama hatte auf einem der Lederstühle an dem Mahagonitisch Platz genommen. Ihm gegenüber saß sein republikanischer Widersacher John McCain. Präsident George W. Bush setzte sich auf den etwas erhöhten Stuhl mit einer Plakette mit der Aufschrift *President*. Anwesend waren auch Finanzminister Henry »Hank« Paulson, der Chef der US-Notenbank Fed, Ben Bernanke, sowie führende Kongressabgeordnete beider Parteien. Die Wirtschaft brach ein. Der Finanzmarkt war in der größten Krise seit der Großen Depression.

Henry Paulson stellte bei dem Treffen kurz nach dem Zusammenbruch der Investmentbank Lehman Brothers seinen Rettungsplan für das Bankensystem vor. Er wollte vom Kongress 700 Milliarden Dollar für den Ankauf fauler Anlagen. Nur auf diese Weise könnten die größten Banken der USA und damit das vor dem Kollaps stehende Finanzsystem stabilisiert werden. George W. Bush, der eigentlich das Treffen zusammen mit McCain hatte leiten sollen, wirkte abwesend. Ein Republikaner flüsterte in Anspielung auf die Ranch des Präsidenten in Texas: »Er ist schon in Crawford.«[38] Bush wusste wenig über die Details der Krise. Auch John McCain hielt sich zurück. Die Republikaner schienen nicht wirklich bei der Sache zu sein. Sollte der Kreditmarkt nicht wieder auftauen, drohe der totale Kollaps der Wirtschaft. »This sucker could go down«, so Bush wörtlich.

Nach eindringlichen Worten von Henry Paulson und Ben Bernanke über die katastrophale Lage, gab Präsident Bush laut Protokoll den Kongressführern der Demokraten das Wort. Doch die Sprecherin des Repräsentantenhauses Nancy Pelosi und Senator Harry Reid verwiesen beide auf ihren Präsidentschaftskandidaten: »Wir werden von Senator Obama vertreten.«[39] Nun ergriff dieser die Initiative. Als er ansetzte, wurde es ruhig im Raum. Alle hörten seiner umfassenden Stellungnahme aufmerksam zu, die Paulson später als »bedacht und gut vorbereitet«[40] beschrieb. Nach einem komplexen Vortrag über die Position der Demokraten und eine mögliche Einigung mit den Republikanern im Senat, schloss Obama mit den Worten: »Die Demokraten werden die Stimmen liefern.«[41] Entgegen dem Protokoll wandte sich George W. Bush nun an John McCain: »Ich denke, es wäre fair, wenn ich Ihnen als Nächstes das Wort erteile.« Doch McCain lehnte ab: »Ich werde erst mal zuhören.« Es war nicht nur eine schwache Leistung für einen Mann im Rennen um das höchste Amt im Staat: McCain selbst hatte um das Treffen im Weißen Haus gebeten und seinen Wahlkampf angesichts der Krise offiziell unterbrochen. Doch er zog es vor, zu schweigen, und verwies stattdessen auf den Minderheitsführer der Republikaner im Repräsentantenhaus, John Boehner. Nach anhaltenden Diskussionen wandte sich schließlich der demokratische Präsidentschaftskandidat seinem Rivalen McCain zu. »Was denken Sie, John?«, fragte er ihn. Doch McCain ging auch darauf nicht ein. Die Republikaner waren schlicht gegen die Bankenrettung. Allerdings waren ihre Gegenvorschläge nach Ansicht Paulsons und der anderen Anwesenden unrealistisch.

Als sich John McCain auch nach fast einer Dreiviertelstunde noch kein einziges Mal geäußert hatte, versuchte es Barack Obama erneut. »Ich würde gerne wissen, was Senator McCain zu sagen hat, da wir bisher noch nichts von ihm gehört haben.« Endlich ergriff der führende Republikaner das Wort. Nur einen Notizzettel in der Hand, setzte er zu einer monotonen Rede an, die mit Allgemeinplätzen gespickt war: Man müsse zusammenarbeiten, sich vorwärtsbewegen, die Republikaner hätten legitime Bedenken.[42] Selbst George W. Bush, der zuvor Obama aufmerksam zugehört hatte, verfolgte den Auftritt seines Parteifreundes mit einem gequälten Gesichtsausdruck. Auf Nachfrage, was er denn von Henry Paulsons Rettungsplan halte, antwortete McCain schließlich, dass er ihn nicht gelesen habe. Der Kandidat der Republikaner hatte sich noch nicht einmal die Mühe gemacht, das dreiseitige Papier zu lesen! In diesem Moment wandte sich ein Republikaner einigen demokratischen Senatoren im Raum zu. »Jeder hier ist bereit, Obama zu wählen, auch die Republikaner.«[43]

Weniger als zwei Jahre vor der Wahl galt Barack Obama noch als Außenseiter. »Gäbe es eine Anleitung für den Weg zur Präsidentschaft«, sagte er einmal, »glaube ich nicht, dass sie beginnen würde mit ›Du solltest ein Afroamerikaner sein und Barack Obama heißen.‹«[44] Trotz seines rasanten Aufstiegs innerhalb der Demokratischen Partei war er landesweit weniger bekannt als seine potenziellen Gegner. Sein Lebenslauf war relativ kurz. »Leute fragten: ›Wie heißen Sie? Alabama? Yo mama?‹«[45], erklärte er verschiedentlich. Seine Vornamen Barack (»der Gesegnete«) und Hussein, der an einen Diktator erinnerte, den die Vereinigten Staaten in zwei Kriegen bekämpft hatten, machten die Dinge während George W. Bushs globalem »Krieg gegen den Terror« nicht einfacher. Nach acht Jahren im Senat des Staates Illinois hatte er gerade einmal knapp zwei Jahre als Senator in Washington verbracht. Innerhalb der Demokratischen Partei war ihm der Erfolg keineswegs sicher. Ihm stand neben anderen möglichen Kandidaten die Favoritin für das Rennen, die ehemalige First Lady und Senatorin Hillary Clinton, gegenüber.

Auch sein Lebenslauf war ungewöhnlich. Seine Kindheit verbrachte der 1961 geborene Sohn einer Weißen aus Kansas und eines Schwarzen aus Kenia in Hawaii und Indonesien. Nach seinen Collegejahren in Los Angeles kam Barack Obama zum Studium der Politikwissenschaften an die Columbia University nach New York, wo er nach seinem Abschluss kurzzeitig bei einer Unternehmensberatung und einer von dem progressiven Aktivisten Ralph Nader inspirierten Studentenorganisation arbeitete, die sich für gesellschaftliche Reformen einsetzt. Schließlich ging er 1984 für drei Jahre als Community Organizer nach Chicago, wo er den ersten schwarzen Bürgermeister der Stadt, Harold Washington, erlebte und beim Aufbau eines Jobtrainingsprogramms, eines Tutorensystems für angehende Collegestudenten und einer Mieterschutzvereinigung in sozial benachteiligten Stadtteilen mitarbeitete.

Nach knapp drei Jahren ging er zum Jurastudium an die Harvard University, lernte während seines Sommerpraktikums in der Chicagoer Anwaltskanzlei Sidley & Austin seine zukünftige Frau Michelle Robinson kennen und wurde Redakteur der *Harvard Law Review*. Im zweiten Jahr seines Studiums wurde er der erste schwarze »Präsident« des renommierten und mehr als 100 Jahre alten Journals. Dies gelang ihm, indem er sich in einer politisch zutiefst gespaltenen Redaktion als

Kandidat der Mitte präsentierte.[46] Er war einer der wenigen als liberal geltenden Redakteure, die auch mit den Konservativen gut zurechtkamen. Nachdem alle konservativen Konkurrenten aus dem zähen Bewerbungsprozess ausgeschieden waren, stellten sich die rechten Vorstandsmitglieder geschlossen hinter Obama, um so einen linkeren Kandidaten zu verhindern.[47]

Nach seinem Abschluss lehnte er aussichtsreiche Karrieren ab und arbeitete zwei Jahre lang an seiner Autobiografie *Dreams from My Father* (dt.: *Ein amerikanischer Traum*), in der er sich mit seiner Herkunft auseinandersetzt. Er lehrte zudem an der Universität von Chicago Verfassungsrecht, leitete die Registrierung von 150 000 Schwarzen, die zur Wahl der ersten afroamerikanischen US-Senatorin Carol Moseley Braun beitrug, und arbeitete als Bürgerrechtsanwalt. 1996 wurde Barack Obama in den Senat des Staates Illinois gewählt. Damals sprach er sich für ein universelles staatliches Krankenversicherungssystem aus und forderte die Abschaffung der Todesstrafe. Mit einer demokratischen Mehrheit im Rücken initiierte er die Einführung von Videoaufnahmen bei Polizeiverhören, die Reform der staatlichen Krankenversicherung und eine Wahlkampffinanzreform. Viele dieser Gesetze waren allerdings nach unzähligen Kompromissen bis zur Unkenntlichkeit verwässert. Seine hohe Zahl von 130 Enthaltungen als Senator führte im Wahlkampf 2008 zum Vorwurf Bill Clintons, dass er ein »Talker« und kein »Doer« sei.[48] Obama selbst bezeichnete sich als »extremen Pragmatiker«[49], der Kompromisse schloss, um zu Ergebnissen zu gelangen.

Seinen ersten Versuch auf der nationalen Bühne unternahm Barack Obama im Jahr 2000. Nach mehreren Jahren als Senator des Staates Illinois bewarb er sich gegen die politische »Machine« Chicagos um einen Sitz im US-Repräsentantenhaus. Er war schlecht beraten. Die mächtige Organisation von Demokraten unter der Leitung des Chicagoer Bürgermeisters Richard M. Daley war auf der Seite des Amtsinhabers und ehemaligen Black Panther Bobby Rush. Obama verlor. Im Gespräch mit dem Journalisten David Remnick charakterisierte Bobby Rush Obama als ein Instrument der »Lakefront Liberals«, der liberalen, weißen Elite Chicagos. Obama stamme nicht von Sklaven ab. Er sei nie militant gewesen. Rush machte sich auch über den wippenden Gang lustig, den Obama sich erst in Chicago antrainiert habe, um »schwarzer« zu wirken. »Er ist der erste Präsident, der so läuft«, sagte Rush. »Ich nehme es ihm nicht übel. Er hat sich sein ganzes Leben lang angepasst.«[50] Barack Obama habe in seiner Karriere nichts dem Zufall überlassen, sei kalkulierend in jeder Entscheidung.

Doch sein Alleingang für einen Sitz im Repräsentantenhaus war keine dieser wohlberechneten Entscheidungen gewesen. In der Partei war er anschließend isoliert. Sein Besuch beim demokratischen Parteitag 2000 in Los Angeles, zu dem ihn Freunde überredet hatten, wurde ein Fehlschlag. Noch am Flughafen wurde seine Kreditkarte abgelehnt. Erst nach einem längeren Telefonat mit American Express bekam er den Mietwagen. Während des Parteitags selbst musste er mit Bildschirmen auf dem Tagungsgelände vorliebnehmen, um das Geschehen zu verfolgen, da er keine Karte für das Staples Center erhalten hatte. Manchmal schlüpfte er mit Freunden in eine Loge, »wo klar war, dass ich nicht dazugehörte«[51]. Wenige Tage später reiste er wieder ab. Doch seine Stunde sollte kommen.

Für die Wahlen zum US-Senat 2004 stellte er sicher, dass potenzielle Kandidaten nicht antraten. Und er erhielt die Unterstützung des Wahlkampfstrategen David Axelrod. Nach seiner Karriere als Reporter und Kolumnist bei der *Chicago Tribune* hatte Axelrod Ende der achtziger Jahre sein eigenes Beratungsunternehmen gegründet und betreute vor allem progressive Demokraten. Seine Auftraggeber waren die Chicagoer Bürgermeister Harold Washington und Richard M. Daley, die Präsidentschaftskandidaten Paul Simon und John Edwards. 2006 half er bei der Wahl von Deval Patrick zum ersten schwarzen Gouverneur von Massachusetts. Zahlreiche Schlagworte, die zum Markenzeichen Barack Obamas werden sollten, waren das Werk von »Ax« (»die Axt«), der Spitzname für Axelrod. Schon in der Wahlkampagne für Deval Patrick verwendete er etwa den Schlachtruf »Yes we can!« sowie die zentralen Begriffe »Hope« und »Change«. Obama brachte auch Robert Gibbs ins Team. Er wurde im Senatswahlkampf sein Kommunikationschef und sollte ihm wenig später als Sprecher nach Washington folgen.

Der Wahlkampf wurde zu einem gemütlichen Spaziergang. Die Hindernisse schienen sich praktisch selbst aus dem Weg zu räumen. Sein demokratischer Widersacher beendete das Rennen, nachdem seine Scheidungspapiere an die Öffentlichkeit gelangten, und Obama gewann die Vorwahl. Auch sein erster republikanischer Gegner schied aus, als seine Exfrau von dessen Besuchen in Pariser Sexshows berichtete.

Ein Kommentar der *Chicago Tribune* begrüßte den eilig in Chicagos O'Hare-Flughafen eingeflogenen Nachfolger Alan Keyes aus Maryland mit den sarkastischen Worten: »Mr. Keyes dürfte ein großes Gewässer bemerkt haben, als er in O'Hare landete. Das ist Lake Michigan.«[52]

Weil mit Barack Obama ein Sieg der Demokraten in Illinois nun so gut wie sicher war, teilte ihm die Parteiführung während der Democratic National Convention in Boston im Juli 2004 Redezeit zu. »Niemand wusste, wer ich war«, sagte er kurz vor seiner Nominierung als Präsidentschaftskandidat in Denver 2008 rückblickend. »Noch während ich die Bühne betrat und Obama-Schilder verteilt wurden, dachten die Leute: Was ist das?«[53] Doch das sollte sich bald ändern. In der hermetisch abgeriegelten Sportarena nahmen neben den 4300 demokratischen Delegierten eine Heerschar von rund 15 000 Journalisten Platz. Sie wurden bald schon auf den schlanken, dunkelhäutigen Mann mit dem breiten Lächeln aufmerksam.

In seiner 20-minütigen Rede sprach Obama über seine Kindheit, Eltern, Großeltern und den amerikanischen Traum. Er kombinierte soziale Werte mit einem Appell zur nationalen Einheit und berührte damit einen Nerv in einem zutiefst polarisierten Land nach Jahren der Herrschaft der Neokonservativen. »Neben unserem berühmten Individualismus gibt es eine andere Zutat in der amerikanischen Saga, den Glauben, dass wir alle als Volk miteinander verbunden sind«[54], sagte Obama. »Wenn ein Kind in der Southside von Chicago nicht lesen kann, dann betrifft das auch mich, auch wenn es nicht mein Kind ist«, führte er unterbrochen von tosendem Applaus aus. »Wenn ein Rentner sich die verschriebenen Medikamente nicht mehr leisten kann und zwischen Medizin oder Miete entscheiden muss, dann macht das auch mein Leben ärmer, auch wenn es nicht mein Großvater ist. Wenn eine arabisch-amerikanische Familie ohne Zugang zu einem Anwalt und ohne ein ordentliches Verfahren verhaftet wird, dann bedroht das meine Bürgerrechte.« Es sei diese »Grundansicht – ›ich bin meines Bruders Hüter, ich bin meiner Schwester Hüter‹«, die die USA antreibe. Und er kritisierte George W. Bushs Wahlkampfstrategen, die nicht davor zurückschreckten, die öffentliche Meinung durch Verleumdungskampagnen zu manipulieren. Stattdessen rief er zur nationalen Einheit auf und beschritt rhetorisch den Weg des größten gemeinsamen Nenners: »Nun, ich antworte Ihnen heute Abend: Es gibt nicht ein liberales Amerika und ein konservatives Amerika; es gibt die Vereinigten Staaten von Amerika.« Obwohl nur Fernsehstationen in Illinois und Kabelsender die Rede live übertrugen, schlug sie ein wie eine Bombe.

Über Nacht wurde Obama zum Star der Demokratischen Partei. Viele sahen in ihm von nun an einen Hoffnungsträger. Der *New-York-Times*-Kolumnist Bob Herbert hatte schon vor dem Parteitag geschrieben: »Erinnert euch an den Namen Barack Obama. Ihr werdet ihn in der nächsten Wahlperiode noch öfter hören.«[55] Nach der Rede überschlugen sich die Sympathiebekundungen. *Newsweek*-Kolumnist Howard Fineman sagte noch am selben Abend im Gespräch mit NBCs Chris Matthews, Barack Obama sei »das beste Argument für den amerikanischen Traum, das es derzeit in der Politik gibt.« Matthews war ebenfalls beeindruckt. »Ich habe gerade den ersten schwarzen Präsidenten gesehen.«[56]

Doch vorerst war Obama im Rennen für den US-Senat. Sein republikanischer Gegner Keyes, der schon aufgrund des späten Starts im Nachteil war, attackierte Homosexuelle und Abtreibungsgegner. Jesus würde Obama nicht wählen, erklärte er. Barack Obama spricht in seinem Buch *The Audacity of Hope* angesichts dieses rhetorischen Amoklaufs von einem »idealen Gegner«[57]. Keyes hatte keine Chance, sein demokratischer Widersacher gewann mit einem Vorsprung von mehr als 40 Prozent. Im Januar 2005 leistete er seinen Eid als einer der jüngsten Senatoren überhaupt.

Schon früh spekulierten die Medien über mögliche demokratische Präsidentschaftskandidaten für die Wahl 2008. Im Gespräch waren John Kerry, dessen ehemaliger Vizepräsidentschaftskandidat John Edwards, der 2000 gescheiterte Präsidentschaftskandidat Al Gore und der Senator aus Delaware, Joseph Biden. Auch der Gouverneur von New Mexico, Bill Richardson, dessen Amtskollege Tom Vilsack aus Iowa sowie der Senator Evan Bayh galten als aussichtsreiche Kandidaten für das Rennen. Doch die Umfragen deuteten schon früh auf zwei Favoriten hin: Hillary Clinton und Barack Obama.

Die Demokraten waren in der zweiten Amtsperiode von George W. Bush im Aufwind. Bei den Kongresswahlen 2006 errangen sie die Mehrheit im Senat und im Repräsentantenhaus. Mit dieser Ausgangslage bereiteten sie sich auf die Präsidentenwahl vor, für die die Bedingungen nicht besser sein konnten. Bush war in einem historischen Umfragetief, die Republikaner allgemein in der Defensive. Hillary Clintons Wahlkampfstratege Mark Penn hatte Ende 2006 einen Plan entworfen, nach dem sie als die Kandidatin charakterisiert werden sollte, die am besten einen Wandel in Washington herbeiführen könne. Es gelte, ihre »leadership of change« herauszustellen. Clintons Präsidentschaft werde den »Wandel inspirieren«[58]. Als mögliche Gegner nannte Penn vorausschauend Barack Obama als den Demokraten, der am deutlichsten mit einer Kandidatur »flirte«.

John Edwards verkündete seine Kandidatur im Dezember 2006, Hillary Clinton folgte im Januar 2007. Obama wartete ab. Erst an einem kalten Wintertag am 10. Februar 2007 erklärte er in Springfield, Illinois, seine Teilnahme an dem Rennen. Er werde nicht dieselbe alte Politik Washingtons fortsetzen.[59] Seine Worte klangen unverbraucht, versöhnlich, er verurteilte die »Politik des Zynismus und der Lobbyisten«. Er versprach die Wiederherstellung des Rechtsstaats und einer transparenten Regierung, bessere Arbeitsplätze und eine bessere Bildung, das Ende des Turbokapitalismus und der Vetternwirtschaft, einen schnellen Abzug aus dem Irak und eine stärkere internationale Kooperation. Er versprach ein neues, besseres Amerika und erinnerte an Abraham Lincoln, der am selben Ort zur Einheit aufgerufen hatte. Und er appellierte an alle, mitzuhelfen. »Zu oft verschwinden, nachdem die Wahl vorbei ist und das Konfetti weggefegt, die Versprechen aus dem Gedächtnis, und die Lobbyisten und spezielle Interessen tauchen auf, und Menschen wenden sich ab, enttäuscht wie zuvor, alleingelassen in ihrem Kampf.« Seine Kampagne sei dagegen das Vehikel für »eure Hoffnungen und eure Träume«.

Es waren die richtigen Worte in einem zutiefst gespaltenen Land. Die Menschen hatten genug vom Krieg, von den Lügen und Manipulationen der Bush-Administration, der Politik für die Wohlhabenden, der Geheimgefängnisse und von Guantánamo. Barack Obama dagegen versprach ein neues Amerika. Er versprach den Abzug der Truppen aus dem Irak innerhalb von 16 Monaten nach Amtsantritt und kündigte eine neue Ära der internationalen Kooperation an. Er forderte Abrüstungsverträge und eine moderne Umweltpolitik, die auf wissenschaftlichen Erkenntnissen beruht, ein Klimaschutzgesetz und Investitionen in erneuerbare Energien. Er forderte eine umfassende Einwanderungsreform, Steuersenkungen für 95 Prozent der Bevölkerung und Investitionen in das marode Bildungssystem. Die Gesundheitsreform hatte zu Beginn seiner Kampagne nicht die oberste Priorität. Noch während der Zeit als Senator tauchte diese nicht einmal unter seinen Schwerpunktthemen Energie, Bildung und Abrüstung auf.[60] Damals kritisierte Barack Obama vielmehr den Plan Clintons, die eine allgemeine Versicherungspflicht forderte.

Um die Botschaft ins Land zu tragen, setzte das Obama-Team alles auf den Staat, in dem die ersten Vorwahlen stattfinden sollten: Iowa. Seine Wahlkampfstrategen David Plouffe und David Axelrod brachten im Gegensatz zu Hillary Clintons Team Wahlkampferfahrung in dem Bundesstaat im Mittleren Westen der USA mit. Der Sieg in Iowa sollte den Namen Barack Obama landesweit bekannt machen und Clintons Wahlkampfmaschine frühzeitig »entgleisen« lassen, so ihre Hoffnung. »Es ist Iowa oder der Untergang«, fasste David Axelrod die Strategie zusammen. Der Dynamik sollten sich die Wahlmänner der Partei am Ende nicht mehr entziehen können. Doch auch im Erfolgsfall werde das Rennen ein »Marathon im Sprinttempo«[61], sagte Axelrod voraus.

Lange vor Beginn der Vorwahlen im Januar 2008 legte Obamas Team das Fundament für die größte Graswurzelorganisation in der amerikanischen Wahlgeschichte. Ziel war es, im ganzen Land über das Internet gut vernetzt und kampagnenfähig zu sein. Den Grundstein hatte schon der ehemalige Vorsitzende der Demokratischen Partei Howard Dean gelegt, der die Bildung von lokalen Parteiorganisationen in allen 50 Staaten förderte, die zum Wahlerfolg der Partei 2006 beitrugen. Nun unterstützten Tausende Freiwillige Obama for America schon in Iowa. Mindestens genauso wichtig war jedoch die Fähigkeit, Geld zu sammeln. Die Kampagne von Hillary Clinton bereitete eine Ankündigung vor, die ihre Überlegenheit demonstrieren und ihre Gegner nach der Strategie des Shock and Awe überwältigen sollte. Am 1. April 2007 veröffentlichte sie ihre Einnahmen in Höhe von 23 Millionen Dollar. Doch nur 19,1 Millionen waren für die Vorwahlen bestimmt, der Rest war nur im Falle der Nominierung für den Präsidentschaftswahlkampf vorgesehen. Diese Unterscheidung entging den Medien nicht. Wieder wartete das Team Obamas ab. Zwei Tage nach Hillary Clinton verkündete Barack Obama schließlich Einnahmen von knapp 26 Millionen Dollar. Diese waren jedoch bis auf wenige Tausend Dollar vollständig für die Vorwahlen bestimmt. Obama hatte seine Widersacherin damit um fast sieben Millionen Dollar geschlagen. Es war Shock and Awe für die Clinton-Kampagne. Ein politisches Erdbeben, das »Schockwellen«[62] in die politische Welt entsandte und Menschen von Obamas Potenzial trotz seiner vermeintlichen Außenseiterrolle überzeugte.

Dabei waren es keineswegs nur Kleinspender, die Barack Obama unterstützten. Bald nach Verkündung seiner Kandidatur hatte er eine effektive New Yorker Geldmaschine am Laufen. Allein im ersten Quartal 2007 erhielt er von Angestellten von Wall-Street-Banken fast 500 000 Dollar, mehr als Hillary Clinton oder der damalige Favorit der Republikaner Rudy Giuliani.[63] Ein Grund für diesen Erfolg war die Unterstützung durch Robert Rubin. Der Wall-Street-Demokrat war 26 Jahre bei Goldman Sachs und Finanzminister unter Bill Clinton gewesen und hielt bereits 2005 regelmäßigen Kontakt zu Juniorsenator Obama. Obwohl er offiziell die Kandidatur Hillary Clintons befürwortete, empfahl der Deregulierungsverfechter dem Obama-Team seinen Protegé Michael Froman sowie seinen Sohn, den Fondsmanager Jamie Rubin.[64] Sie waren fortan die Organisatoren von Obamas Spendenmaschine.

Clinton setzte Obamas Botschaft des Wandels ihre langjährige politische Erfahrung entgegen. Die Leitmotive »Wechsel« gegen »Erfahrung« beherrschten nicht nur die demokratischen Vorwahlen, sondern sollten auch die Auseinandersetzung mit dem republikanischen Präsidentschaftskandidaten John McCain prägen. Umfragen bestätigten die von den Kandidaten gewählte Rollenverteilung: Die Wähler sahen in Clinton die Kandidatin mit mehr Erfahrung, Obama dagegen war der »frische« und »neue« Kandidat, der den Wechsel repräsentierte. Und »Wechsel« zog. Im Januar 2008 konnte sich Barack Obama in den Vorwahlen in Iowa durchsetzen und führte erstmals auch in nationalen Umfragen. Doch Hillary Clinton gewann in New Hampshire, und auch die Ergebnisse des Super Tuesday, an dem in vielen Bundesstaaten gleichzeitig die Vorwahlen durchgeführt wurden, trugen nicht zu einem klaren Vorsprung Obamas bei. Nach einer Serie von Siegen in zehn Bundesstaaten verlor er Ohio und Pennsylvania. Das Rennen ging weiter.

Die beiden Kandidaten bemühten sich um Abgrenzung. Am Tag ihres Pennsylvania-Siegs brachte Hillary Clinton etwa die Option einer nuklearen Abschreckung gegenüber Teheran ins Spiel. Außenpolitisch stach Barack Obama dagegen mit seinem Gesprächsangebot »ohne Vorbedingungen« heraus. Er hatte sich zudem prinzipiell gegen Folter ausgesprochen und kritisierte Clinton, die diese zunächst unter bestimmten Umständen, etwa im Fall eines drohenden Anschlags, als gerechtfertigt angesehen hatte und dann umschwenkte.

Abgesehen von kleinen Scharmützeln war das Thema Rasse bis dahin kein Thema im Vorwahlkampf. Doch dann passierte es: Der Fernsehsender ABC hatte Videos von Predigten des Pfarrers Jeremiah Wright von der Trinity United Church of Christ in Chicago durchsucht und war fündig geworden.

Jeremiah Wright war ein langjähriger Freund Obamas. Der hatte den Pastor in seiner Zeit als Community Organizer kennengelernt. Obamas Denkschrift *The Audacity of Hope* trägt den Namen einer seiner Predigten. Der Pastor wurde zu einem engen Freund der Familie, er traute Barack und Michelle und taufte ihre Töchter. Aus Angst vor der Rechten hatte Obama den Pastor schon von der Verkündung seiner Kandidatur in Springfield im Februar 2007 ausgeschlossen, was ihm Kritik aus der schwarzen Gemeinde eintrug.[65] Wright war einer der ersten Pfarrer der Vereinigten Staaten gewesen, der das Apartheidregime in Südafrika kritisiert und Ehen zwischen Schwulen und Lesben befürwortet hatte.

Nun tauchten Filmausschnitte auf, in denen Wright kurz nach den Anschlägen vom 11. September den »Staatsterrorismus« der USA verurteilte, die das Land den Indianern weggenommen und die Atombomben über Japan abgeworfen hätten, die in Grenada und Panama einmarschiert seien, die das Apartheidregime in Südafrika und den Terrorismus gegen die Palästinenser unterstützt hätten. »Gewalt zieht Gewalt nach sich«, schloss der Pfarrer. Doch die Medien strahlten lediglich Wortfetzen wie »Gott verdamme die USA« und »Sie ernten, was sie gesät haben« aus.

Obama hatte schon länger eine Rede über das Thema Rasse halten wollen, doch sein Team hatte ihm davon abgeraten. David Axelrod zufolge war das eine »simple mathematische Gleichung«: Das Thema bewege nicht die Mehrheit der Wähler. Zu groß sei daher die Gefahr, als »wütender schwarzer Mann«[66] dargestellt zu werden, ein Bild, das vor allem weiße Wähler abschrecken würde. Daher pflegte Obama seine Coolness, seine professorale Überlegenheit, sein »No-Drama Obama«-Image. »Ein schwarzer Mann kann nicht Präsident von Amerika werden«, erklärte der Meinungsforscher im Wahlkampfteam Obamas, Cornell Belcher, angesichts der rassistischen Aversionen und der Geschichte der USA. »Aber ein außergewöhnlicher, talentierter und begabter Mann, der zufällig schwarz ist, kann Präsident werden.«[67]

Sein Buch *Dreams from My Father* hatte Barack Obama in einer Phase der Auseinandersetzung mit schwarzem Nationalismus, mit Malcolm X, mit Feminismus und Neokolonialismus verfasst: »Meine Identität könnte vielleicht mit der Tatsache meiner Rasse beginnen, aber sie könnte nicht dort enden.«[68] Seine Distanz zu dem Thema während des Wahlkampfs führte zu Irritationen in schwarzen Gemeinden. Zu verschiedenen Anlässen kritisierte er die schwarze Gemeinschaft, indem er beispielsweise die Tatsache, dass mehr als die Hälfte der schwarzen Kinder ohne einen Vater aufwachsen würde, akzentuierte. Wiederholt rief er seine Zuhörer dazu auf, diese Probleme selbst anzugehen und die Schuld nicht anderen zuzuschieben. Obama spreche herablassend über Schwarze,[69] kommentierte der Bürgerrechtler Jesse Jackson diese Äußerungen. Jackson entschuldigte sich kurz darauf für seine Bemerkung. Viele Schwarze waren ohnehin bereit, wegzusehen. Sie wussten, dass »ihr« Kandidat eine breitere Öffentlichkeit für sich gewinnen musste. Später erinnerte sich Obama an ein eindrucksvolles Gespräch mit Jesse Jackson. »Er sagte etwas, das sehr zutreffend war. Er sagte: ›Barack, wir mussten die Tür aufbrechen, was bedeutet, dass man manchmal nicht höflich ist. Man verletzt sich, es hinterlässt Narben. Du musstest nicht da durch, und das ist gut so. Das war unsere Erfahrung. Ich erwarte nicht von dir, dass du die gleichen Wunden davonträgst wie ich.‹«[70] Das Thema drohte zwar, ab und an aufzukommen, doch in der Regel hielten sich die Gegenkandidaten wie Obama selbst in Bezug auf seine Hautfarbe zurück. Ein Mal hatte Hillary Clinton Obama beschuldigt, die »Rassenkarte« auszuspielen. Auch McCain erhob kurzzeitig den Vorwurf, nachdem Barack Obama angemerkt hatte, dass viele Republikaner Probleme hätten, ihn zu wählen, da er nicht so aussehe, wie »all die Präsidenten auf den Dollarscheinen«[71].

Nach den Diskussionen über Wright sah Obama seine Zeit gekommen. Er hatte zwar zahlreiche Interviews gegeben, aber die Fragen hielten an. Für die Rede hatte sein Team Philadelphia gewählt, die Wiege der US-Verfassung. Vor rund 200 ausgewählten Zuhörern sprach Obama im National Constitution Center über die Ideale der Gründerväter der USA und die »Sünde der Sklaverei«. Er erinnerte an den Bürgerkrieg und die Kämpfe der Bürgerrechtsbewegung. Und er bewies seinen

Machtinstinkt: Die Bemerkungen Jeremiah Wrights seien »dumm«, zeigten eine verzerrte Sichtweise und spalteten die Nation in einer Zeit, in der sie Einheit brauche. Doch gleichzeitig könne er ihn nicht verleugnen. Er sprach von der ökonomischen Diskriminierung Schwarzer, dem Rassismus und der schlechten Qualität ihrer Schulen und zitierte William Faulkner: »Das Vergangene ist nicht tot. Es ist nicht einmal vergangen.« Doch dann machte er einen versöhnlichen Schwenk. So wie die Wut der Schwarzen kontraproduktiv sei, so habe die Wut vieler Weißer gegen Schwarze von den wahren Problemen abgelenkt: dem Druck auf die Mittelschicht unter einer »Unternehmenskultur der Gier«, einem von Lobbyisten beherrschten Washington und einer Wirtschaftspolitik, die Wohlhabende bevorzuge. Wrights Fehler liege in der Annahme, dass Amerika sich nicht verändern könne, sagte Obama, aber: »America can change.«[72] Viele Kommentatoren waren begeistert. Für sie war es die beste Rede, die jemals zu diesem Thema gehalten wurde.

Mittlerweile verschärfte sich die Wirtschaftskrise, der Kollaps des Finanzmarkts folgte. Im März 2008 brach die Investmentbank Bear Stearns zusammen. Die Arbeitslosenquote lag bei rund fünf Prozent, pro Monat verloren 235 000 Menschen ihr Zuhause. Im Kampf um die linke Basis und gegen Hillary Clinton nahm Obama sich die Finanzindustrie vor. Er warf der Wall Street »Marktmanipulationen« vor und drohte ein hartes Durchgreifen an: »Ein freier Markt war aber nie als Freibrief gedacht, sich so viel wie möglich zu nehmen, egal wie«[73], sagte er in einer Rede Ende März 2008 in der New Yorker Cooper Union. Er sprach über ein Regulierungssystem des 21. Jahrhunderts. Über Gesetze und Regulierungen hinaus sei jedoch auch ein kultureller Wandel in den Finanzinstitutionen und Regulierungsbehörden des Landes nötig. Sein Team war noch bis zum Frühjahr 2008 dünn besetzt, bis dahin hatte er nur zwei Teilzeitberater für Wirtschaftsangelegenheiten: den auf dem nationalen Parkett noch unerfahrenen Austan Goolsbee von der Universität von Chicago und den Außenhandelsfachmann Daniel Tarullo, ein Veteran der Clinton-Administration. Doch das sollte sich bald ändern.

Nach dem Ende der Vorwahlen im Juni lag Obama vorne, und Hillary Clinton gab auf. Der Plan von Obamas Wahlkampfstrategen war aufgegangen, und er war jetzt der erste schwarze Präsidentschaftskandidat in der Geschichte der Vereinigten Staaten.

Gleichzeitig wuchsen Zweifel an seiner progressiven Agenda. Er unterstützte eine Entscheidung des Supreme Court, die ein Waffenverbot, das er selbst nur Monate zuvor verteidigt hatte, für unwirksam erklärte. Er verteidigte die Todesstrafe für bestimmte Verbrechen und sprach sich für ein Abhörgesetz aus, das er vorher abzuschaffen versprochen hatte. Im Juli 2008 verteidigte er sich bei einer Wahlveranstaltung in Atlanta gegenüber den Vorwürfen. »Ich bin ohne Zweifel progressiv«[74], sagte er mit Blick auf die Medien und »meine Freunde in der Linken«. Er befürworte eine allgemeine Krankenversicherung und sei der Meinung, dass die Regierung eine starke Rolle bei der Überwachung von Finanzinstitutionen spielen müsse. Noch im April hatte er außerdem gesagt, er befürworte auch die Auseinandersetzung mit den Vergehen der Bush-Ära, und er würde nach der Amtsübernahme seinen Justizminister anweisen, die verfügbaren Informationen dahingehend zu prüfen, »ob Straftaten begangen worden waren«[75]. Doch auch hier änderte er seinen Kurs und sprach sich nun gegen Ermittlungen aus. Seine erste Amtszeit solle nicht von einem Thema bestimmt werden, das Republikaner als eine parteipolitische Hexenjagd auffassen würden, sagte Obama. »Ich denke, wir haben zu viele Probleme zu lösen.«[76]

Vor 75 000 Menschen nahm er im August 2008 beim Parteitag der Demokraten in Denver, Colorado, offiziell seine Nominierung als demokratischer Kandidat für die Präsidentschaft an. Genau 45 Jahre zuvor hatte Martin Luther King am Lincoln Memorial seine »I have a dream«-Rede gehalten.

In seiner Rede erinnerte Barack Obama an das Versprechen Amerikas als »einer Nation«, von der er schon 2004 auf dem Parteitag der Demokraten gesprochen hatte. Er kritisierte die Regierung in Washington, »die Veteranen auf der Straße schlafen, Familien in die Armut abrutschen lässt« sowie die Verheißung der Konservativen, nach der jeder seines Glückes Schmied sei. »Aber was das wirklich heißt, ist: Du bist auf dich allein gestellt. Keine Arbeit? Pech gehabt. Keine Gesundheitsversorgung? Der Markt wird es richten. In Armut hineingeboren? Zieh dich an deinen eigenen Schnürsenkeln heraus, auch wenn du keine Schuhe hast. Du bist auf dich allein gestellt«, sagte er vor rund 38 Millionen Zuschauern weltweit. Die Zeit für einen Wandel sei gekommen. »Der Wechsel, den wir brauchen, kommt nicht aus Washington. Der Wechsel kommt nach Washington.« Und er warnte: »Das größte Risiko ist, dass wir dieselbe alte Politik mit denselben alten Spielern versuchen und ein anderes Ergebnis erwarten.«[77]

Bei den Republikanern dagegen war das Rennen schneller entschieden. George W. Bush konnte nach seiner zweiten Amtszeit nicht mehr antreten. Und Vizepräsident Dick Cheney verzichtete. Zum ersten Mal seit 1928 stellte sich in den Vorwahlen weder der Präsident noch der amtierende Vizepräsident als Kandidat für die Nominierung auf. Bereits im März 2008 stand Senator John McCain aus Arizona als Sieger der Vorwahlen fest.

Er war für Barack Obama ein interessanter Gegner. Bei dem unpopulären Irakkrieg hatte Obama einen deutlichen Vorteil, denn McCain hatte für die Invasion gestimmt, während er sich gegen den Krieg ausgesprochen hatte. John McCain sprach sich 2008 zudem für eine »Anwesenheit« amerikanischer Truppen im Irak von »50 bis 100 Jahren« aus, ähnlich wie nach dem Zweiten Weltkrieg in Deutschland oder Japan. Barack Obama nutzte die Aussage, um McCains Nähe zur Bush-Politik darzustellen. Im März 2008 verkündete George W. Bush seine Unterstützung für John McCain, trat jedoch bei keiner einzigen Wahlveranstaltung des republikanischen Präsidentschaftskandidaten auf.

Zudem versuchte McCain, sich vom amtierenden Präsidenten abzugrenzen. Obamas Team musste nur einen Videoclip in Umlauf bringen, in dem McCain stolz verkündete, in 90 Prozent der Fälle mit Bush übereingestimmt zu haben. Da die konservative Wählerschaft anders als die Demokraten etwas gleichmäßiger zwischen »Change« und »Experience« gespalten war, setzte John McCain im Wahlkampf auf seine langjährige Erfahrung in Washington.

Nachdem zunächst der Irakkrieg die Debatte beherrscht hatte, rückte mit der Zeit die zunehmende Wirtschaftskrise in den Mittelpunkt. McCains Kampagne war allerdings schlecht organisiert, und sein Kontrahent hatte inzwischen eine landesweite Graswurzelorganisation aufgebaut, mit 5000 Vollzeitbeschäftigten und landesweit rund 1,5 Millionen Freiwilligen. Wo auch immer der demokratische Kandidat auftrat, mobilisierte Obama for America Tausende. Auch finanziell gesehen war Obama vorn. Im April 2008 hatte er 266 Millionen Dollar an Wahlkampfspenden gesammelt. McCain hinkte noch im Mai mit 110 Millionen hinterher. Weil er mit noch mehr Einnahmen rechnen konnte, lehnte Barack Obama die staatliche Wahlkampffinanzierung ab. Diese öffentliche Finanzierung war geschaffen worden, um den Einfluss reicher Spender zurückzudrängen. Doch das Obama-Team betonte immer wieder, dass der Großteil von kleinen Spendern stamme, und präsentierte im Juni 2008 eine eindrucksvolle Liste von zwei Millionen Spendern, die der Kampagne im Schnitt immerhin 100 Dollar gegeben hatten. Noch 2010 sagte Barack Obama, angesprochen auf die Wahlkampfspenden in Höhe von einer Million Dollar allein von Goldman Sachs: »Die große Mehrheit der Spenden, die ich bekam, war von Kleinspendern im ganzen Land.«[78] Doch der Eindruck täuschte. Laut der Webseite *PolitiFact*, die Statements von Politikern auf ihren Wahrheitsgehalt hin prüft, kamen rund zwei Drittel der Einnahmen von Großspendern, nur 32 Prozent dagegen von kleinen Spendern (bis zu 200 Dollar). Bis Juni 2008 hatte die Wall Street 9,5 Millionen Dollar in den Wahlkampf von Barack Obama investiert, allen voran Goldman Sachs. Schon unter George W. Bush hatte es viele Regierungsmitarbeiter gegeben, die langjährige Karrieren bei der Investmentbank hinter sich hatten, bevor sie in die Politik gewechselt waren. »In den vergangenen Jahren haben Leute von Goldman Sachs die Kontrolle über weite Bereiche der US-Regierung übernommen«, schrieb der *New-York-Times*-Kolumnist David Brooks über den Einfluss der Investmentbank. »In den nächsten Jahren könnten sie einfach den ganzen verdammten Laden übernehmen.«[79] Der Einfluss der Wall Street sollte auch unter Barack Obama bestehen bleiben. Nach seinem Sieg über Hillary Clinton präsentierte er im Juni 2008 den Leiter seiner Wirtschaftspolitik: Es war der Rubin-Vertraute Jason Furman. Das war ein Fingerzeig hinsichtlich der Personalentscheidungen nach der Wahl, und von den Medien wurde der Schritt als Signal gedeutet, dass Obama sich zum Zentrum hin orientieren wolle. Die Entscheidung provozierte wütende Reaktionen seiner progressiven Basis. Furman leitete Rubins Hamilton-Projekt bei der Brookings Institution. Er setzte sich für weniger Druck gegen Konzerne wie Wal-Mart ein und sprach sich für niedrigere Unternehmenssteuern aus. Er erklärte, dass er sich auf Robert Rubin, Lawrence Summers, den ehemaligen Chef der Notenbank Fed, Paul Volcker, und die progressiveren Jared Bernstein vom Economic Policy Center und James Galbraith von der Universität von Texas verlasse. Auch Clintons ehemaliger Arbeitsminister Robert Reich sei als Teilzeitberater willkommen. Doch bald schon wurde klar, dass die Konservativen im Wirtschaftsteam die

Fäden in der Hand hatten. Lawrence Summers leitete die wöchentlichen Wirtschaftssitzungen während der Obama-Kampagne und vertrat den Kandidaten in zahlreichen Treffen mit Kongressabgeordneten.[80]

Um als regierungsfähig zu gelten, musste Obama auch an seinem außenpolitischen Profil arbeiten. Viele Amerikaner sahen in John McCain den erfahreneren Außenpolitiker. Im Juli 2008 reiste Obama darum in den Nahen Osten und nach Europa. Innerhalb einer Woche besuchte er Afghanistan, Kuwait, den Irak, Jordanien, Israel und das Westjordanland und kam anschließend nach Berlin. Vor 200 000 Menschen, der größten Versammlung vor seiner Wahl zum Präsidenten, betonte er seinen Willen zur Zusammenarbeit mit Europa. Es war eine vergleichsweise inhaltslose Rede, garniert mit ein wenig Selbstkritik: »Amerika ist nicht perfekt.« Und mit ein wenig Kritik am Anti-Amerikanismus der Europäer. »Ehrlich, diese Rede hätte auch McCain halten können«[81], kommentierte ein Moderator des amerikanischen Fernsehsenders MSNBC. Doch der Zweck war erfüllt: Obama hatte Bilder eines gemeinsamen Helikopterfluges mit General Petraeus über Bagdad, eines Handschlags mit dem jordanischen König und einer erfolgreichen Rede in Berlin. Sie zeigten den Amerikanern zu Hause, dass er als US-Präsident das Ansehen der Vereinigten Staaten im Ausland heben würde, und das reichte.

Mittlerweile verschärfte sich in den USA die Wirtschaftskrise. Barack Obama profitierte von der Schwäche McCains. »Die Grundlagen unserer Wirtschaft sind stark«, sagte der noch am 15. September 2008 und wiederholte damit ein Mantra der Republikaner: Alles ist in Ordnung. Das Problem war nur, dass nichts in Ordnung war. Als bedürfte es noch eines weiteren Beweises, stürzte am selben Tag die Investmentbank Lehman Brothers ab. Es war ein Wendepunkt im Präsidentschaftswahlkampf. Das Obama-Team musste sich nur noch aus dem reichhaltigen Fundus an Fehltritten McCains bedienen. Nachdem bereits im März Bear Stearns untergegangen war, folgte nun das gesamte Finanzsystem ins Chaos. »Die gute Nachricht ist: Wir gewinnen«, sagte Obama. »Die schlechte Nachricht ist: Die Welt fällt auseinander.«[82] Die Wirtschaftskrise wurde zum Topwahlkampfthema und drängte die Kriege im Irak und in Afghanistan in den Hintergrund. In Massen verloren Menschen ihren Arbeitsplatz. Die Immobilienblase platzte und zwang Tausende Familien aus ihrem Zuhause. In der Öffentlichkeit hatte Barack Obama inzwischen einen stabilen Vorsprung. Auch konservative Weiße, eine der treuesten republikanischen Klientel, waren nach den mitunter peinlichen Fehltritten McCains im Wahlkampf überzeugt, dass der demokratische Kandidat angesichts der schlimmsten Wirtschaftskrise seit der Großen Depression der bessere, weil intelligentere Präsident sein würde. Sie würden ihn nicht wählen, weil, sondern obwohl er schwarz war. Umfragen zeigten zudem, dass Obamas geringe Erfahrung ein kleineres Problem war als John McCains Nähe zu Präsident Bush.

McCain verlor zudem trotz des von ihm verehrten Town-Hall-Formats jede der drei im Fernsehen übertragenen Debatten gegen Barack Obama. Einer seiner Berater bezeichnete sein nervöses Gebaren auf der Bühne als das eines verrückten Onkels auf der Suche nach einer Toilette.[83] Seine Kampagne fand keinen wirkungsvollen Angriffspunkt. Die Vorwürfe, Obama sei ein Rockstar, Muslim, Sozialist oder Freund von Terroristen, führten allenfalls zu einer aufgeheizten Stimmung in John McCains Wahlversammlungen. Und McCain handelte gegen sein eigenes Credo, als er die unerfahrene Gouverneurin von Alaska zur Kandidatin für die Vizepräsidentschaft kürte. Vor ihren zwei Jahren als Gouverneurin war Sarah Palin Bürgermeisterin der Kleinstadt Wasilla gewesen. Zunächst erwies Palin sich als geschickte Wahl – bis sie sich zu einer Art rhetorischen Selbstmordattentäterin entwickelte.[84] In einer sogenannten Fokusgruppe, in der das Obama-Team Werbespots vor unentschlossenen Wählern testete, erklärte eine Frau, sie sei sich nicht sicher, ob Obama überhaupt in den USA geboren sei. Außerdem sei er ein Muslim, er lege bei patriotischen Ritualen seine Hand nicht aufs Herz, und er sei nicht hart genug gegen Terroristen. Obamas oberster Meinungsforscher David Binder fragte verwundert, warum sie sich dennoch zu den Unentschlossenen zähle. »Wenn McCain stirbt, wird Sarah Palin Präsidentin«[85], antwortete sie. Eine ungewünschte Umarmung erhielt John McCain noch vor der Wahl durch die Unterstützungserklärung des unbeliebten Vizepräsidenten Dick Cheney.

Gleichzeitig nahm die Unruhe über mögliche Personalentscheidungen Obamas zu. Insbesondere riss die Kritik an dem Einfluss der Marktliberalen in seinem Team nicht mehr ab. Um Bedenken zu zerstreuen, versuchte das Team, die Wogen mit einem gemeinsamen Leitartikel von Rubin und Bernstein zu glätten, doch das Ergebnis war ernüchternd. Der Text, der einen Tag vor der Präsidentschaftswahl im November 2008 in der *New York Times* erschien, demonstrierte eher Uneinigkeit.

In einem Absatz heißt es beispielsweise: »Während wir beide die Position vertreten, unseren Arbeitern Hilfe zu leisten, um mit den neuen globalen Herausforderungen zurechtzukommen, würde sich einer von uns (Mr. Bernstein) für Regelungen in Handelsabkommen einsetzen, die Arbeiter hier und im Ausland schützen sollen, und der andere würde erhebliche Bedenken über die Effektivität solcher Regelungen haben.«[86] Obamas progressive Basis war gewarnt.

Zwei Wochen vor der Wahl lag Obama in einer NBC-/*Wall-Street-Journal*-Umfrage zehn Prozentpunkte vor McCain.[87] Ein historisch großer Anteil weißer Wähler scharte sich hinter den Demokraten. Das Ergebnis stand fest, und er gewann die Wahl mit einem so großen Abstand wie keiner seiner demokratischen Vorgänger in den vergangenen 50 Jahren. Sein Vorsprung betrug acht Millionen Stimmen, er hatte 365 Wahlmänner auf seiner Seite vor McCains 173. Am 20. Januar 2009 wurde Barack Hussein Obama der 44. Präsident der Vereinigten Staaten.

3. WIRTSCHAFTSKRISE UND MASSENARBEITSLOSIGKEIT

»Meine Administration ist das Einzige zwischen euch und den Mistgabeln.«[88]
Barack Obama bei einem Treffen mit Geschäftsführern der größten US-Banken

Die Straßen rund um die New Yorker Cooper Union waren abgesperrt. Polizisten leiteten den Verkehr um. Mitarbeiter des Secret Service bewachten die Zufahrten zu dem College im südlichen Manhattan. An den Zugängen bildeten sich Schlangen von geladenen Gästen und Reportern. Kamerateams vieler Fernsehsender waren vor dem Gebäude postiert. Der Andrang war groß, denn Barack Obama kehrte an den Ort zurück, an dem er zwei Jahre zuvor für ein hartes Durchgreifen gegen die Geschäftspraktiken der Wall Street plädiert hatte. Gerade hatte er die Gesundheitsreform erfolgreich durch den Kongress gebracht, was seiner Präsidentschaft neue Energie einhauchte. Und er schien bereit, die Reform des Finanzmarkts anzugehen. »Wir müssen unsere Lehren aus dieser Krise ziehen, sonst sind wir zu einer Wiederholung verdammt. Und genau das wird passieren, wenn wir diesen Moment verstreichen lassen«, sagte er in der Rede vor Politikern und Chefs der New Yorker Finanzhäuser. Er appellierte an die Wall Street, eine Reform nicht zu blockieren. Die Banken griff er nicht mehr direkt an. Vielmehr forderte er sie zur Zusammenarbeit auf. Die von ihm angestrebte Reform schaffe eine bessere Aufsichtsstruktur, verringere das Risiko einer abermaligen Wirtschaftskrise und helfe nicht nur der Main Street, sondern auch der Wall Street selbst. »Wir werden zusammen aufsteigen oder untergehen, als eine Nation.«

Er betonte, dass er an die Kraft des freien Markts glaube, und wiederholte einen der Kernsätze seiner Rede von 2008: »Ein freier Markt war aber nie als Freibrief gedacht, sich so viel wie möglich zu nehmen, egal wie.« An diesem warmen 22. April 2010 war der alte kämpferische

Ton verflogen. Trotz der geografischen Nähe zur Wall Street und einigen Bankenchefs im Auditorium richtete sich Obama in der Cooper Union vor allem an die Republikaner. Er hoffte auf deren Einsicht zur Zusammenarbeit, selbst nach dem kontroversen Abschluss der Gesundheitsreform, die von den Republikanern fast durchgehend blockiert worden war. Die Niederlage in den Nachwahlen von Massachusetts lag hinter ihm, und seitdem gehörte auch eine demokratische Mehrheit im Senat der Vergangenheit an. In seiner Rede forderte er Regelungen zur geordneten Abwicklung von Banken, um staatliche Bail-outs zu verhindern. Er plädierte für die Einführung der nach dem ehemaligen Notenbankchef Paul Volcker benannten Volcker-Regel, nach der die Größe von Banken begrenzt und der Eigenhandel der Finanzinstitute verboten werden würden. Er forderte mehr Transparenz im Handel mit Derivaten. Die Papiere, die ihren Wert aus ihnen zugrundeliegenden Anlagen wie einer Aktie oder Ressourcen ableiten, sollten in Zukunft offen über zentrale Einrichtungen gehandelt werden. Und er forderte die Einrichtung einer Verbraucherschutzbehörde zum Schutz vor komplizierten Finanzprodukten und einen größeren Einfluss von Aktionären auf Gehälter des Managements.

Im Vergleich zu seiner früheren Rede war es ein Tritt auf die Bremse. Damals, im März 2008, hatte er sich im Wahlkampf befunden. Und der Wirtschaftskrise folgte der Kollaps des Finanzmarkts, mit Bear Stearns ging gerade die erste Investmentbank in die Knie.

So oft wie möglich zeigte er sich daher mit bekannten Größen aus der Wirtschaft, die die Deregulierung und den Turbokapitalismus kritisiert hatten. Regelmäßig sprach er mit dem Investor Waren Buffet und zeigte sich mit Paul Volcker, um seine Wirtschaftskompetenz und seinen Willen für einen Neuanfang unter Beweis zu stellen. Unter der Reagan-Administration war dieser auch aufgrund seines Widerstands gegen die Verwässerung des Glass-Steagall-Gesetzes, das Investment- und kommerzielle Banken trennte, 1987 aus dem Amt des Chefs der Notenbank Fed gedrängt und durch Alan Greenspan ersetzt worden. Greenspans Politik der niedrigen Zinsen trug neben der Deregulierung wesentlich zu der aktuellen Immobilienblase bei. Angesichts eines unkontrollierten Finanzmarkts schien Paul Volcker der ideale Mann für den Kandidaten des Wechsels zu sein.

Doch die gemeinsamen Auftritte waren eher kosmetischer Natur, denn schon im Juni 2008 stellte Obama ein anderes Team unter der Leitung von Jason Furman vor. Der Leiter des Hamilton-Projektes bei der Brookings Institution ist ein Protegé des Deregulierers und ehemaligen Finanzministers unter Bill Clinton Robert Rubin. »Mein Auftrag, den ich direkt vom Senator erhalten habe, ist, ihm eine möglichst breite Auswahl von Ansichten zu liefern«[89], verkündete Furman bei seiner Vorstellung. Er werde Rubin, den ehemaligen Finanzminister Larry Summers und den ehemaligen stellvertretenden Vorsitzenden des Verwaltungsrats der Notenbank Fed, Alan Blinder, als Berater konsultieren und auch den progressiven Paul Volcker und Robert Reich, Jared Bernstein vom Economic Policy Institute und James Galbraith von der Universität von Texas zuhören, versicherte Furman. Und die Wirtschaft würde das zentrale Thema im Wahlkampf sein. Im September 2008 gingen die Investmentbanken Lehman Brothers und Merrill Lynch ihrem Ende entgegen. Die Wirtschaft befand sich in einer Rezession. In den ersten neun Monaten des Jahres 2008 hatten 760 000 Menschen ihre Arbeit verloren, die Arbeitslosenquote kletterte weiter und lag im September bei 6,1 Prozent.[90] Doch das war nur der Anfang.

George W. Bush, der nun mit dem Sieg Obamas rechnete, ignorierte dessen rhetorische Angriffe und wies seinen Finanzminister Henry Paulson an, seinen potenziellen Nachfolger über die desolate Lage auf dem Laufenden zu halten. Auf dem Höhepunkt der Krise sprach Barack Obama mehrmals täglich mit Paulson. Der Finanzminister war bald überzeugt davon, dass Obama eine höhere Auffassungsgabe und ein deutlich besseres Verständnis der Krise hatte als John McCain. Der Unterschied sei wie »Tag und Nacht«[91], sagte er einmal. Auch den Großbanken war Obamas Talent nicht entgangen. Seit Beginn des Wahlkampfs hatten sie ihn mit viel Geld bedacht. Nach einer Untersuchung des Center for Responsive Politics waren unter den sieben Topspendern Obamas drei Wall-Street-Megabanken: Goldman Sachs, Citigroup und JPMorgan Chase.[92] Unter den Top-20-Spendern waren auch UBS und Morgan Stanley. Nachdem klar wurde, dass die unzähligen Notmaßnahmen der US-Regierung nicht mehr ausreichen würden, um das Finanzsystem vor dem Kollaps zu bewahren, arbeitete Henry Paulson im September 2008 schließlich an einem gewaltigen staatlichen Bail-out-Programm. Gemäß dem zweieinhalb Seiten umfassenden Gesetzentwurf sollte der

Staat rund 700 Milliarden Dollar aus Steuermitteln für den Kauf von sogenannten faulen Anlagen aufwenden, die Ratingagenturen (im Auftrag der Aussteller der Anlagen) mit Top-Bewertungen versehen hatten. Auf dem Markt waren die Papiere praktisch wertlos.

Die Befreiung der in Not geratenen Banken von dem sogenannten »Giftmüll« würde sie wieder zur Vergabe von Krediten ermutigen, eine Depression abwenden und den Wirtschaftskreislauf reaktivieren, erklärte die Bush-Administration, die schon vorher für Ad-hoc-Maßnahmen rund 600 Milliarden Dollar aufgebracht hatte. Für Anhörungen oder längere Diskussionen sei keine Zeit mehr. Nur durch diese Finanzspritze könnten weitere Turbulenzen verhindert werden. Im Gegenzug sollte der Staat Aktienoptionen der Finanzhäuser erhalten, die dann später bei entsprechender Kursentwicklung eingelöst werden könnten. Das Risiko lag damit beim Steuerzahler, der andernfalls auf den Verlusten sitzenbleiben würde. Barack Obama unterstützte den Plan bei dem Treffen im Weißen Haus am 25. September. Er würde helfen, das Vertrauen in den Markt wiederherzustellen, sagte er. Er zeigte Verständnis für die Wut der Öffentlichkeit auf die Finanzhäuser, die sich verspekuliert hatten. Es sei empörend, »dass wir gezwungen werden, ihren Schlamassel aufzuräumen«.

Die Öffentlichkeit war mehr als empört. Die Rettung von Banken, die sich verspekuliert hatten, war schwer vermittelbar, während zugleich Tausende Menschen ihre Arbeit verloren und dabei keinerlei Hilfe vom Staat erwarten konnten. Die Sprecherin des Repräsentantenhauses Nancy Pelosi erhielt 40 000 Anrufe, Briefe und E-Mails von Bürgern, fast alle gegen Paulsons Plan.[93] Doch die Demokraten unterstützten George W. Bush. Obama warnte vor einer »Katastrophe«, sollte der Kongress das Gesetz nicht beschließen. Erst im zweiten Anlauf passierte es nach geringen Modifizierungen den Kongress. Das Votum sei »für die finanzielle Sicherheit« der US-Bürger erforderlich, sagte Bush, der das Gesetz am 3. Oktober durch seine Unterschrift in Kraft setzte. Am Ende rückte Paulson jedoch von dem vom Kongress autorisierten Plan ab, den »Giftmüll« aufzukaufen oder den Verkauf an private Investoren durch Steuermittel zu erleichtern. Ein solches Vorgehen hätte nur die desolate Lage der von den praktisch wertlosen Anlagen verstopften Bilanzen offenbart, erklärte er später. Daher pumpte der Finanzminister – ohne dazu ermächtigt zu sein – durch den Kauf von Aktien Milliarden in die Banken. Was diese mit dem Geld anstellten, war nicht klar und für die Bush-Administration auch zweitrangig. Es gehe darum, die Liquidität sicherzustellen, lautete deren Argumentation. Anstatt Anleger und Gläubiger zur Realisierung der Verluste zu zwingen, wurden die Banken aufgepäppelt. Sie waren nach Ansicht der US-Regierung *too big to fail.*

Dabei ist erstaunlich, wie unterschiedlich die US-Regierung die großen Finanzhäuser behandelte. Schon im März zwang sie den Wall-Street-Außenseiter Bear Stearns, die fünftgrößte Investmentbank, in einen Ausverkauf für unter zehn Prozent seines damaligen Marktwertes an JPMorgan. Bank of America musste die drittgrößte Investmentbank Merrill Lynch überteuert kaufen. Lehman Brothers, die Nummer 4 der Wall Street, ließ man untergehen.

Der neben Goldman Sachs in Washington am besten repräsentierte Finanzkonzern Citigroup erhielt eine großzügig Finanzspritze von zunächst 25 Milliarden Dollar, nachdem der Aktienpreis unter einen Dollar und der Wert des Unternehmens damit auf 20 Milliarden Dollar gefallen war. Die Rettung sei nötig, um das Finanzsystem abzusichern, erklärte Präsident Bush damals. Obwohl die Regierung damit de facto Mehrheitseigner des Konzerns wurde, strukturierte das Finanzministerium die Investition so, dass die Regierung keinen Einfluss auf das Geschäftsgebaren ausüben konnte.

Die beiden verbleibenden Investmentbanken, der Branchenführer Goldman Sachs und die Nummer 2 Morgan Stanley, gaben ihren Sonderstatus auf und wurden zu normalen Geschäftsbanken unter der Aufsicht der Notenbank. Das hatte vor allem einen Grund: Als Holding-Unternehmen hatten sie besseren Zugang zu frischem Kapital, darunter auch günstige Kredite der Notenbank.

Auch die Rettung des Versicherungskonzerns AIG begründete die US-Regierung mit den Gefahren für das Finanzsystem. Während die Steuermittel den Finanzmarkt stabilisierten, blieb die Wirtschaft im Sinkflug. Im Oktober gingen 240 000 Arbeitsplätze verloren, und von November 2008 bis Januar 2009 zerstörte die Krise im Schnitt 726 000 pro Monat.[94]

Mittlerweile hatte sich die Wall Street nicht nur als größter Spender für Obama etabliert. Auch das Personal, das dieser für seine zukünftige Regierung zusammenstellte, war nichts anderes als ein Dream-Team der

Banken. Aus dem Hintergrund heraus war es Robert Rubin gelungen, zahlreiche seiner Vertrauten in der neuen Administration zu positionieren. Das Team des Neuanfangs bestand zum großen Teil aus zentristischen Clinton-Vertrauten und Mitarbeitern der Bush-Administration. Zur ersten Gruppe gehörte auch Lawrence Summers. Der ehemalige Mitarbeiter Ronald Reagans und Chefökonom der Weltbank kam 1993 ins Weiße Haus unter Bill Clinton, wurde Stellvertreter Robert Rubins, den er 1999 schließlich als Finanzminister ablöste. Summers war ein Vertreter einer aggressiven Deregulierung, die er als »System des 21. Jahrhunderts« bezeichnet hatte. Schon im Wahlkampf dominierte er die wirtschaftspolitischen Debatten in der Obama-Kampagne.[95] Kurz nach der Wahl ernannte ihn Barack Obama zum Direktor des Nationalen Wirtschaftsrats im Weißen Haus. Damit ist Summers der Chefberater in wirtschaftlichen Fragen. Von Kritikern wird er häufig als überheblich beschrieben und mit einem Elefanten im Porzellanladen verglichen. Seine Hoffnungen auf eine Nominierung als Finanzminister musste er aufgrund seiner Harvard-Vergangenheit aufgeben: Der Hedgefonds-Manager mit besten Verbindungen zur Wall Street war 2001 Präsident der Universität geworden, hatte den Posten jedoch fünf Jahre später nach einer Präsentation von Theorien über die mangelnde Leistungsfähigkeit von Frauen, einer Auseinandersetzung mit dem progressiven Intellektuellen Cornel West und seiner Verwicklung in einen großen Investmentskandal der Universität wieder aufgeben müssen. Die Befürchtung des Obama-Teams war, dass diese Kontroverse bei der Nominierung erneut aufkommen könnte. Eine so zentrale Position eines Wall-Street-Insiders wäre zudem schwer mit der Botschaft des Wandels mitten in einer Wirtschaftskrise und der Rekordhilfe für Banken vereinbar gewesen.

In seiner Zeit als Finanzminister war Summers zusammen mit Rubin und dem damaligen Notenbankchef Alan Greenspan ein vehementer Befürworter von niedrigen Zinsen, einem niedrigen Defizit und einer aggressiven Deregulierung. Das *Time Magazine* feierte das Trio auf einem Titelbild vom Februar 1999 unter dem Titel »Der Ausschuss zur Rettung der Welt«[96]. Lawrence Summers war zudem ein Befürworter der Abschaffung des Glass-Steagall-Gesetzes, durch die der Zusammenschluss von Citicorp und Travelgroup zum Finanzkonzern Citigroup, für den sein Vorgänger im Amt des Finanzministers Rubin später als

Senior Advisor arbeitete, erst möglich wurde. Es war sein gewohntes Terrain. Vor seiner Tätigkeit im Weißen Haus hatte Rubin 26 Jahre lang bei Goldman Sachs gearbeitet und war von 1990 bis 1992 einer der Leiter der Investmentbank gewesen. Er ermutigte Citigroup zu hoch riskanten Geschäften, die beinahe zum Zusammenbruch des Finanzhauses geführt hätten, der nur durch eine staatliche Kapitalspritze von insgesamt 45 Milliarden Dollar und Garantien in Höhe von 100 Milliarden Dollar abgewendet wurde. Trotz seiner beschädigten Reputation und einer Krise des entfesselten Markts beeindruckte der charmante Marktliberale Obama, der Rubin erstmals als Juniorsenator 2005 getroffen hatte. In seinem Buch *The Audacity of Hope* schildert Obama ein Gespräch mit Rubin, den er als »nachdenklich und bescheiden«[97] beschreibt. Auf Obamas Frage nach der Zukunft von Arbeitsplätzen in einer Kleinstadt wie Galesburg, Illinois, wo 1800 Arbeiter mit der Schließung des Werkes des Kühlschrankproduzenten Maytag ihren Job verloren hatten, antwortete Rubin ausweichend. Es sei möglich, dass diese Arbeitsplätze mit der richtigen Politik zurückkommen würden, aber nicht wahrscheinlich. Nur eines sei klar, Protektionismus schade den Arbeitern am Ende mehr.

Zu den Rubin-Protegés gehörte auch Timothy Geithner. Unter Summers und Rubin arbeitete er im Finanzministerium Clintons. Als Chef der New Yorker Fed war Geithner unter der Bush-Administration persönlich an Hilfsprogrammen für die Wall Street beteiligt, zu der er gute Kontakte pflegt. Obama nominierte ihn für den Posten des Finanzministers. Geithner war beispielsweise für das kontroverse Hilfspaket für den Versicherungskonzern AIG zuständig.[98] Er sicherte durch eine Finanzspritze und Garantien bis zu 180 Milliarden Dollar nicht nur AIG, sondern auch Profite der Geschäftspartner des Konzerns. Geithner wies AIG an, ihnen 100 Cent auf den Dollar auszuzahlen, obwohl die Finanzprodukte nach Meinung des Markts nicht mehr als 30 Prozent ihres ursprünglichen Preises wert waren. Zugleich forderte er AIG auf, Informationen über die Transaktionen zurückzuhalten. Später kam heraus, dass beispielsweise Goldman Sachs mehr als 13 Milliarden Dollar aufgrund des großzügigen Umgangs der Fed mit Steuergeldern erhalten hatte. Die Namen der Geschäftspartner gab die Fed erst auf politischen Druck von Kongressabgeordneten bekannt. Details der Beratungen hielt sie jedoch weiterhin unter Verschluss. Das

Mutterunternehmen der Nachrichtenagentur *Bloomberg News* klagte daraufhin auf Freigabe der Protokolle und gewann den Prozess in der ersten Instanz. Der Rechtsstreit ging anschließend in die Berufung.

Jimmy Cayne, der Chef von Bear Stearns, machte aus seiner Verachtung für Geithner keinen Hehl. Ein Jahr nach dem Kollaps der Investmentbank kommentierte er in einem Interview »die Dreistigkeit dieses Deppen, der vor dem amerikanischen Volk verkündet, dass er derjenige ist, der entscheidet, welches Unternehmen dieser Größenordnung und jenes Was-auch-immer einen Kredit bekommt«[99]. In dem für sein Finanzhaus gewohnten Jargon fügte er an: »Dieser Kerl denkt, er hat einen großen Schwanz. Doch er hat nichts, außer vielleicht einen Freund.« Paul Volcker drückte sich feiner aus: »Meine Ansichten über Geithner sind nicht zur Veröffentlichung geeignet.«[100] Wegen Steuerversäumnissen musste Geithner zwar zunächst um seine Ernennung fürchten, da eine seiner Aufgaben als Finanzminister auch die Aufsicht über die Bundessteuerbehörde IRS ist. Dennoch erhielt er schließlich die Zustimmung des Senats, der angesichts der sich beschleunigenden Krise bereitwillig darüber hinwegsah. Die Rubinistas Jason Furman und Diana Farrell wurden seine Stellvertreter. Auch Peter Orszag, Michael Froman, Philipp Murphy, Gene Spurling, Gary Gensler, Lewis Alexander, Lael Brainard und David Lipton werden der Rubin-Fraktion zugerechnet und erhielten Posten im Weißen Haus. Die Personalauswahl konnte kaum stärker mit dem versprochenen Neuanfang kontrastieren.

Zu Beginn von Obamas Präsidentschaft galt eine Amtszeitverlängerung für Bushs Notenbankchef Ben Bernanke nicht als sicher. Hauptkritikpunkte waren das freundschaftliche Verhältnis der Notenbank zur Finanzindustrie und die laxe Geldpolitik vor der Krise. Zudem kam heraus, dass die US-Regierung noch unter George W. Bush dem Chef der Bank of America, Ken Lewis, mit der Entlassung gedroht hatte, um die Zwangsehe mit Merrill Lynch zu den von ihr verlangten Konditionen durchzusetzen. Aufgetauchte E-Mails ließen erkennen, dass die Fed unter der Leitung Bernankes Druck auf Lewis ausgeübt hatte, seinen Aktionären das durch die Fusion drohende Milliardengrab zu verschweigen. Mit der Verschärfung der Krise 2009 regte sich im Senat Widerstand gegen eine weitere Amtszeit des Notenbankchefs. Bernanke habe die Politik von Präsident Bush mitgetragen, die für die Wirtschaftskrise mitverantwortlich sei, erklärte der demokratische Senator

Russell Feingold. Auch der Senator Bernie Sanders war gegen Bernanke: Eine Neubesetzung könne die Fed zu einem »Instrument für die Mittelschicht dieses Landes machen, statt für hoch bezahlte Wall-Street-Mitarbeiter«[101]. Die Bestätigung Bernankes für weitere vier Jahre sei wie die Ehrung des Kapitäns der Titanic für die Rettung von Menschen, nachdem er einen Eisberg gerammt habe,[102] sagte der republikanische Senator Jim Bunning. Doch Obama lobte die »mutigen und kreativen« Entscheidungen des Notenbankchefs und unterstützte seine Kandidatur für eine zweite Amtszeit. Der Regulierungsgegner Bernanke hatte den Leitzins gegen Ende 2008 auf fast null Prozent gesenkt und eine Billion Dollar in das Finanzsystem gepumpt. Im Januar 2010 wurde Bernanke wiedergewählt. Nur 70 von 100 Senatoren stimmten für ihn, ein ungewöhnlich schlechtes Ergebnis.

Eine Schlüsselposition im Weißen Haus vergab Obama schon einen Tag nach seiner Wahl. Er ernannte Rahm »Rahmbo« Emanuel zum Stabschef des Weißen Hauses. Der gebürtige Chicagoer und Protegé der Chicagoer »Machine« ist der Prototyp des Washington-Insiders. Mit seiner langjährigen Erfahrung in Washington sollte er nach den Vorstellungen Obamas die demokratischen Reihen schließen und für Deals mit den Konservativen sorgen. Als *bad cop* kam ihm zudem die Aufgabe zu, die zu erwartenden Attacken von links zu absorbieren. Er schuf sich seinen Ruf als Berater von Präsident Clinton, der Konflikte offensiv anging und für den das F-Wort zum Standardvokabular gehörte. Vor einem gemeinsamen Auftritt mit Bill Clinton auf dem Höhepunkt der Lewinsky-Affäre zeigte Emanuel dem britischen Premier Tony Blair seinen seit einem Unfall verkrüppelten Mittelfinger und warnte ihn: »Don't fuck it up!« Als Obamas Stabschef fuhr er einen nervös stammelnden Mitarbeiter an: »Nimm deinen verfickten Tampon raus und sag mir, was du zu sagen hast.«[103] Einem Meinungsforscher schickte er einmal in Mafia-Manier einen verwesenden Fisch.[104] »Wenn ich morgens aufwache, hasse ich mich manchmal auch«, kommentierte er einmal den ihm vorauseilenden Ruf.

Emanuel wurde zum Inbegriff für eine »pragmatische« Politik ohne Samthandschuhe, bei der es weniger um Inhalte als um Mehrheiten und politische Siege geht. Nach seiner Zeit im Weißen Haus machte er als Investmentbanker Millionen. Danach war er Abgeordneter des Repräsentantenhauses und wurde Vorsitzender des Democratic Congressional Campaign Committee, wo er die Rückeroberung einer demokratischen Mehrheit für die Kongresswahlen 2006 vorbereitete. Er platzierte konservative Demokraten in traditionell republikanisch wählenden Bezirken. Doch seine Kandidaten schlugen sich nicht besonders gut, und am Ende kam die Mehrheit auch durch zahlreiche progressive Kandidaten zustande, die er zunächst nicht unterstützt hatte. Auch bei den Wahlen 2008 gewannen viele Demokraten in traditionell republikanisch wählenden Bezirken, obwohl sie als progressiv in Wirtschaftsfragen galten. Der progressive Journalist Cenk Uygur nannte Emanuel »Barack Obamas Dick Cheney«[105]. Und wie Cheney hatte Emanuel beste Verbindungen zur Geschäftswelt. Mit 1,5 Millionen Dollar war er im Wahlkampf für einen Sitz im Repräsentantenhaus 2008 der größte Empfänger von Spenden von Hedgefonds und Investmentbanken.[106]

Obama neutralisierte zudem progressive und gewerkschaftsnahe Mitarbeiter, die in der frühen Phase seines Wahlkampfs insbesondere in der Schlacht gegen Hillary Clinton noch größeren Einfluss auf die politische Ausrichtung seiner Kampagne hatten.

Volcker, der sich wiederholt für ein Verbot des Eigenhandels einsetzte, hatte zunehmend Mühe, wahrgenommen zu werden. Als Vorsitzender eines machtlosen Ausschusses[107] unterlag er der Kontrolle Summers', der die Kommunikation mit dem Präsidenten steuerte. Für rund ein Jahr lief Volcker vor allem als »ungehörter Prophet«[108] durch Washington. Volcker selbst bezeichnete seine Rolle im Weißen Haus als »Wachsfigur«[109]. Erst nach der Niederlage von Massachusetts konnte er wieder mehr Gehör beim Präsidenten finden. Wie ihm erging es auch dem ehemaligen Arbeitsminister im Kabinett Clintons, Robert Reich, der sich für Investitionen in Infrastruktur, Bildung und Hilfen für die Mittelschicht einsetzt. Nur der Wirtschaftsberater Bidens, Jared Bernstein vom progressiven Economic Policy Institute, der einzige Linke im Wirtschaftsteam der Administration, findet Gehör bei Lawrence Summers. Der ökonomische Interventionist Dan Tarullo, ein enger Freund von Obama, erhielt immerhin einen Posten in der Notenbank Fed. Dort steht er dem Ausschuss für Bankregulierung vor.

Der Beginn von Barack Obamas Präsidentschaft war vor allem von hektischen Maßnahmen gegen den Zusammenbruch des Wirtschaftssystems geprägt. Im Januar 2009 waren 11,6 Millionen Menschen ohne Arbeit, 4,1 Millionen mehr als ein Jahr zuvor.[110] Die Arbeitslosenquote betrug 7,6 Prozent, der höchste Stand seit 16 Jahren.[111] Schon im Wahlkampf hatte Obama die Bankenrettung unterstützt und für ein Konjunkturprogramm geworben, um die Wirtschaft wiederzubeleben. Bereits vor der Amtseinführung war allen Beteiligten klar, dass die Krise weitaus dramatischer war, als zunächst angenommen. Sie würde das erste Jahr von Barack Obamas Amtszeit beherrschen und andere Projekte in den Hintergrund drängen. Die Administration setzte auf schnelle Erfolge, die den großen Projekten wie der Gesundheitsreform und dem Energiegesetz Schub geben sollten, erklärte Rahm Emanuel in einem dieser Treffen. Es sollte »keine Ablenkungen«[112] geben, betonte er. Weniger zentrale Projekte, wie die Einwanderungsreform oder der Employee Free Choice Act blieben liegen. Einen der schnellen Erfolge sollte das Konjunkturprogramm liefern, das Obama bis Mitte Februar – weniger als einen Monat nach seiner Amtseinführung – unterzeichnet haben wollte. Nach Schätzungen der Vorsitzenden des Rats der Wirtschaftsberater im Weißen Haus, Christina Romer, waren mindestens 800 Milliarden, idealerweise rund 1,3 Billionen Dollar nötig, um einen spürbaren Effekt auf die Wirtschaft zu haben und eine Depression zu verhindern. Schon drei Tage nach Amtsantritt begann der Widerstand der Republikaner. Sie wollten ein staatliches Investitionsprogramm um jeden Preis sabotieren, da es verschwenderisch und nicht bezahlbar sei. Um den Republikanern entgegenzukommen, bot Obama noch vor Beginn der Verhandlungen (!) Steuersenkungen in Höhe von 300 Milliarden Dollar an, obwohl diese nach Ansicht vieler Ökonomen nicht stimulierend wirken. Dennoch wurden die Angriffe der Republikaner schärfer. Bei einem Treffen mit Vertretern der Konservativen im Weißen Haus sagte Obama, dass sie sich entscheiden müssten zwischen der Rolle einer Partei, die regieren wolle, oder einer »Talkshow-Partei«[113], die Rush Limbaugh zuhöre. Der rechtsextreme Radiomoderator hatte nur Tage nach Barack Obamas Amtseinführung erklärt, dass er hoffe, dass Obamas Präsidentschaft scheitern werde. Obama versuchte es noch einmal mit einem Besuch im Kapitol. Doch schon bevor er beim Sitz des Kongresses ankam, hatte der republikanische Minderheitsführer im Repräsentantenhaus John Boehner die Parole ausgegeben, nicht zu kooperieren. Diese Haltung bestimmte den polarisierten Ton für weitere Debatten, die folgen sollten, insbesondere in der Gesundheitsreform.

Inmitten der Krise setzte Obama das größte Konjunkturprogramm in der Geschichte der Vereinigten Staaten durch. Kein Republikaner im Repräsentantenhaus und nur drei im Senat stimmten für das Gesetz. Dieser Tag markiere nicht das Ende der Krise, sagte Obama, »aber er markiert den Anfang vom Ende. Einen Anfang, den wir brauchen, um Arbeitsplätze zu schaffen für Amerikaner, die sich nach dem Verlust ihres Arbeitsplatzes abrackern«, erklärte er. Der 787 Milliarden Dollar teure American Recovery and Reinvestment Act (ARRA) enthielt drei Komponenten: Steuersenkungen, Investitionen in die Infrastruktur und Hilfen für Bundesstaaten. Die Steuersenkungen für die Mittelschicht waren mit einer Gutschrift von rund zehn Dollar pro Woche kaum zu spüren. Nach einer Umfrage des Senders CBS und der *New York Times* vom Februar 2010 wusste die Mehrheit der Amerikaner nicht, dass sie weniger Steuern gezahlt hatte. 53 Prozent gingen davon aus, dass ihre Steuern gleich hoch waren, rund ein Viertel der Befragten glaubte, mehr Steuern entrichtet zu haben.[114] Die Infrastrukturprojekte kamen aufgrund der umständlichen Vergabepraxis nur langsam in Gang. Und die Staatshilfen verhinderten vor allem Entlassungen im öffentlichen Dienst. Nach Angaben des Weißen Hauses sollte das Programm bis zu vier Millionen Arbeitsplätze schaffen. Später verkündete die Administration, dass die Investitionen zwei Millionen Arbeitsplätze gesichert oder neu geschaffen hätten. Ein groß angelegtes Arbeitsbeschaffungsprogramm war ARRA nicht.

Als bekannt wurde, dass Wall-Street-Banken auch für das Krisenjahr 2008 und nach der Rettung durch den Steuerzahler Milliarden-Boni auszahlten, bezeichnete Präsident Obama ihr Verhalten als »schändlich«[115] und befürwortete eine Begrenzung der Gehälter der Topmanager. Doch seinen Worten folgten keine Taten. Er unterstützte einen entsprechenden Gesetzentwurf der Senatorin Claire McCaskill nicht, der schließlich unterging. Als die Empörung in der Öffentlichkeit wuchs, nahm der Kongress in letzter Minute im Stimuluspaket auch eine Gehaltsbegrenzung für Topmanager der vom Steuerzahler geretteten Banken auf. Obwohl Summers und Geithner die Abgeordneten baten, »noch einmal darüber nachzudenken«[116], blieb die Regelung drin. Es war ohnehin politisches Theater: Banken umgingen die Vorschrift, indem sie die Boni zeitlich verzögert auszahlten. Zudem versuchten sie nun, die öffentlichen Kredite schnellstmöglich zurückzuzahlen, um sich selbst von den schwachen Restriktionen zu befreien.

Nur kurz darauf verkündete Obama ein 75-Milliarden-Programm zur Modifizierung von Hypotheken, um Millionen von Hausbesitzern zu helfen, denen in der Krise die Zwangsvollstreckung drohte. Doch das Programm beruhte – ebenso wie verschiedene Vorläufer in der Bush-Administration – auf der freiwilligen Kooperation der Banken. Mit seinem Stab von Mitarbeitern, die Obama aus der Bush- und der Clinton-Administration übernommen hatte, war es nicht verwunderlich, dass auch die politischen Rezepte zur Lösung der Krise die gleichen waren. Die Regierung bot Banken eine kostspielige Versicherung für die Refinanzierung von Immobilien an, die durch die Krise unter den Wert der auf ihnen lastenden Hypothek gefallen waren. Anstatt betroffenen Hausbesitzern direkt eine Refinanzierung ihrer Hypotheken anzubieten oder die Verringerung der monatlichen Raten zu erzwingen, vertraute die Administration auf den Markt und »Anreize«, die eine Anpassung von Verträgen attraktiv machen sollten. Doch für viele Kreditgeber waren die staatlichen Zahlungen von bis zu 5000 Dollar für jeden modifizierten Vertrag weniger profitabel als die Vertragsstrafen, die sie aufgrund der Säumnis ihrer Schuldner kassieren konnten. Die individuelle Modifizierung war auch praktisch schwer durchführbar, da rund die Hälfte der Hypotheken mit anderen Krediten zusammengepackt und weiterverkauft worden waren. Das Programm enttäuschte, die Zwangsverkäufe stiegen trotzdem. Nach Moody's Economy gingen 2008 rund 1,7 Millionen Häuser gegen den Willen ihrer Besitzer auf den Markt, ihre Zahl wuchs ein Jahr später auf über zwei Millionen, und 2010 soll sie auf über 2,4 Millionen Häuser steigen.[117] Dem standen bis Mitte 2010 nur 400 000 permanente Vertragsanpassungen gegenüber – deutlich weniger als die prognostizierten drei bis vier Millionen, denen bis 2012 das Programm helfen sollte.[118] Die Administration reduzierte diese Zahl inzwischen auf 1,5 bis 2 Millionen. Arbeitslose oder diejenigen, die sich die Hypothek von Anfang an nicht leisten konnten, erfasste das Programm überhaupt nicht. Rund elf Millionen Hausbesitzer schulden ihrer Bank inzwischen mehr als den Wert ihres Hauses.[119]

Als im März Berichte über Boni in Höhe von mehr als 165 Millionen Dollar für die 400 AIG-Angestellten der Abteilung, die den Konzern durch ihre Spekulationen an den Rand des Ruins gebracht hatte, an die Öffentlichkeit kamen, kochte die Wut hoch. Und wieder erwies sich Obama vor allem als rhetorisch geschickter Moderator. Während

Summers von der Unverletzlichkeit der Verträge sprach und davon, dass man nichts tun könne, sagte Obama: »Ich kann verstehen, dass Menschen wütend sind. Ich bin wütend.«[120] Aber er wolle die Wut auf »konstruktive Weise« kanalisieren. Nur einen Tag nach dem Kommentar Summers' ordnete Obama seinen Finanzminister an, »jede rechtliche Möglichkeit auszuschöpfen«, um das Geld zurückzubekommen. »Dies ist nicht nur eine Sache von Dollar und Cent, hier geht es um unsere fundamentalen Werte.«[121] Doch die Werte reichten nicht weit. Das Repräsentantenhaus verabschiedete einen Gesetzentwurf mit einer Steuer von 90 Prozent auf Boni von Topmanagern staatlich geretteter Banken. Im Senat allerdings ging der Entwurf sang- und klanglos unter. Das Thema war erledigt.

Wenig später empfing Obama Geschäftsführer der größten Banken im Weißen Haus. »Dies sind komplizierte Unternehmen«, versuchte ein Topmanager die hohen Zahlungen zu rechtfertigen. »Wir kämpfen auf einem internationalen Markt um Talente«, sagte ein anderer. Doch Obama unterbrach sie. Die Öffentlichkeit würde ihnen diese Erklärungen nicht mehr abnehmen. »Meine Administration«, erklärte er, »ist das Einzige zwischen euch und den Mistgabeln.«[122] Das Weiße Haus unterstützte offiziell auch ein Gesetz, das Richtern die Autorität zur Anordnung von Vertragsanpassungen gab. Doch am Ende tat es nichts, um das Gesetz gegen den verbissenen Widerstand von Industrielobbyisten durch den Senat zu bringen. »Ich kann nicht sagen, dass Präsident Obama seine Macht in dieser Sache genutzt hat«[123], sagte der Demokrat Brad Miller frustriert, der das Gesetz zusammen mit seinem Parteikollegen Dick Durbin entworfen hatte. »Die Banken besitzen diesen Ort«[124], sagte Durbin. Es sei doch absurd, dass in einem Moment, in dem sich die öffentliche Stimmung gegen die Banken wende, die politische Unterstützung für Banken zunehme, so der Senator. Auch zwölf Demokraten stimmten gegen das Gesetz, das im Senat scheiterte. Doch für die Wirtschaft galt in der Administration weiterhin das Prinzip Hoffnung. Der Kreditfluss für Klein- und Mittelbetriebe sowie Hauskäufer werde schon auftauen, wenn Banken genügend Garantien vom Staat bekämen und ihre Bilanzen auf Kosten des Steuerzahlers von faulen Anlagen befreien könnten. Ihre Profite seien zum Wohle der gesamten Wirtschaft. Die Regierung dürfe mit ihnen nicht zu hart umspringen, weil das den Markt und die noch nicht genesenen Finanzhäuser gefährden würde, erklärten Geithner und Summers. Eine stärkere Rolle der Regierung oder gar eine Verstaatlichung komme nicht infrage, die Regierung sei nicht kompetent genug, erklärten beide. Sie gingen auch davon aus, dass das bestehende Regulierungssystem ausreichen würde und nur mangelhaft umgesetzt worden sei.

Schon Anfang Februar hatte Timothy Geithner einen Vier-Punkte-Plan zu Stabilisierung des Finanzsystems vorgestellt. Die Präsentation war so schlecht und der Plan so vage, dass die Märkte mit einem Kurseinbruch reagierten. Im März konkretisierte er seinen Vorschlag und erntete heftige Kritik. Er schlug einen Stresstest für die größten Finanzhäuser des Landes vor, versprach mehr Geld zur Abwendung von Zwangsverkäufen von Immobilien und stellte mehr Kredite für Unternehmer und Verbraucher in Aussicht. Mit einem Public-Private-Investment-Programm wollte er Banken mit Hilfe von Steuergeldern von faulen Anlagen im Wert von bis zu einer Billion Dollar befreien. Mit der Hilfe von überdimensionalen Zuschüssen vom Steuerzahler sollten private Investoren ermutigt werden, diese faulen Anlagen zu kaufen. Im Falle von Profiten sollten die Investoren den Großteil behalten. Sollte der Preis der Anlagen fallen, würde der Steuerzahler den größten Teil des Verlustes tragen. Kritiker wie Paul Krugman liefen Sturm gegen den Vorschlag. Der Plan habe mit freiem Markt nichts zu tun, meinte der Wirtschaftsnobelpreisträger. Er sei vielmehr eine neu aufbereitete Bush-Politik und eine Einbahnstraße für den Steuerzahler[125], schrieb der Wirtschaftswissenschaftler der Princeton University in seiner Kolumne für die *New York Times*. Es scheine fast, als wolle der Präsident beweisen, dass seine Sicht durch die engen Beziehungen seiner Administration zur Wall Street versperrt sei. Der Wirtschaftsnobelpreisträger Joseph Stiglitz nannte den Plan einen »Raub am amerikanischen Volk«[126].

Mit seinem Vorschlag setzte Geithner das Prinzip der Bankenrettungen der Bush-Administration fort. Doch die Umsetzung verzögerte sich. Im Juli kassierte die zur Progressiven gewandelte Republikanerin Sheila Bair, Chefin der an dem Programm beteiligten US-Einlagensicherungsbehörde FDIC, schließlich einen Großteil des Programms.

Interessanterweise galt die Zurückhaltung Obamas gegenüber den Banken nicht für die Automobilindustrie. Die Autohersteller General Motors und Chrysler mussten sich einer harten Transformation unter der Aufsicht der Regierung unterziehen, die im Fall von GM nach einem beschleunigten Insolvenzverfahren zum Anteilseigner wurde. Der Geschäftsführer von GM, Rick Wagoner, trat auf Druck von Obama ab. Die Autoarbeitergewerkschaft UAW musste die Entlassung Zehntausender Mitarbeiter und starke Lohnkürzungen hinnehmen und tauschte Teile ihres Pensionsfonds gegen einen Anteil an GM. Chrysler wurde nach dem Insolvenzverfahren zur Fusion mit Fiat gezwungen. Gläubiger gaben sich mit einer Auszahlung von 29 Cent pro Dollar zufrieden.[127] Und beide Autohersteller schlossen auf Drängen der Obama-Administration Tausende Niederlassungen von Autohändlern. Es war ein himmelweiter Unterschied zum Laissez-faire der US-Regierung gegenüber der Finanzindustrie.

Dennoch versprach Barack Obama immerhin eine »grundlegende Überarbeitung«[128] der Kontrolle des Finanzmarkts. Es werde ein fundamentaler Wandel, den es in dieser Größenordnung seit der Großen Depression nicht mehr gegeben habe. Sein Vorschlag beinhaltete mehr Macht und Autorität für das Finanzministerium und die Federal Reserve, strengere Regeln für Banken, die Reorganisation von Regulierungsbehörden und – das war tatsächlich neu – die Einrichtung einer Behörde, die Verbraucher vor undurchsichtigen Finanzprodukten schützen sollte. Sie war die Konsequenz des Versagens der Fed. Die Notenbank war autorisiert, im Fall von Missbrauch einzugreifen, tat dies jedoch nur selten. Und wenn sie eingriff, erfanden Banken immer neue versteckte Gebühren, ein Problem, das sich in der Krise verschärfte. Nach Obamas Vorschlag sollte sie eine starke Behörde sein, die auch bislang nichtregulierte Bereiche der Finanzindustrie erfassen und für mehr Transparenz sorgen würde. Die Idee einer Verbraucherschutzbehörde erzeugte jedoch sofort allergische Reaktionen der Finanzindustrie. Sie sprach von einem zu großen Einfluss der Regierung auf die Geschäfte der Banken.

Doch zunächst kämpfte der Präsident um die Gesundheitsreform, die im Kongress nicht weiterkam. Gleichzeitig verschärften sich die Folgen der Wirtschaftskrise. Die Arbeitslosigkeit stieg immer weiter. 3,4 Millionen Menschen kamen allein in den ersten sechs Monaten von 2009 hinzu.[129] »Die Wahrheit ist, dass wir unterschätzt haben, wie schlimm es um die Wirtschaft stand, die wir geerbt haben«[130], erklärte Vizepräsident Joe Biden in einem Interview im Juli 2009. Der Kongress arbeitete weiter an Konjunkturprogrammen. Er schuf Steuergutschriften, eine Abwrackprämie und verlängerte mehrfach die Auszahlung von Arbeitslosengeld. Anlässlich des Jahrestages des Kollapses der Investmentbank Lehman Brothers sagte Obama Mitte September 2009, dass das Konjunkturprogramm geholfen habe, die Wirtschaft zu stabilisieren. Die Bail-out-Ära sei jedoch nicht vorbei. Er forderte eine international koordinierte Reform des Finanzmarkts. Darüber hinaus erklärte er, dass erst im Jahr darauf mit einem großen Zuwachs an Arbeitsplätzen gerechnet werden könne. Trotz des Konjunkturprogramms stieg die Arbeitslosigkeit mit jedem Monat weiter. Ende Oktober lag sie bei 10,2 Prozent, dem höchsten Wert seit 1983. Die Geschäftspraktiken der größten Finanzhäuser des Landes blieben dagegen unverändert. Die Bankenrettung habe nicht die »Kultur des exzessiven Risikos«[131] beendet, die zu der Krise geführt habe, erklärte Elizabeth Warren. Vielmehr habe sie zu einer Verzerrung der Preise und mehr unnötigem Risiko geführt, so die Harvard-Professorin und Leiterin des Kongressausschusses zur Überwachung der Bankenrettung. Bis Ende 2009 hatten alle Empfänger bis auf Citigroup die günstigen Kredite zurückgezahlt. Und die Boni erreichten ein neues Rekordniveau. 2009 zahlten die 38 Topfinanzhäuser der Wall Street Boni in Höhe von 145 Milliarden Dollar aus, 18 Prozent mehr als 2008 und sogar mehr als im Rekordjahr 2007.[132] Während die Großbanken das Ende der Krise feiern konnten, blieb der Kreditmarkt für den Rest der Wirtschaft eingefroren. Und wieder gab es lediglich populistische Rhetorik der Administration. Angesichts der Boni, die wieder Rekordniveau erreichten, und des Widerstands von Banklobbyisten gegen eine Bankenreform bezeichnete Obama die Banker als »fat cats«[133], »fette Katzen«, für die er nicht Präsident geworden sei. »Sie haben es immer noch nicht kapiert.« Nur wenige Tage später klang er in einem Treffen mit Geschäftsführern zahlreicher Banken fast entschuldigend. Sie sollten der Administration dankbar sein, sagte er. »Wir haben schwierige und, ehrlich, unpopuläre Maßnahmen ergriffen, Maßnahmen, die nötig waren, nicht nur, um unser Finanzsystem, sondern auch unsere gesamte Wirtschaft zu retten.«[134]

Zwei Tage waren vergangen, seitdem Massachusetts in den Nachwahlen verloren gegangen war. Die Gesundheitsreform schien am Ende zu sein. Und Obama wechselte das Thema. Bei einer Pressekonferenz im Weißen Haus sprach er über die von ihm beabsichtigte Reform des Finanzmarkts.[135] Hinter ihm stand Paul Volcker, den man lange nicht mehr mit dem US-Präsidenten gesehen hatte. Und plötzlich war sie wieder da, die sogenannte Volcker-Regel. Banken sollten sich für ein Geschäftsmodell entscheiden, sagte Obama. Wenn sie die staatliche Einlagenversicherung oder andere Staatshilfen nutzen wollten, müssten sie vom Handel auf eigenen Vorteil und von Geschäften mit Hedgefonds oder privaten Beteiligungsgesellschaften (Private Equity) ausgeschlossen werden. Vom Steuerzahler finanzierte hoch riskante Geschäfte mit Risiken für die gesamte Wirtschaft sollten der Vergangenheit angehören. Der Steuerzahler solle nie wieder von Banken in Geiselhaft genommen werden, die *too big to fail* seien. Er warnte vor Versuchen, seine Reform zu schwächen. »Wenn sie einen Kampf wollen, bin ich dazu bereit«, sagte er. Nur wenige Tage zuvor hatte er eine »Gebühr« für die größten Bankhäuser angekündigt, die mindestens 90 Milliarden Dollar einbringen, das Haushaltsdefizit verringern und die Verluste der staatlichen Rettung des Finanzsystems ausgleichen sollte.

Das noch aus der Bush-Administration herrührende Budget für das Haushaltsjahr 2009 wies aufgrund von Einnahmeausfällen durch die Wirtschaftskrise und die Bankenrettungen ein Rekorddefizit von 1,4 Billionen Dollar aus, mehr als dreimal so hoch wie im Vorjahr. Da ein Haushaltsjahr am 1. Oktober des Vorjahres beginnt, waren schon 1,3 Billionen Dollar ausgegeben, als Barack Obama sein Amt antrat. Doch auch unter dem 44. Präsidenten sinkt das Defizit nicht. 2010 wird die Administration nach Schätzungen von Experten einen neuen Rekord von mehr als 1,5 Billionen Dollar aufstellen.[136]

Für 2011 kündigte Obama Haushaltseinsparungen an, um das Defizit zu reduzieren. Er kassierte Bushs Plan einer bemannten Mondmission bis 2020. Staatsausgaben fror er für die nächsten drei Jahre ein, um 250 Milliarden Dollar zu sparen. Subventionen für fossile Energien will er reduzieren. Ausgaben für Verteidigung, die nationale Sicherheit, die Renten- und die staatlichen Krankenversicherungen für Alte und Bedürftige sollen dagegen nicht sinken. In seiner Rede zur Lage der Nation wiederholte der Präsident seine Forderung nach einer wirksamen Finanzreform. Diese sei nötig, um das Risiko einer ähnlichen Krise in der Zukunft zu verringern, sagte er. »Wenn es eine Sache gibt, die Demokraten und Republikaner vereint hat, dann die, dass wir alle die Rettung der Banken gehasst haben. Ich habe sie gehasst. Ihr habt sie gehasst. Sie war in etwa so beliebt wie eine Zahnwurzelbehandlung.«[137] Unter dem Druck der Öffentlichkeit, in einem Umfragetief und dem kräftezehrenden Kampf um die Gesundheitsreform bediente sich Barack Obama wieder populistischer Töne.

Unterdessen bereitete sich die Finanzindustrie auf die kommende Schlacht vor. Schon bevor Obama die Gesundheitsreform unterzeichnen und damit zum Gesetz des Landes machen konnte, war klar, dass die Reform des Finanzmarkts das nächste große Projekt seiner Administration werden würde. Seit Anfang 2009 hatte die Wall Street Millionen ausgegeben, um eine stärkere Regulierung zu verhindern oder zu verwässern. Im Dezember verabschiedete das Repräsentantenhaus einen Gesetzentwurf für eine Reform des Finanzmarkts – ohne die Unterstützung der Republikaner. Ihr Vorschlag, der sich an den Rahmenplan Obamas vom Juni hielt, beinhaltete eine unabhängige Verbraucherschutzbehörde, die Zerschlagung zu großer Konzerne und mehr Transparenz beim Handel von Finanzprodukten wie Derivaten. Die Volcker-Regel war nicht Bestandteil des Entwurfs. Als nach Monaten der Vorbereitung die Diskussionen im Senat im Frühjahr 2010 vorankamen, schickte die Wall Street ihre Armeen. Nach einem Bericht der *New York Times* bevölkerten rund 1500 Lobbyisten die Politiker in einem »Lobbying Blitz«[138] gegen die Reform. Seit Januar 2010 gaben sie rund 600 Millionen Dollar aus und zeigten sich zuversichtlich. »Die Zeit der Mistgabeln und Fackeln ist vorbei«[139], erklärte der Toplobbyist der Finanzindustrie Scott Talbott vom Financial Round Table triumphierend. Der Fokus müsse jetzt auf die »Reform und Verbesserung des Systems« gerichtet sein. Verbesserung bedeutete für ihn freilich die Schwächung der Vorschläge.

Doch nicht nur die Macht des Geldes erschwert jede tiefgreifende Reform. Auch die legislativen Hürden sind hoch. Nach den archaischen Abstimmungsregeln kann zum Beispiel jeder Senator die Diskussion eines Gesetzesvorschlags auf unbegrenzte Zeit aufhalten. Er wird es jedoch nicht tun, wenn er es sich nicht mit der Mehrheitsführung verscherzen will. Es reicht zudem nicht aus, dass einige Senatoren oder Abgeordnete des Repräsentantenhauses gute Ideen entwickeln und für diese sogar eine Mehrheit da ist. Entscheidend ist, dass sie in der jeweiligen Kammer auch die Mehrheitsführung hinter sich haben. Sie entscheidet, welche Ergänzungen zur Abstimmung kommen. Dies bekamen die demokratischen Senatoren Jeff Merkley aus Oregon und Carl Levin aus Michigan zu spüren. Sie arbeiteten an einem Zusatz, den sie dem Gesetzentwurf des Senats beifügen wollten. Danach würden Regelungen des 1999 abgeschafften Glass-Steagall-Gesetzes in Teilen reaktiviert. Und sie hatten gute Aussichten auf die nötige Mehrheit von 60 Stimmen. Doch ihr Amendment kam nicht zur Abstimmung. Dann versuchten sie es mit einem Verfahrenstrick: Sie hängten ihren Zusatz an einen Zusatz des Republikaners Sam Brownback an, der eine Ausnahme von den Verbraucherschutzregeln für Kredite von Autohändlern durchsetzen wollte. Doch unter dem Druck der Senatsführung zog Brownback schließlich seinen Entwurf zurück, und der Merkley-Levin-Zusatz war vom Tisch.

Zum Repertoire der Gesetzgeber gehört auch, Zusätze zur Wahl freizugeben, die keine Chance haben. Das erhöht den theatralischen Wert des Gesetzgebungsverfahrens und wirkt demokratisch. Dies geschah mit dem Zusatz der Demokraten Sherrod Brown aus Ohio und Ted Kaufman aus Delaware, die die Zerschlagung von Finanzhäusern forderten, die *too big to fail* seien. Prominente Demokraten im Schulterschluss mit dem Weißen Haus waren gegen den Vorschlag. Dennoch ließ der Mehrheitsführer der Demokraten Harry Reid ihren Entwurf in einer formellen Abstimmung untergehen. Eine formlose Befragung hatte zuvor ergeben, dass der Entwurf ohnehin keine Chance hatte. Auch im Repräsentantenhaus entscheidet die Mehrheitsführung über die Regeln der Abstimmung, so dass sie auch hier Kontrolle über das Verfahren ausübt.

Nachdem das Repräsentantenhaus seinen Gesetzentwurf unter der Führung des demokratischen Finanzausschusschefs Barney Frank bereits im Dezember 2009 verabschiedet hatte, brachte der Vorsitzende des Bankenausschusses, der Demokrat Chris Dodd, die nötigen Stimmen im Senat erst im Mai 2010 zusammen. Mit Flankenschutz durch Ermittlungen der Aufsichtsbehörde SEC gegen die Investmentbank Goldman Sachs enthielt sein Entwurf mehrere vielversprechende Vorschläge, für die unter dem Druck der Öffentlichkeit auch vier republikanische Senatoren stimmten. Obwohl sich die Entwürfe beider Kammern im Wesentlichen glichen, gab es markante Unterschiede. Die Senatsversion enthielt weniger Ausnahmeregelungen und machte strikte Vorgaben für den Handel mit Derivaten. Das Repräsentantenhaus forderte dagegen eine unabhängige Verbraucherschutzbehörde und eine Gebühr für Großbanken. Beide Entwürfe wurden daraufhin im Vermittlungsausschuss miteinander verschmolzen. Der endgültige Entwurf musste anschließend von beiden Kammern erneut bestätigt werden. Das Repräsentantenhaus segnete das Kompromisspaket im Juni 2010 ab.

Länger dauerte es im Senat, wo die Demokraten um ihre Mehrheit kämpfen mussten. Der progressive Demokrat Russ Feingold aus Wisconsin verweigerte seine Zustimmung, nachdem zahlreiche der von ihm unterstützten Vorschläge zur Stärkung des Gesetzes gescheitert waren. Die wesentliche Frage sei, ob das Gesetz eine zukünftige Krise verhindern könne, sagte Feingold. »Der Entwurf des Vermittlungsausschusses besteht diesen Test nicht.«[140] Mit dem Tod des langjährigen demokratischen Senators Robert Byrd verloren die Demokraten eine weitere Stimme im Senat und waren damit auf die Unterstützung von mindestens drei Republikanern angewiesen. Präsident Obama musste um jede Stimme kämpfen. Noch während der Verhandlungen um die Finanzmarktreform blockierten die Republikaner beispielsweise die Verlängerung des Arbeitslosengeldes für Millionen von Amerikanern (wie ein Jahr zuvor) unter Verweis auf das wachsende Defizit. Die Bankenreform nannten sie einen Jobkiller, der Unternehmen noch mehr Bürokratie auflaste. Im Vordergrund stand aber in beiden Fällen die Verhinderung eines weiteren legislativen Sieges Barack Obamas. Um den Druck auf die sabotierende Opposition zu erhöhen, verschärften die Demokraten die Rhetorik. »Die Republikaner waren bei jeder Gelegenheit auf der Seite der Wall Street«, sagte etwa der Demokrat Luis Guitierrez. »Wenn es Wall-Street-Banken hilft, sind sie dafür. Wenn es jedoch der Main Street und regulären Amerikanern hilft, votieren sie nicht dafür.«[141] Nachdem die Demokraten auf die Einführung einer Gebühr für Großbanken verzichtet hatten, stimmten neben 57 Demokraten auch drei Republikaner für das Reformwerk, darunter Senator Scott Brown, der Obama die bittere Niederlage in Massachusetts Anfang 2010 bereitet hatte.

Das Gesetz sei die größte Reform des Finanzmarkts seit der Großen Depression, erklärte Obama. Steuerzahler müssten niemals wieder einspringen, um Banken zu retten, sagte er bei der feierlichen Unterzeichnung des Gesetzes Ende Juli 2010. »Es wird keine vom Steuerzahler finanzierten Bail-outs mehr geben. Punkt.«[142] Das Gesetz mit neuen Regeln für Finanzinstitute und stärkeren staatlichen Kontrollbehörden führe klare Regeln für den Markt ein und verhindere Exzesse und Missbrauch, so der US-Präsident. Nach dem Konjunkturpaket und der

Gesundheitsreform war die Finanzmarktreform das dritte große innenpolitische Gesetzesprojekt von Barack Obama. Das Gesetz schreibt die Einführung einer Verbraucherschutzbehörde vor, die Konsumenten vor unseriösen und komplexen Finanzprodukten schützen soll. Ein Rat unter Vorsitz des Finanzministers soll in Zukunft systemische Risiken überwachen. Die Regierung darf nun kollabierende Finanzinstitutionen übernehmen und geordnet und ohne Kosten für den Steuerzahler abwickeln. Bei einer Gefahr für das Finanzsystem können Behörden Finanzhäuser aufspalten. Den Handel mit riskanten Derivaten müssen Finanzhäuser in unabhängigen Einheiten auslagern, die mit eigenem Kapital ausgestattet sind und keinem staatlichen Schutz unterliegen. Ein Großteil des Derivatehandels muss in Zukunft transparenter ablaufen. Aktionäre haben zudem ein Mitspracherecht bei Gehältern für Topmanager.

Dennoch ist offen, inwiefern die neuen Regeln zukünftige Krisen mindern werden. Megabanken bleiben und werden aller Voraussicht nach auch in Zukunft im Krisenfall den »Steuerzahler als Geisel nehmen«. Das Verbot des Eigenhandels und die Trennung von Bank- und Investmentgeschäften fiel schwächer aus als zunächst angekündigt. Vorgaben für höhere Kapitalreserven wurden abgemildert. Die Verbraucherschutzbehörde wird nicht unabhängig, sondern bleibt unter dem Dach der Notenbank. Regelungen für den Handel mit Derivaten, der in Zukunft transparenter ablaufen soll, bleiben von Ausnahmen geschwächt. Die Bankgebühr wurde gestrichen. Ungedeckte Leerverkäufe bleiben zulässig. Banken mit staatlich versichertem Kapital dürfen weiterhin riskante Geschäfte in privaten Beteiligungsgesellschaften und Hedgefonds betreiben. Hinzu kommt, dass zahlreiche Regelungen des Gesetzes noch unbestimmt sind und von den Aufsichtsbehörden konkretisiert werden müssen. Lobbyvereinigungen konzentrieren nun ihre Anstrengungen auf die Ausarbeitung der Normen, die in der Regel unter Ausschluss der Öffentlichkeit abläuft – ein Traum für Lobbyisten. Dabei handelt es sich um dieselben Behörden, die den Ausbruch der Krise nicht vorhergesehen und den Spekulationen der Finanzindustrie kaum Grenzen gesetzt hatten. All dies lässt nichts Gutes erwarten. Anstatt einer starken, strukturellen Reform, gab es ein mehr als 2000 Seiten umfassendes Gesetz, das aller Voraussicht nach zahnlos bleiben wird.

4. DIE GESUNDHEITSREFORM – EINE VERGEBENE CHANCE

»Wenn ich ein System von Grund auf neu entwerfen würde, würde ich wahrscheinlich eine staatliche Krankenversicherung nach dem Solidarprinzip entwickeln ... Aber wir entwerfen kein System von Grund auf neu ...«[143]
Barack Obama, 2007

»Fucking retards!«[144], schimpfte Rahm Emanuel in einem Treffen von Mitarbeitern des Weißen Hauses mit progressiven Gruppen im August 2009. In ihrer wöchentlichen Strategiesitzung berieten sie einen Plan, den Druck auf Abgeordnete gegen eine Gesundheitsreform zu erhöhen. Doch das Weiße Haus war dagegen. Und der Stabschef überbrachte die Botschaft in gewohntem Jargon. »Seien wir ehrlich«, sagte Emanuel, »es geht nicht darum, das Gesetz durch den Vorstand der Brookings Institution zu bringen. Ich bringe es durch den US-Kongress mit Leuten, die Wähler repräsentieren.«[145] Er warnte die Anwesenden davor, mögliche politische Alliierte gegen das Weiße Haus aufzubringen.

Die Warnung kam von ganz oben. Trotz gegenteiliger Signale von den Republikanern hoffte der Präsident weiterhin auf einen überparteilichen Kompromiss und wollte sich diesen durch seine Basisorganisation nicht verbauen lassen. Und sollte er beim Thema Gesundheitsreform scheitern, würde dies mit großer Wahrscheinlichkeit auch seine Präsidentschaft lähmen. Eine Niederlage wäre in der Tat nichts Geringeres als »Obamas Waterloo«[146], wie es der Republikaner Jim DeMint aus South Carolina noch im Juli feierlich als Ziel seiner Partei formuliert hatte.

Der Kampf um die Reform des Gesundheitssystems rückte für Barack Obama im Laufe des Wahlkampfs auf der Prioritätenliste immer weiter nach oben. Das lag nicht nur an seiner persönlichen Erfahrung – seine an Krebs erkrankte Mutter musste sich noch im Sterben mit der Versicherungsbürokratie auseinandersetzen –, sondern auch das Schicksal vieler Amerikaner, die unter dem Druck von Gesundheitskosten bankrottgingen oder über Missstände aufseiten der privaten Versicherer leidvoll berichten konnten, wurde während der Monate vor seiner Wahl deutlich. Im September 2008 hatten alle Kandidaten ihre Konzepte vorgestellt. Barack Obama setzte auf ein Gesundheitssystem, das die Versicherung über den Arbeitsplatz regeln sollte. Nur wer Arbeit hatte, hatte damit Aussicht auf eine Krankenversicherung. Obama versprach zudem, die Kosten für eine durchschnittliche Familie um 2500 Dollar jährlich zu senken. Für die Millionen Unversicherter hatte er jedoch kein Rezept. Hillary Clinton hatte dagegen schon früh eine allgemeine Versicherungspflicht vertreten, die durch Zuschläge vom Staat und Steuergutschriften sozial abgefedert werden sollte. Erst spät schwenkte Obama um und sprach schließlich ebenfalls von einer staatlichen Krankenversicherung als Alternative zu den privaten Unternehmen. Die Mehrheit der Amerikaner war für eine Reform des Gesundheitssystems, das in seiner bisherigen Form den Haushalt der USA zu ruinieren drohte.

Die Ausgangslage im Wahlkampf war dramatisch. Mit Kosten in Höhe von mehr als 2,5 Billionen Dollar im Jahr ist das Gesundheitssystem der Vereinigten Staaten das teuerste der Welt. Gleichzeitig ist es so marode und ineffizient wie kein anderes unter den Industrieländern. Angesichts des Haushaltsdefizits sei eine Reform unausweichlich, argumentierte Obama. Eine solche Reform des US-Gesundheitswesens ist eine Herkulesaufgabe, der Weg dorthin ungeheuer schwer. Was zahlreiche Präsidenten in fast 100 Jahren der Geschichte der USA vergeblich versucht hatten, wollte Barack Obama im ersten Jahr seiner Amtszeit vollbringen. Theodore Roosevelt bewarb sich 1912 mit dem Versprechen einer universellen Krankenversicherung nach deutschem Vorbild – und verlor die Wahl. Der erste wirkliche Versuch kam mit Präsident Franklin D. Roosevelt während der Großen Depression. Er beauftragte sein Committee on Economic Security mit der Prüfung verschiedener Versicherungsmodelle von der »Wiege bis zum Grab«. Der Ausschuss kam zu dem Ergebnis, dass nur eine allgemeine Versicherungspflicht Sinn machen würde. Die stark vom Rassismus geprägten Südstaaten, die reaktionäre Ärztevereinigung American Medical Association (AMA) und andere Verbände der Gesundheitsindustrie liefen gegen diese Pläne Sturm. Sie beschrieben die von Roosevelt beabsichtigte staatliche Krankenversicherung als sozialistischen oder kommunistischen Anschlag auf die US-Gesellschaft. Auf den Rat seiner Mitarbeiter hin verzichtete Roosevelt schließlich auf eine Krankenversicherung im Social Security Act von 1935, der immerhin erstmals eine Arbeitslosen- und Rentenversicherung schuf und somit zu Recht als ein Meilenstein der US-Gesetzgebung gilt.

Während des Zweiten Weltkriegs präsentierte Roosevelt Grundzüge für eine Second Bill of Rights, die auch das »Recht auf eine adäquate Gesundheitsversorgung«[147] enthielt. In seiner Rede zur Lage der Nation von 1944 verkündete er das Paket an sozialen Rechten, das nach seinen Vorstellungen für einen nachhaltigen sozialen Frieden sorgen sollte und das er nach dem Krieg verwirklichen wollte. Doch Roosevelt starb noch vor dem Ende des Zweiten Weltkriegs. Auch Präsident Harry S. Truman scheiterte mit seinem Entwurf einer allgemeinen Krankenversicherung am Widerstand der AMA. Stattdessen entwickelte sich in den folgenden Jahrzehnten ein Flickenteppich von einzelnen Gesetzen. Präsident Lyndon B. Johnson führte 1965 Medicaid für Bedürftige und Medicare für Senioren ein. Innerhalb eines Jahres nach Einführung dieser staatlichen Krankenversicherung halbierte sich die Altersarmut. Bis heute ist Medicare bei Senioren beliebt. Sie ist ausnahmslos für alle Menschen im Alter von über 65 Jahren zugänglich, es gibt keine belastende Bürokratie, die Ansprüche ablehnt. Präsident Ronald Reagan führte Cobra ein, eine Übergangsversicherung bei Arbeitslosigkeit. Den letzten Versuch einer umfassenden Reform unternahm Präsident Bill Clinton 1993. Aber auch er kam gegen die vereinte Macht von Konservativen, Gesundheitsindustrie und AMA nicht an.

Unter George W. Bush war das Thema kein Thema. Er versuchte vielmehr durch gleich zwei Vetos, eine staatliche Versicherung für Kinder zu verhindern. Dennoch erreichte das sogenannte SCHIP-Programm mit der Zeit landesweit rund fünf Millionen Kinder. Und anstatt Medicare auf weitere Teile der Bevölkerung auszuweiten, schuf Bush (in Zusammenarbeit mit großen Lobbygruppen der Gesundheitsindustrie) mit dem Medicare Modernization Act von 2003 neue staatliche Subventionen für die Versicherungsindustrie. Zudem untersagte die Regierung in dem Gesetz dem Gesundheitsministerium explizit, Preise durch Verhandlungen mit der Pharmaindustrie zu senken,[148] und transferierte stattdessen 6,5 Millionen arme Versicherte aus dem Medicaid-Programm – das Preise verhandelt und daher für den Steuerzahler deutlich günstiger ist – zu Medicare. Allein dieser Transfer bescherte der Pharmaindustrie in den folgenden Jahren Milliardenprofite.[149] Die Folgen sind schon jetzt deutlich höhere Medikamentenkosten bei Medicare im Vergleich zu Medicaid.

Dieser Wust an Gesetzen bedeutet, dass letztlich der Steuerzahler in staatlichen Versicherungen wie Medicaid und Medicare, in denen rund ein Drittel der US-Bevölkerung versichert ist, Senioren und Bedürftigen unter die Arme greift und damit einen Großteil der Kosten des Gesundheitssystems schultert. Gleichzeitig überlässt der Staat »profitable Beitragszahler« – junge und gesunde Menschen – der privaten Versicherungsindustrie. Menschen mit Vorerkrankungen oder einer bestimmten familiären Krankheitsgeschichte hatten häufig keine Chance, eine Krankenversicherung zu bekommen oder mussten extrem hohe Prämien zahlen. Ein Kind mit Asthma beispielsweise hatte auf diesem Markt kaum Aussicht auf eine Krankenversicherung. Ein Leidtragender dieser Situation war der Chefstratege Barack Obamas, David Axelrod, der als junger Reporter für die Behandlung seiner an Epilepsie leidenden Tochter keine Versicherung fand. Seine Familie musste Tausende Dollar jährlich für die Behandlung aus eigener Tasche bezahlen und entging nach seiner Darstellung nur knapp dem Ruin.[150] Aber auch die Aufnahme in eine private Versicherung garantierte keinen Schutz im Krankheitsfall. Die Versicherer beschäftigen einen immensen Verwaltungsapparat, der zusammengenommen rund 400 Milliarden Dollar im Jahr ausgibt, um Ansprüche von Versicherten – soweit möglich – abzuwehren.

Hinzu kommt die Pharmaindustrie, die die Kosten für Medikamente gegenüber ihrem Großkunden, der US-Regierung, ohne eine Preiskontrolle einseitig festlegt, Ärzte und Krankenhäuser, die regelmäßig überhöhte Rechnungen stellen, und juristische Auseinandersetzungen, die das Gesundheitssystem Milliarden kosten.

Währenddessen waren mehr als 46 Millionen Menschen ohne Krankenversicherung. Nach einer Studie der Harvard University vom September 2009 leben Unversicherte mit einem 40 Prozent höheren Sterberisiko, 15 Prozentpunkte mehr als in einer Vergleichsstudie von 1993; jährlich sterben rund 45 000 Menschen in den Vereinigten Staaten, weil sie keine Krankenversicherung haben.[151] Millionen Amerikaner sind unterversichert, und auch ihre Lage verschärft sich. Das zeigt eine weitere

Studie der Harvard University über Privatinsolvenzen: Während 1981 nur acht Prozent der von einer Insolvenz Betroffenen ihre Zahlungsunfähigkeit aufgrund von Schulden nach medizinischen Behandlungen anmeldeten, eroberte diese Gruppe bis zum Jahr 2007 mit 62 Prozent aller Privatinsolvenzen den ersten Platz der Statistik. Beachtlich dabei ist, dass mehr als 60 Prozent der Betroffenen bei Eintritt des Versicherungsfalls über eine private Krankenversicherung verfügten. Und doch betrug ihr Eigenanteil nach der Studie im Schnitt mehr als 17 500 Dollar pro Jahr.[152] Ein niederschmetterndes Zeugnis für das private Versicherungssystem.

Für Barack Obama rückte das Thema nicht zuletzt darum ins Zentrum, da die Wirtschaftskrise gegen Ende 2008 jeden Monat Hunderttausende Arbeitsplätze zerstörte und Tausende somit auch ihre Krankenversicherung verloren oder sich Behandlungen und Medikamente nicht mehr leisten konnten. Die Zeit schien gekommen für einen Präsidenten, der mit der überwältigenden Mehrheit des amerikanischen Volkes im Rücken ohne Angst an eine Reform gehen würde. Obamas Absage an die alte Politik, das »gebrochene Washington«, klang vielversprechend. Er wollte die Gesundheitskrise beenden und die alte, von Geld und Lobbyisten beherrschte Arena hinter sich lassen. Doch nach Meinung seiner Berater war die Aufgabe zu schwer, um sie mitten in einer Wirtschaftskrise anzugehen. Wenig überraschend war insbesondere die vorsichtige Haltung jener Mitarbeiter, die das Scheitern des Reformversuchs von Präsident Bill Clinton miterlebt hatten und nun vor einem erneuten Schiffbruch warnten. David Axelrod und Rahm Emanuel waren aufgrund der Wirtschaftskrise gegen eine derart große Herausforderung schon im ersten Amtsjahr. Doch Präsident Obama blieb dabei. Die Frage sei nicht, »ob wir es uns leisten können, es zu tun, sondern ob wir es uns leisten können, es nicht zu tun«[153], entgegnete er angesichts der steigenden Kosten des Gesundheitssystems. Es war einer der Kernsätze, die er bis zum Ende wiederholen sollte.

Am Abend seiner Wahl fragte seine Tochter Malia ihn nach seinem ersten Projekt als US-Präsident. »Ich werde euch einen Hund besorgen«, antwortete Barack Obama scherzend. Doch Malia hakte nach: »Ich meine es ernst, was wird die erste politische Sache sein?« Obama rollte mit den Augen und sagte: »Sie arbeitet für die Schulzeitung.« Später erklärte er, dass er an diesem Abend in einem ruhigen Moment darüber nachdachte, welches Einzelprojekt den Amerikanern am meisten helfen würde. Für ihn war das die Gesundheitsreform.[154]

Nach dem Konjunkturprogramm und zahlreichen Notmaßnahmen, um die kollabierende Wirtschaft zu stabilisieren, begannen im April 2009, wie im Wahlkampf angekündigt, die Diskussionen in Form einiger öffentlich ausgestrahlter Debatten. Bald jedoch verlagerten sie sich in die Hinterzimmer. Im Glauben an einen überparteilichen Kompromiss vertraute Obama die Arbeit der Legislative an und gab keinen inhaltlichen Rahmen vor. Seine Vorsicht war eine vermeintliche Lehre aus dem Vorgehen Bill Clintons, der dem Kongress eine fertige Version präsentiert hatte – und damit aufgelaufen war. Barack Obama wollte sich alle Optionen offenhalten. Solange die Reform die Millionen unversicherter Amerikaner erfasse und das Haushaltsdefizit nicht vergrößere, werde er das Gesetz unterschreiben, betonte er immer wieder. Doch die Demokraten im Kongress waren keineswegs einig in ihrer Unterstützung der Pläne des Präsidenten, und ihre Deals und Kompromisse hinterließen in der Öffentlichkeit einen faden Beigeschmack. Von »Change« keine Spur: Es war Washington wie eh und je. Doch Obama beharrte auf einer überparteilichen Lösung. Entgegen der politischen Realität in der Hauptstadt, wo die republikanische Opposition keinen Zweifel an ihrer Blockade des Projektes ließ, drängte er auf Kompromisse. Er ging auf einen Gegner zu, der auf Zeit spielte und sich allenfalls von ihm weg bewegte.

Zudem stellte er eines der effektivsten Werkzeuge des Wahlkampfs, sein politisches Kapital, nicht in den Dienst seiner Reformagenda. Eine große Mehrheit der Amerikaner war für eine Reform und stand nach dem überwältigenden Wahlsieg hinter Barack Obama. Zu Beginn der Diskussionen schien er auch auf den Druck von unten zu setzen. Noch im Juli 2009 warnte er vor der Macht der Lobbyisten und der Gesundheitsindustrie, die den Sieg davontragen würden, falls nicht einfache Amerikaner aufstehen und sagen würden: »Jetzt ist die Zeit.« Der Aufruf erinnert an eine Episode aus Roosevelts erster Amtszeit: Kurz nach seiner Wahl 1932 traf er sich mit verschiedenen Gewerkschaftsführern, darunter auch Sozialisten. Sie präsentierten ihm ihre Pläne, deren Umsetzung sie von dem neuen Präsidenten erwarteten. »Ich stimme mit euch überein«, erklärte Roosevelt, »ich will es machen, nun zwingt mich dazu.« Die Parallelen waren offensichtlich. Auch Roosevelt hatte im Senat mit einer oppositionellen Gruppe konservativer Parteigenossen zu kämpfen, die eine Ausnahmeregelung für Arbeitgeber von den Regelungen des Social Security Act forderten. Doch Roosevelt blieb hart. Mit Hilfe des fortschrittlicheren Repräsentantenhauses bestand er darauf, dass es einen Social Security Act nur ohne solche Ausnahmen geben würde. Und er setzte sich durch.

Präsident Obama drohte eine ähnliche Konfrontation. Konservative Demokraten wie Abtreibungsgegner oder Unabhängige wie Joe Lieberman, die in der Regel mit den Demokraten stimmten, hatten ihre Probleme mit den Vorschlägen. Gleichzeitig mobilisierte die Gesundheitsindustrie ihre Fußtruppen in Washington. Lobbyisten gaben täglich rund 1,5 Millionen Dollar aus, um Abgeordnete mit Spenden zu überhäufen, und schalteten Werbefilme, die gegen jegliche Reform Stimmung machten. Spätestens jetzt war es höchste Zeit für die Mobilisierung der Öffentlichkeit, die mehrheitlich hinter Obamas Plänen stand. Doch Barack Obama ist nicht Roosevelt. Nur kurz nach seinem Aufruf vom Juli pfiff er seine Basis zurück. Politische Initiativen wie MoveOn oder Democracy for America und Gewerkschaften wie die Service Employees International Union sollten aufhören, Druck auf Kongressabgeordnete auszuüben,[155] sagte er. Organizing for America verfügte mittlerweile über mehr als 13 Millionen E-Mail-Adressen von Unterstützern. Kein Präsident vor Obama hatte solch eine Anhängerliste, die er einmal als »meinen persönlichen Fernsehsender« bezeichnete. Auch wenn unklar ist, wie eine solche Kampagnenorganisation tatsächlich in eine politische Bewegung für eine Gesundheitsreform hätte transformiert werden können – Obama versuchte es erst gar nicht für das wahrscheinlich größte Projekt seiner Präsidentschaft. Die Verantwortlichen der Wahlkampagne wie David Plouffe kontaktierten beispielsweise den Harvard-Professor Marshall Ganz nicht ein einziges Mal, seitdem er 2007 das Camp-Obama-Training organisiert hatte.[156] Es schien vielmehr, als hätten die politischen Funktionäre das meiste bereits wieder vergessen, was sie im Wahlkampf über OFA gelernt hatten. Präsident Barack Obama setzte auf Verhandlungen, und die Organisation blieb zu Hause.

Zentrale Elemente seiner Reform machte Obama nun zur Verhandlungsmasse, ohne dass er dafür auch nur eine einzige verlässliche Stimme der Republikaner erhalten sollte. Rahm Emanuel hatte schon früh signalisiert, dass die Regierung die staatliche Krankenversicherung als Alternative zu den dominanten privaten Versicherern zu opfern bereit wäre, wenn Alternativen angeboten würden, die gleichermaßen geeignet seien, die privaten Versicherer in ihre »Schranken zu weisen«. Die Organisation MoveOn rief daraufhin zu einer Massen-E-Mail an das Weiße Haus auf und warnte, Emanuel würde den Konservativen den Rücken stärken und »katastrophale Halbmaßnahmen« unterstützen. Als auch Gesundheitsministerin Kathleen Sebelius im Fernsehen erklärte, dass die staatliche Versicherung für die Obama-Administration kein essenzieller Bestandteil der Reform sei, liefen die progressiven Kräfte innerhalb der Partei Sturm.[157] Die Sprecherin des Repräsentantenhauses Nancy Pelosi versicherte umgehend, dass es aus ihrer Kammer keinen Gesetzentwurf ohne eine *public option* geben werde.[158]

Wenig hilfreich war neben diesem Gezänk innerhalb der Demokratischen Partei der gleichzeitige Versuch des Präsidenten, so überparteilich wie möglich zu erscheinen. Und das, obwohl die Republikaner keinen Hehl daraus machten, dass sie alles, was er plane, sabotieren würden. Nancy Pelosi hatte das frühzeitig erkannt. In einer Auseinandersetzung mit Rahm Emanuel fragte sie im Sommer 2009, ob der Präsident immer noch nicht verstanden habe, dass die Demokraten wie beim Konjunkturprogramm für die Gesundheitsreform auf keine einzige republikanische Stimme setzen könnten. »Er will das Gesetz durchbringen und von allen geliebt werden. Doch er kann nicht beides haben. Was will er?«[159] Die Republikaner setzten auf Blockade und hofften, damit bei den Kongresswahlen 2010 punkten zu können. Doch der Präsident wollte einen Kompromiss. Und er war bereit, dafür einen hohen Preis zu zahlen.

Rahm Emanuel verhandelte zudem im Auftrag seines Präsidenten mit der Versicherungs- und Pharmaindustrie und den Republikanern, um in diesem Geflecht von wirtschaftlichen und politischen Interessen einen gemeinsamen Nenner zu finden, der den Widerstand möglichst gering halten würde. Als Berater Bill Clintons hatte Emanuel die Macht der Pharmaindustrie zu spüren bekommen, die eine 300 Millionen Dollar teure Werbekampagne namens *Harry and Louise* gegen die Reform geschaltet hatte.[160] Das telegene Pärchen mittleren Alters äußerte sich in einer Serie von Werbespots besorgt über die drohende Rationierung von Medikamenten und den Verlust ihrer Versicherung. Mit Erfolg.

1994 scheiterte der Reformversuch auch mit der Unterstützung von *Harry and Louise.* (Das Obama-Team nutzte an einem Tiefpunkt der politischen Auseinandersetzung im Wahlkampf in einem Prospekt ein ähnliches Pärchen, um Stimmung gegen die von Hillary Clinton geforderte allgemeine Versicherungspflicht zu machen, die Obama zu Beginn seiner Kampagne noch abgelehnt hatte.[161])

Doch der Weg des geringeren Widerstands war nicht der Wandel, den sich viele erhofft hatten. Schon die Ernennung Emanuels hatte viele Anhänger Barack Obamas enttäuscht. Jetzt beobachteten sie mit Empörung, wie der Pragmatiker Deals mit Lobbygruppen der Gesundheitsindustrie und den Republikanern vorbereitete, die eine echte, eine grundlegende Reform verhindern würden. Sie kritisierten die großzügigen Zugeständnisse an PhRMA, der größten Lobbyorganisation der Pharmaindustrie. Die Obama-Administration versprach ihr schon früh, auf Preisverhandlungen für Medikamente auf dem amerikanischen Markt zu verzichten und Importe der gleich wirksamen, aber weitaus billigeren Konkurrenzprodukte aus dem kanadischen und europäischen Markt nicht zuzulassen. Angesichts der Ausweitung der staatlichen Programme Medicaid und Medicare, die mit der Generation der Babyboomer weiterwachsen, sind die von Obama geforderten Gebühren und Preisnachlässe im Wert von insgesamt rund 85 Milliarden Dollar für die Pharmaindustrie leicht wegzustecken. Hinzu kommen mit der 2014 eintretenden allgemeinen Versicherungspflicht Millionen neuer Kunden.

Damit sind einem der profitabelsten Industriezweige der Vereinigten Staaten seine Gewinne auch für die Zukunft sicher. Die Pharmaindustrie bedankte sich beim Präsidenten mit einer 100 Millionen Dollar teuren Werbekampagne für seine »Reform«[162]. Ähnliche Absprachen gab es mit anderen Interessengruppen wie den mächtigen Ärzte- und Krankenhausvereinigungen. Auch die AMA war diesmal auf der Seite des Präsidenten.

Neben der Kritik seitens der Progressiven wuchs aber auch eine rechte Opposition heran, die in Barack Obamas halbherzigen Reformversuchen eine Art sozialistischen Putschversuch erkennen wollte. Die Tea-Party-Bewegung organisierte Versammlungen und rief zur Totalblockade des wahlweise als faschistisch oder sozialistisch bezeichneten Reformwerks auf. Sie stilisierte Obama unter der Anleitung des Fernsehsenders *Fox News* und evangelikaler Radiomoderatoren wie Rush

Limbaugh zu einer Inkarnation Adolf Hitlers. Die aufgeheizte Stimmung erreichte ihren Höhepunkt, als bei Town-Hall-Meetings und Demonstrationen bewaffnete Demonstranten auftauchten. Die fortgesetzten Versuche des Präsidenten, die Republikaner in den Prozess einzubinden, während diese jeden einzelnen Teil der Reform öffentlich zerpflückten, ließen ihn inzwischen bestenfalls noch naiv erscheinen.

Trotz dieser Hetze und trotz einer defensiven Demokratischen Partei wuchs die Popularität der staatlichen Versicherungsalternative. Nach einer Umfrage im Oktober 2009 waren fast zwei Drittel der Amerikaner für die staatliche Krankenversicherung, bei den Anhängern der Demokraten waren es sogar 86 Prozent.[163]

In seiner Rede vor dem Kongress im September 2009 ging der Präsident auf diese Forderungen ein. Obwohl er weiterhin wenig Konkretes vorzuweisen hatte, sprach er sich für eine *public option* aus, die im freien Wettbewerb die private Versicherungsindustrie unter Kontrolle halten solle. Er betonte allerdings zugleich, dass die staatliche Versicherung maximal fünf Prozent der Amerikaner aufnehmen würde. Zudem hätten nur Menschen ohne Versicherung die Möglichkeit, sich in die staatliche einzukaufen.[164] Spätere Berechnungen des parteiunabhängigen Congressional Budget Office (CBO) kamen zu dem Ergebnis, dass eine staatliche Versicherung sogar teurer wäre als private Versicherungsprämien.[165] Nach einer Konkurrenz, die Big Insurance – den größten Versicherungskonzernen des Landes – die Stirn bieten würde, sah das nicht aus.

Die finale Version des Repräsentantenhauses enthielt – wie vom Präsidenten vorgegeben – eine denkbar schwache *public option*. Nach diesem Entwurf hätten in zehn Jahren höchstens sechs Millionen Menschen staatlich versichert werden können. Die Option war damit weniger eine Option als ein Feigenblatt für einen übermächtigen privaten Versicherungsmarkt. »Change«, wie ihn Obama in Aussicht gestellt hatte, war das nicht, die meisten Amerikaner wären von profitorientierten Großkonzernen abhängig geblieben. Schockiert über den Bericht des Haushaltsbüros des Kongresses, nach dem 90 Prozent der Amerikaner keinen Zugang zu der staatlichen Versicherung bekommen würden, fragte im Herbst Senator Ron Wyden aus Oregon nach: »Herr Präsident, was wird passieren, wenn die Leute herausfinden, dass sie die Versicherung gar nicht bekommen können?« Wenn Demokraten Amerikaner dazu zwingen würden, weiterhin teure Versicherungspolicen von Monopolen zu kaufen, »werden sie mit Mistgabeln hinter der Partei her sein«[166]. Nach Monaten der Hinterzimmergespräche, des politischen Stimmenkaufs und der Kompromisse war das »neue Washington« nichts anderes als das alte Washington.

Im Finanzausschuss des Senats unter der Führung des demokratischen Senators Max Baucus kamen die Verhandlungen nur langsam voran. Baucus war neben zahlreichen anderen Mitgliedern des mit Demokraten und Republikanern besetzten Gremiums einer der Topempfänger von Spenden aus der Versicherungsindustrie. Präsident Obama war über die unbefriedigende Arbeit Baucus' so frustriert, dass er erwog, ihm das Heft aus der Hand zu nehmen. Baucus wie Obama umwarben die Senatorin Olympia Snowe und einige andere Republikaner, die sich begrenzt kompromissbereit zeigten. Snowe schlug beispielsweise die automatische Einführung einer staatlichen Krankenversicherung für den Fall vor, dass die private Versicherungsindustrie die politischen Vorgaben etwa gegen die Diskriminierung von Menschen mit einer Krankheitsgeschichte nicht wie gefordert in einem bestimmten zeitlichen Rahmen selbst umsetzen würde. Doch die Demokraten gingen auf diesen Vorschlag nicht ein. Für eine staatliche Krankenversicherungsoption gab es im Senat keine Mehrheit. Snowe war schließlich die einzige Republikanerin im Finanzausschuss, die für die Einbringung des Entwurfs Mitte Oktober 2009 stimmte.

Angesichts der aggressiven Werbeoffensive der Versicherungsindustrie ging Barack Obama nun zum Angriff über und verwarf auch die Kostenschätzungen der Konservativen, die eine Gesundheitsreform für unbezahlbar hielten: »Es ist Schall und Rauch. Es ist falsch. Und es ist nur allzu vertraut«, sagte er. »Jedes Mal, wenn wir nahe an einer Reform sind, schicken uns diese Versicherungsunternehmen gefälschte Studien und sagen: ›Nehmen Sie eine von diesen und rufen Sie uns in einem Jahrzehnt wieder an.‹ Nun, diesmal nicht. Tatsache ist, dass die Versicherungswirtschaft diesen letzten Versuch unternimmt, um die Reform zu stoppen, obwohl die Kosten steigen und unsere Gesundheitsdollars weiterhin in ihre Profite, Boni und Verwaltungskosten fließen, die nichts dazu beitragen, uns gesund zu machen – die oft sogar verwendet werden, um herauszufinden, wie sie den Versicherungsschutz umgehen können.«[167]

Im Repräsentantenhaus gaben die progressiven Demokraten den Abtreibungsgegnern unter den Demokraten die Zusicherung, dass weder Bundes- noch private Mittel für Abtreibungen verwendet werden dürften, und ließen ihren Entwurf im November passieren. Von der Gegenseite stimmte nur Anh Hao, ein moderater Republikaner aus einem traditionell demokratisch wählenden Bezirk aus New Orleans, für den Entwurf. Und trotz der historischen Passage einer Gesundheitsreform dieser Größenordnung durch das US-Repräsentantenhaus war es zugleich einer der größten Rückschläge für die Frauenbewegung. Die Regelung war schärfer als das sogenannte Hyde Amendment von 1976, das die staatliche Finanzierung von Abtreibungen untersagt und vor allem Medicaid-Empfängerinnen betrifft.

»Wenn ich dieses Gesetz im Rosengarten unterzeichne, kann jeder von euch zurückblicken und sagen: ›Dies war mein schönster Moment in der Politik‹«[168], sagte der Präsident am Abend nach der Verabschiedung des Entwurfs. Einige der Kongressabgeordneten antworteten ihm mit dem Schlachtruf aus dem Wahlkampf: »Fired up, ready to go!«

Doch im Senat hielten die Diskussionen an. Als der Mehrheitsführer der Demokraten Harry Reid einen eigenen Gesetzentwurf mit einer staatlichen Versicherung ins Spiel brachte, aus der einzelne Bundesstaaten ausscheren konnten, verloren die Demokraten noch mehr Zeit. Und konservative Parteikollegen waren weiterhin unwillig, obwohl die von ihnen verhasste staatliche Versicherung im späteren Baucus-Entwurf nicht mehr vorkam. Nun begann das alte Spiel Washingtons: Der Demokrat Ben Nelson etwa erhielt für seine Unterstützung der Reform mehr Medicaid-Mittel für seinen Bundesstaat Nebraska, obwohl er eine zentrale Regelung zur Aufhebung der seit 1945 bestehenden Freistellung von Versicherungskonzernen im Kartellrecht zu Fall gebracht hatte. Die Senatorin Mary Landrieu aus Louisiana bekam 100 Millionen Dollar zusätzlich für Gesundheitskosten im Zusammenhang mit der Katastrophe nach dem Hurrikan Katrina. Der parteiunabhängige Joe Lieberman, der 2008 John McCain unterstützt hatte, begann, seine eigene Idee einer Ausweitung von Medicare auf Menschen ab dem Alter von 55 Jahren zu sabotieren, und drohte mit einem Nein. Zugleich waren die progressiven Demokraten wütend, denn Barack Obama schien ihre Unterstützung für selbstverständlich zu erachten. Der ehemalige Vorsitzende der Demokratischen Partei Howard Dean etwa sagte, dass es an der Zeit sei, das »gesamte Gesetz zu töten«[169]. Die Gesundheitsreform, jetzt schon völlig abgespeckt und verwässert, steckte endgültig fest. Präsidentenberater David Axelrod sprach für das Weiße Haus, als er auf MSNBC meinte, die Linke wäre »verrückt«[170], wenn sie das Gesetz nicht unterstütze.

Der Senat verabschiedete schließlich am 24. Dezember 2009 seinen Entwurf – mit Unterstützung der progressiven Demokraten. 58 Demokraten und 2 Unabhängige, die in der Regel mit den Demokraten stimmen, ließen das Gesetz gegen den geschlossenen Widerstand der Republikaner passieren. Nach zahlreichen Treffen mit dem Präsidenten und nach einem unentwegten Entgegenkommen der Demokraten stimmte damit auch die Republikanerin Olympia Snowe gegen die Reform. Das ganze Jahr über hatten die Republikaner im Senat nicht einen einzigen eigenen Vorschlag für die Gesundheitsreform eingebracht. Sie hatten auf Zeit gespielt, und das nicht einmal schlecht. Und doch: Die Demokraten waren einer Reform jetzt so nahe wie nie zuvor.

Und dann kam das Debakel der Nachwahlen in Massachusetts. Der nahezu unbekannte Republikaner Scott Brown hatte die Rolle Barack Obamas aus dem Wahlkampf 2008 übernommen. Er galt als der Kandidat des Wandels und eroberte mit dieser Strategie im Januar 2010 in den Nachwahlen die historische Hochburg der Demokraten für den Senat. Die Konservativen feierten einen Sieg, durch den die Demokraten ihre Mehrheit von 60 Sitzen verloren. Untersuchungen zeigten, dass die Wähler wütend waren über die Deals wie das »Schmiergeld«[171] für Nebraska und die Hinterzimmerkompromisse anstelle transparenter Diskussionen. Es war ausgerechnet der Bundesstaat, der als einer der ersten eine allgemeine Krankenversicherung für seine Bewohner eingeführt hatte, durch den jetzt das landesweite Projekt des Präsidenten zu entgleisen drohte. Es war eine Quittung für Obamas Versprechen eines Wandels, der nicht eingetreten war.

Viele Kommentatoren mutmaßten, dass die Gesundheitsreform nicht mehr zu retten sei. Sie würde keine einzige Stimme der Republikaner bekommen, die nun alle größeren Vorhaben im Senat durch eine Blockadetaktik, Filibuster genannt, verhindern konnten. Alle warteten auf eine Entscheidung des Präsidenten. Schon im August 2009 hatte Rahm Emanuel ihm eine abgespeckte Version der Reform vorgeschlagen, die politisch weniger kontrovers war. Er flehte Obama geradezu an, eine reduzierte Version in Angriff zu nehmen, die auch die Zustimmung von zentristischen Demokraten und moderaten Republikanern erhalten könnte.[172] Nach der Niederlage in Massachusetts schien Barack Obama darauf einzugehen, als er in einem Interview empfahl, sich auf die »Kernelemente«[173] der Reform zu konzentrieren. Nur Stunden später beschwichtigten Mitarbeiter des Weißen Hauses und erklärten, dass die Bemerkung nicht unbedingt bedeute, dass der Präsident sich für eine kleinere Reform einsetze. In seiner Rede zur Lage der Nation Ende Januar 2010 ging er auf seine Kritiker ein: »Ich warb mit dem Versprechen des Wandels, ›change we can believe in‹ war die Parole«, sagte er. »Und ich weiß, jetzt gibt es viele Amerikaner, die sich nicht sicher sind, ob sie glauben sollen, dass wir uns ändern können – oder dass ich den Wandel bringen kann.«[174] Er verteidigte seinen Einsatz für eine Gesundheitsreform, präzisierte aber nicht, wie diese angesichts der veränderten Sitzaufteilung im Senat aussehen sollte. »Wir geben nicht auf. Ich gebe nicht auf.«

Schließlich entschied sich Barack Obama für eine große Lösung – und setzte auf öffentliche Unterstützung. Bei einem Treffen mit den Republikanern, das live im Fernsehen übertragen wurde, beantwortete er Fragen zu seinem Reformvorhaben und griff seine Gegner für ihre Blockadepolitik direkt an. Es wirkte. Mitarbeiter des Weißen Hauses waren ekstatisch. Republikaner erklärten später, dass sie niemals Kameras hätten erlauben sollen. Die Vorstellung war derart effektiv, dass *Fox News* bereits 20 Minuten vor dem Ende der Debatte die Übertragung beendete.[175] Das Thema war wieder auf der Tagesordnung. Ausgerechnet vom Versicherungskonzern Anthem Blue Cross bekam die Obama-Administration nun unverhoffte Schützenhilfe: Das Unternehmen kündigte für seine Kunden in Kalifornien Prämienerhöhungen von bis zu 39 Prozent an.[176] Eine Welle der Entrüstung ging durch das Land.

Kurz darauf stellte Barack Obama erstmals seinen eigenen Plan für die Gesundheitsreform vor. Er beruhte im Wesentlichen auf dem Gesetzentwurf des Senats.[177] Und der Präsident drohte den Republikanern nun mit dem Reconciliation genannten Verfahren, mit dem die Demokraten das Gesetz auch ohne eine qualifizierte Mehrheit beschließen könnten. Nach diesem Verfahren sind für haushaltsbezogene Gesetze im Senat 51 Stimmen ausreichend. Kurz darauf folgte der Gesundheitsgipfel mit führenden Republikanern und Demokraten, der ebenfalls live übertragen wurde und große Medienaufmerksamkeit genoss. Barack Obama zeigte sich als sicherer Moderator der Debatte. Die Republikaner machten ihrerseits Vorschläge, waren am Ende aber zu keinerlei Kompromiss bereit. Demokraten bezeichneten die Republikaner aufgrund ihrer Blockadepolitik als die »Party of No«. (Später erklärte Sarah Palin vor einer jubelnden Menge von Anhängern in Arizona, die Republikaner seien nicht die Partei des »No«, sondern die Partei des »Hell, no!«[178].) Der Präsident tat daraufhin, was er lange hatte vermissen lassen: Er mobilisierte in wenigen Wochen bei zahlreichen Auftritten die Öffentlichkeit. Die Hemdsärmel hochgekrempelt, schilderte er in emotionalen Reden die Schicksale Betroffener, die aufgrund ihrer finanziellen Lage ihre Versicherung verloren hatten und notwendige Behandlungen nicht erhielten, und erklärte seine Reform. Kurz: Er machte Politik, wie er es schon viel früher hätte tun sollen. Er erweckte das totgeglaubte Thema aus dem Koma und holte es zurück in die Schlagzeilen.

Da im Senat keine qualifizierte Mehrheit für den Vorschlag des Repräsentantenhauses zu erreichen war, sollte es in umgekehrter Richtung funktionieren. Alles hing damit vom Repräsentantenhaus ab: Dort musste nun die Senatsversion ohne Änderungen durchgehen. (Gleichzeitig sollte im Reconciliation-Verfahren ein Änderungsgesetz beschlossen werden, mit dem die gröbsten Fehler wie die Millionen für Nebraska wieder gestrichen werden sollten.) Im Repräsentantenhaus standen allerdings konservative Demokraten und Abtreibungsgegner im Weg, da die Senatsversion eine sanftere Abtreibungsregelung beinhaltete als der ursprüngliche Vorschlag. Die Sprecherin des Repräsentantenhauses Nancy Pelosi wies nun ihre demokratischen Parteifreunde an, in die Offensive zu gehen und sich auf die Abstimmung vorzubereiten: Es sei an der Zeit, »das Pflaster abzureißen und zu wählen«[179], schrieb sie ihren Kollegen. Doch sie hatte noch keine 216 Stimmen beisammen, die für die Verabschiedung benötigt wurden. Es begann ein intensives *lobbying* und *arm twisting* von konservativen wie progressiven Parteikollegen. Dennoch fehlten bis zum Tag der Abstimmung Stimmen. Mit einer persönlichen Last-Minute-Zusage sicherte sich der Präsident die Stimmen der Abtreibungsgegner innerhalb seiner Partei – nur wenige Stunden vor der Abstimmung.

Dann war es so weit. Als der automatische Stimmenzähler die Zahl von 216 Ja-Stimmen erreichte, war die Stimmung euphorisch. »Yes we can«, skandierten die demokratischen Abgeordneten noch vor dem Ende der Auszählung im Repräsentantenhaus. Der Abgeordnete James E. Clyburn aus dem US-Bundesstaat South Carolina nannte die Reform das »Bürgerrechtsgesetz des 21. Jahrhunderts«.

Barack Obama sagte nach Verabschiedung des Gesetzeswerks, die Reform sei kein radikaler Wandel, aber ein bedeutender Schritt in die richtige Richtung. 32 Millionen Unversicherte sollen danach in den kommenden zehn Jahren auch mit Hilfe von staatlichen Subventionen eine Versicherung erhalten. Die Reform beendet die schlimmsten Exzesse der Versicherungsindustrie. Vorerkrankungen sind kein zulässiger Ausschlussgrund mehr. Versicherungshöchstgrenzen pro Jahr und auf Lebenszeit, die den Anbieter zur Kündigung berechtigten, gehören der Vergangenheit an. Die Reform enthielt weitere schnell greifende Regelungen, um den Amerikanern schon während der Kongresswahlen 2010 ihre Vorteile vor Augen zu führen. Eltern können beispielsweise ihre Kinder bis zum Alter von 26 Jahren mitversichern. Senioren erhalten einen Scheck in Höhe von 250 Dollar für Medikamente. Andere Elemente des Gesetzes, wie die allgemeine Versicherungspflicht, greifen erst ab 2014. Die Reform soll in den nächsten zehn Jahren rund 940 Milliarden Dollar kosten. Das Defizit soll aufgrund der neuen Regeln im gleichen Zeitraum um 143 Milliarden Dollar sinken.

An jenem Tag im März erfüllte der US-Präsident eines seiner zentralen Wahlversprechen – zumindest teilweise. Denn der Kompromiss war denkbar dürftig. Kostenverursacher wie die Pharmaindustrie, Krankenhäuser und Ärzte waren von Beginn an auf der Seite des Präsidenten und erhielten dafür eine ziemlich schmerzfreie Behandlung. Aber auch im Hinblick auf die Versicherungsindustrie erkaufte das Weiße Haus die stärkere Regulierung mit großen Konzessionen. Sie sollte mit Einführung der allgemeinen Versicherungspflicht Millionen neuer, staatlich subventionierter Kunden bekommen.

Auch wenn die krassesten Auswüchse damit der Vergangenheit angehören, wird die Ursache für die Gesundheitskrise nicht angegangen. Die Reform basiert ausschließlich auf der privaten Versicherungsindustrie, für die der Profit weiterhin über der Gesundheit stehen muss. Mit der Gesundheitsreform werden Millionen Menschen zum Abschluss einer privaten Versicherung gezwungen. Währenddessen sind Beitragserhöhungen wahrscheinlich. Trotz einer stagnierenden Inflationsrate stiegen die Versicherungsprämien im vergangenen Jahrzehnt im Schnitt um 130 Prozent. Die Reform ist damit nicht der von der liberalen Basis erhoffte Systemwechsel, sondern eine Festigung der bestehenden Strukturen. Die Präsidenten Eisenhower und Nixon begannen die staatliche Subventionierung des privaten Versicherungssystems. Barack Obama führt sie fort. Seine Reform trägt nicht zufällig die wesentlichen Züge des von Republikanern entwickelten Gesundheitssystems im Bundesstaat Massachusetts. Das Modell aus der Ägide des republikanischen Gouverneurs Mitt Romney von 2006 ist nicht ermutigend. Ohne strukturelle Änderungen im privaten Gesundheitssystem in Kombination mit einer allgemeinen Versicherungspflicht steigen in dem Bundesstaat die Kosten jährlich um rund zehn Prozent. Ambulante Behandlungsstellen sind trotz staatlicher Subventionen beim Abschluss von Versicherungen weiterhin überlaufen.

Damit könnte die Reform für die Demokraten zu einem bedrohlichen Rückschlag führen. Es gibt beispielsweise kaum eine Handhabe gegen steigende Kosten. Die Ausnahme von privaten Versicherern (neben Baseballteams) vom Kartellrecht wurde bislang nicht aufgehoben, auch wenn das Repräsentantenhaus dazu im Februar 2010 einen Gesetzentwurf auf den Weg gebracht hat, der nun im Senat feststeckt. Seit 1945 können private Versicherer völlig legal Monopole bilden und Preise absprechen, was zu einer hohen Konzentration des Versicherungsmarkts führte. Die private Versicherungsindustrie hat Obama durch die zunehmende Regulierung eher stabilisiert.

Auch die Pharmaindustrie, aufgrund hoher Medikamentenpreise einer der großen Profiteure der Gesundheitsmisere, kam fast ungeschoren davon. Im Gegensatz zur Versicherungsindustrie, die kategorisch jede Reform abgelehnt hatte, war die Pharmaindustrie geschickt umgeschwenkt. Nach Treffen im Weißen Haus sicherte sie dem US-Präsidenten sogar ihre Unterstützung zu und finanzierte eine groß angelegte PR-Kampagne. Dies hatte sich der Präsident mit dem Kompromiss erkauft, in ihr Geschäft nur moderat einzugreifen. Kosten des Deals mit Milliardenzusagen kann sie entweder an die Kunden weitergeben oder durch die große Zahl von Neuversicherten – die mit Sicherheit auch die Nachfrage nach Medikamenten erhöhen wird – wieder erwirtschaften. Dieser neue Markt könnte die Ausgaben am Ende sogar mehr als nur ausgleichen.

Weitere zehn Jahre ohne diese moderate Systemkorrektur, und die Vereinigten Staaten hätten angesichts der extremen haushaltspolitischen Probleme sowie des steigenden moralischen Drucks womöglich eine universelle Krankenversicherung. Und darin liegt das für Progressive ernüchternde Ergebnis: Ist ein kleiner Schritt besser als gar kein Schritt? Nur dann, wenn er tatsächlich in die richtige Richtung führt.

Barack Obama soll bei all den Kompromissen die Reformen Roosevelts vor Augen gehabt haben.[180] Dessen Social Security Act von 1935 erfasste anfangs weniger als 40 Prozent der Arbeiter und Angestellten. Auch ihm wurde von vielen New Dealern vorgeworfen, dass das Gesetz zu schwach sei. In den darauffolgenden Jahrzehnten wurde es jedoch fortlaufend gestärkt. Auf Druck der Bürgerrechtsbewegung folgten nach dem Civil Rights Act von 1957 in den Jahren 1964 und 1965 unter Lyndon B. Johnson weitere Gesetze. Es wird sich erweisen müssen, inwieweit Barack Obamas Reform tatsächlich die Tore für eine progressive Erweiterung des Gesundheitssystems geöffnet hat – oder die Lage eher noch verschärft hat. Die Reform sei Morphium zur Behandlung von Krebs, erklärte die Organisation Physicians for a National Health Program, die sich für ein universelles Krankenversicherungssystem ohne private Versicherer einsetzt.[181] Zugleich soll die Zahl der Nichtversicherten nach jüngsten Schätzungen aufgrund der Wirtschaftskrise bereits bis 2012 auf 54 Millionen steigen.[182] Auch mit der Reform werden also weiter Millionen von Menschen ohne Krankenversicherung auskommen müssen. Zudem enthält das Gesetz noch nicht einmal ein kleines, symbolisches Einfallstor für eine staatliche Versicherung. Die Gesundheitsreform mag die größte Reform der letzten 50 Jahre sein. Doch sie geht in die falsche Richtung. Obama nannte sie in seiner Ansprache nach Verabschiedung des Entwurfs im Repräsentantenhaus »change we can believe in«. Es ist mit Sicherheit nicht der Wandel, den sich viele seiner Anhänger erhofft hatten.

5. DIE HERRSCHAFT DES RECHTS ODER GEBROCHENE VERSPRECHEN

Es war eine angespannte Atmosphäre. Ungefähr drei Monate nach seinem Amtsantritt empfing US-Präsident Barack Obama gemeinsam mit seinen engsten Vertrauten im Weißen Haus Vertreter von führenden Menschenrechtsorganisationen. Angesichts der Frustration innerhalb seiner Basis hatte Obama einen Tag vor seiner Rede zur nationalen Sicherheitspolitik alle Spitzenleute im Kabinett des Weißen Hauses versammelt. Im vertraulichen Gespräch wollte der US-Präsident die Wogen glätten und bei seiner Basis für die Positionen der Regierung werben. Neben dem US-Präsidenten nahmen Justizminister Eric Holder, Stabschef Rahm Emanuel, der damalige Justiziar des Weißen Hauses Greg Craig und David Axelrod Platz. Ihnen saßen unter anderem Vertreter der Bürgerrechtsvereinigung American Civil Liberties Union (ACLU) und der Menschenrechtsorganisation Human Rights Watch gegenüber.

Trotz der vereinbarten Vertraulichkeit sickerten bald schon Informationen über den Inhalt der angeregten Diskussionen nach außen. Medienberichten zufolge eröffnete der Präsident das eineinhalbstündige Treffen mit Ausführungen über den »Schlamassel«, den George W. Bush hinterlassen hatte. Und er machte deutlich, dass er sich der Frustration seiner Anhänger bewusst sei.

Seine Besucher waren mehr als nur frustriert. Barack Obama hatte seit Beginn seiner Amtszeit eine überraschende Wandlung vollzogen: Vom Kritiker der Bush-Politik war er zum Vollstrecker im Anti-Terror-Krieg geworden. Auf dem Spiel stand sein Versprechen, er würde die Herrschaft des Rechts wiederherstellen. Es gab eine engagierte Diskussion. »Sehen Sie, Sie sind der einzige Politiker, an den ich jemals geglaubt habe«, sagte der Vorsitzende der ACLU Anthony Romero. »Als schwuler Puerto Ricaner, der in New York aufwuchs, hätte ich nie gedacht, dass ich mich mit einem Politiker so sehr identifizieren könnte wie mit Ihnen. Aber diese Sachen tun mir wirklich weh.«[183]

Obama versuchte, sein Vorgehen als Balanceakt zu erklären. Er verteidigte seinen Beschluss, die Militärkommissionen beizubehalten, und sprach von einem Dilemma. Einige Häftlinge in Guantánamo könnten nicht angeklagt werden, weil es entweder keine ausreichenden Beweise gegen sie gebe oder die vorliegenden Beweise nicht verwertbar seien, da sie unter Zwang erlangt worden seien. Die USA könnten sie aber auch nicht freilassen, da sie als »zu gefährlich« gälten. Der Präsident ließ seine Diskussionspartner wissen, dass er ein System präventiver Festnahmen erwäge, um Terrorverdächtige inhaftieren zu können, gegen die ein Verfahren nicht möglich sei, die jedoch eine zu große Gefahr für das Land darstellten, um auf freiem Fuß zu bleiben. Die Aktivisten waren sichtlich enttäuscht. Mit der Entscheidung, rund 50 Häftlinge in Guantánamo langfristig auch ohne Verfahren festzuhalten, habe sich Barack Obama die Politik George W. Bushs zu eigen gemacht, entgegnete ein Teilnehmer bei dem Treffen. »Wir wussten, dass diese Idee seit Jahren in der Luft lag, konnten sie aber unter Bush verhindern. Dass wir nun mit der Obama-Administration über diese Art von Machtausübung diskutieren müssen, ist erstaunlich«[184], sagte er später. Obama war nach Medienberichten »nicht erfreut« über den Vorwurf. Ein Vergleich mit Bush sei »nicht hilfreich«, sagte er. Dennoch rückte er nicht von seinen Entscheidungen der vorangegangenen Tage ab. In Anwesenheit seines Justizministers erklärte Barack Obama auch, dass er gegen strafrechtliche Ermittlungen etwaiger Vergehen der Bush-Administration sei.

Dem Treffen waren mehrere schwerwiegende Entscheidungen des frischgewählten Präsidenten vorausgegangen, die sein Verhältnis zu vielen seiner Anhängern bereits zerrüttet hatten. Schon früh mussten sie erkennen, dass eine Auseinandersetzung mit der Bush-Ära von Obama nicht gewünscht war. Eine systematische Aufarbeitung der Geschehnisse würde es nicht geben. Ein Grund dafür waren praktische Erwägungen: Obama wollte sich auf die wichtigsten Projekte seiner Agenda konzentrieren, die inmitten der Wirtschaftskrise wahrlich kein leichtes Unterfangen darstellten. Für die Gesundheitsreform etwa setzte er auf die Unterstützung der Republikaner und wollte keine »Ablenkungen«[185], wie Rahm Emanuel zu Beginn seiner Amtszeit sagte.

Aber es ging nicht nur um die Vergangenheit. Schockierender war für die Aktivisten der nahtlose Übergang von der Bush- zur Obama-Administration, die viele Anti-Terror-Maßnahmen der Vorgängerregierung einfach fortsetzte, obwohl Barack Obama diese im Wahlkampf noch scharf verurteilt hatte. Damals hatte er das Ende des unter George W. Bush erzeugten »Angstfiebers« und der Ausübung nahezu unbegrenzter Macht durch die Exekutive versprochen. Im November 2007 etwa hatte er verkündet: »Guantánamo, das ist einfach. Wir schließen Guantánamo. Wir stellen das Habeas-Corpus-Recht wieder her. Wir sagen Nein zu Auslieferungen. Nein zu Abhörmaßnahmen.« Auch den Umgang der Bush-Administration mit Gefangenen hatte er kritisiert. Terrorverdächtige gehörten vor ein ordentliches Gericht, argumentierte er. Er sei gegen Militärkommissionen. Er versprach die Schließung aller Geheimgefängnisse und das Ende von Entführungen Terrorverdächtiger. Zudem sollten keine Gefangenen mehr an Verbündete der USA ausgeliefert werden, in deren Ländern gefoltert würde.

Das Vorgehen der Bush-Administration habe die Vereinigten Staaten »weniger sicher« gemacht, hatte er damals gesagt. Jeder Zugewinn an Sicherheit durch die Inhaftierung möglicher Gotteskrieger – zusammen mit Dutzenden Unschuldigen – führe nur zur Radikalisierung ihrer Angehörigen und der Rekrutierung unzähliger neuer Kämpfer und verstoße außerdem gegen die fundamentalen Werte Amerikas, so Obama. Diese Werte rief er zurück in das kollektive Gedächtnis. Mit dem Präsidentschaftskandidaten verbanden viele Amerikaner ein neues, rechtsstaatliches Amerika. Ein Land, das nach acht Jahren des Ausnahmezustands endlich die eigenen verfassungsrechtlichen Standards erfüllt, die Genfer Konventionen einhält und Menschenrechte respektiert – überall. Und Barack Obamas Rhetorik schien ihnen recht zu geben.

Anfangs sah es sogar so aus, als ob er seinen Worten Taten folgen lassen würde. In Windeseile schien der 44. US-Präsident schon kurz nach Amtsantritt die schlimmsten Hinterlassenschaften der Vorgängerregierung zu beseitigen. Nur zwei Tage im Amt, ordnete er das Verteidigungsministerium an, das Gefangenenlager Guantánamo auf der US-Militärbasis in Kuba zu schließen. Das Lager sollte innerhalb eines Jahres Geschichte sein, so der Erlass des Präsidenten. Auch den nicht nur semantisch ausufernden »Krieg gegen den Terror« ersetzte er durch den »Krieg gegen Al Qaida«. Die Administration bekräftigte die Geltung der Genfer Konventionen und des Kriegsrechts. Sie verbot die unter Bush praktizierten Foltermethoden und ordnete für alle Organe des Staates – auch für die CIA – die Anwendung des restriktiveren Handbuchs des US-Militärs an, das dieses nach dem Folterskandal im US-Gefängnis Abu Ghraib im Irak eingeführt hatte. Er befahl die Schließung von Geheimgefängnissen der CIA, in denen viele Menschen oftmals nach zweifelhaften Denunzierungen spurlos verschwanden oder regelmäßig misshandelt wurden. Er unterbrach Verfahren vor Militärtribunalen bis zum Abschluss einer Prüfung ihrer Rechtmäßigkeit.

Doch den entschlossenen Schritten zu Beginn des Jahres 2009 folgten bald schon anderslautende Signale. Auf wohl keinem anderen Gebiet hat der ehemalige Bürgerrechtsanwalt und Dozent für Verfassungsrecht seine Anhänger so sehr enttäuscht wie bei der Aufarbeitung der Vergangenheit. Ermittlungen gegen die Verantwortlichen der Folterpolitik George W. Bushs sollte es nicht geben. Schon im Wahlkampf hatte Obama nach anfänglich kritischeren Tönen diese Wende unternommen und blieb auch als Präsident dabei. Er wolle »nach vorn, nicht zurück« blicken, sagte er – noch während das Justizministerium eventuelle Straftaten der Bush-Administration prüfte. Die Stimmung war polarisiert. Die Republikaner waren gegen Ermittlungen. Jeden Vorschlag in diese Richtung stellten sie als Kriminalisierung ihrer politischen Überzeugung dar. Obwohl der Vorwurf grotesk war – das Folterverbot steht oder fällt nicht mit unterschiedlichen politischen Auffassungen –, schreckte Barack Obama vor den Konsequenzen eines Konfliktes mit den Republikanern zurück. Wie viele seiner Vorgänger erkannte er, dass er zur Verwirklichung seiner zentralen Projekte die Unterstützung zumindest einiger Republikaner benötigen würde.

Doch auch viele Demokraten waren gegen eine Untersuchung. Als Nancy Pelosi, Demokratin aus Kalifornien, 2007 zur Sprecherin des Repräsentantenhauses gewählt wurde, versicherte sie, ihre Partei würde kein Impeachment-Verfahren gegen Bush und Cheney anstreben. (Ebenso wenig war die Folter Thema im Präsidentschaftswahlkampf der Demokraten 2004 oder anlässlich der Kongresswahlen 2006 gewesen.) Abgesehen davon, dass die Demokraten trotz ihrer stabilen Mehrheit im Kongress noch auf Stimmen der Republikaner angewiesen gewesen wären, die sie mit großer Wahrscheinlichkeit nicht erhalten hätten, fürchteten sie das Impeachment-Verfahren noch aus einem anderen Grund:

Jeden Versuch, Bush und Cheney auf diese Weise und mit dem Verweis auf rechtsstaatswidrige Praktiken aus dem Amt zu zwingen, würden die Republikaner umgehend als Schwäche der Demokraten auslegen – und der Vorwurf, diese seien im Umgang mit vermeintlichen Staatsfeinden schlicht zu »weich«, ist seit der McCarthy-Ära ein gern bedientes Klischee der Republikaner. Darum erklärte Obama nach seiner Wahl, es sei an der Zeit, »Fehler« anzuerkennen und voranzukommen. Er verwarf somit auch den Vorschlag einer »Wahrheitskommission« zur Aufarbeitung der Vergangenheit.

Die Kritik der Bürgerrechtler an Barack Obama nahm zu, als Details der Foltermethoden an die Öffentlichkeit kamen, die die Bush-Administration autorisiert hatte. Die Autoren der Dokumente, die die juristische Grundlage für das Folterprogramm der Bush-Administration lieferten, waren unter anderen der stellvertretende Generalstaatsanwalt im Rechtsbüro des Justizministeriums Jay Bybee und sein Mitarbeiter John Yoo. Unter Bush waren die Dokumente unter dem Vorwand einer Gefahr für die nationale Sicherheit unter Verschluss geblieben. Nach Auffassung der Autoren fielen nur bleibende physische Verletzungen unter den Folterbegriff. Gemäß diesem Memorandum durfte George W. Bush aufgrund seiner Exekutivgewalt jede Behandlung absegnen, die keine schweren Verletzungen nach sich ziehen und nicht zum Tod des Gefangenen führen würde. Bybee und Yoo autorisierten brutale Verhörmethoden wie das Waterboarding, bei dem Betroffene zu ertrinken glauben und Todesängste ausstehen. Der Druck auf Barack Obama, nicht mehr nur »nach vorn« zu blicken, wuchs.

Doch der US-Präsident sicherte seinen Agenten zu, dass sie für ihr »Vertrauen« in die Rechtmäßigkeit der Gutachten und für die Ausführung von Befehlen keine Strafe befürchten müssten. In einem persönlichen Schreiben richtete er sich angesichts der Veröffentlichung der Folter-Memos an die Angestellten der CIA und erklärte, wie wichtig es sei, dass Geheimdienstoperationen geheim blieben. Dafür werde er sich auch in Zukunft nicht entschuldigen. Es wäre unfair, »engagierte Männer und Frauen, die für den Schutz Amerikas« gearbeitet hätten, für ihr Vertrauen in die Anweisungen der Regierung zu bestrafen, sagte sein Justizminister Eric Holder. Dabei verschwieg er, dass dieselben Agenten um die Genehmigung dieser brutalen Verhörmethoden nachgesucht hatten. Kritiker Barack Obamas sprachen von einer »Eichmann-Verteidigung«[186]. Nach Regierungsdokumenten kamen rund 100 Menschen in US-Haft während der Folterverhöre ums Leben.[187] Eine abschließende Untersuchung des Justizministeriums kam im Februar 2010 dennoch zu dem Schluss, dass Yoo und Bybee zwar ein »schlechtes Urteilsvermögen«[188] vorzuwerfen sei, ihre 2002 verfassten Gutachten jedoch keine Grundlage für eine Anklage lieferten. Das »schlechte Urteilsvermögen« stand Bybee für seine weitere Karriere nicht im Weg. Nach seiner Zeit als Spitzenbeamter im Justizministerium stieg er zum Berufungsrichter auf. Yoo wurde Professor der Rechtswissenschaften an der renommierten University of California, Berkeley.

Um ihre historische Rolle besorgt, kämpften zugleich ehemalige Mitglieder der Bush-Administration um ihren Platz in der Geschichte. Vor allem der ehemalige Vizepräsident Dick Cheney äußerte sich regelmäßig gegen eine kritische Aufarbeitung der Vergangenheit. Die »harschen Verhöre« – die amerikanische Rechte vermeidet den Begriff Folter – hätten Tausende amerikanischer Menschenleben gerettet, zur Festnahme zahlreicher Führungspersonen Al Qaidas beigetragen und Attentate verhindert, behauptete er. Belege dafür legte er nicht vor.

Mehr Willen zeigte Präsident Obama dagegen bei der Schließung des Gefangenenlagers Guantánamo. Dessen Fortbestehen schade dem Ansehen der Vereinigten Staaten in der Welt und gefährde die Sicherheit Amerikas, sagte er. Die Verbringung der Gefangenen in amerikanische Hochsicherheitsgefängnisse stelle dagegen keine Gefahr dar und stünde im Einklang mit amerikanischen Idealen. Es war mehr ein symbolischer Schritt als ein fundamentaler Kurswechsel. Das Gefangenenlager war zum Inbegriff der Exzesse der Regierung Bush geworden, ein Symbol unbegrenzter präsidialer Macht im Kampf der USA gegen die ganze Welt.

Mit 500 Gefangenen wurde ein Großteil der Inhaftierten bereits von Präsident Bush in die Freiheit entlassen oder in Länder überstellt, in denen sie heute unter Auflagen in Freiheit leben oder aufgrund von strafrechtlichen Ermittlungen inhaftiert bleiben.[189] Der Wandel, den Barack Obama versprochen hatte, war daher eher symbolischer Natur. Mit der Schließung des Lagers und dem Transfer oder der Entlassung der restlichen 240 Gefangenen betraute er Daniel Fried, den ehemaligen Vizeaußenminister der Bush-Regierung. Doch wie sich bald herausstellen sollte, war die Schließung des Lagers schwieriger als erwartet. Zunächst war unklar, wohin die im Lager verbliebenen Gefangenen gebracht werden sollten. Im Kongress wehrten sich Republikaner wie Demokraten gegen eine Aufnahme der Häftlinge in Gefängnisse in ihren Bundesstaaten und blockierten die Schließung. Im Mai votierte der Senat nahezu geschlossen gegen die Finanzierung einer »Verlegung, Entlassung oder Inhaftierung« der Guantánamo-Insassen auf dem Gebiet der Vereinigten Staaten. Die Abgeordneten waren nicht bereit, die vermeintlichen und im allgemeinen Sprachgebrauch längst verurteilten »Terroristen« aufzunehmen, um anschließend einen rechtsstaatlichen Prozess zu organisieren, geschweige denn, sie auf amerikanischem Territorium freizulassen.

Eine der schwierigsten Fragen war der Umgang mit hochrangigen Al-Qaida-Mitgliedern, die in Guantánamo festgehalten wurden. Im November 2009 verkündete Justizminister Eric Holder, dass der mutmaßliche Hintermann der Anschläge vom 11. September, Khalid Sheikh Mohammed, sowie vier seiner vermeintlichen Komplizen vor einem Strafgericht in New York angeklagt werden sollten. Gleichzeitig erklärte er, dass fünf weitere Gefangene vor Militärkommissionen im Gefangenenlager Guantánamo angeklagt werden sollten, darunter auch der Kanadier Omar Khadr, der im Juli 2002 als 15-Jähriger einen US-Soldaten mit einer Handgranate getötet haben soll.[190]

Dieser widersprüchliche Umgang mit Gefangenen der Vereinigten Staaten war ein Markenzeichen von George W. Bush gewesen. Doch die Freigabe der Foltervermerke und der beabsichtigte Umgang mit Khalid Sheikh Mohammed mobilisierte die Konservativen. Der ehemalige Minister für Homeland Security Tom Ridge sagte, Washington habe den Sinn für den Ernst der Lage und den Willen im Kampf gegen den Terror verloren. Der letzte CIA-Chef unter Bush, Michael Hayden, warnte Obamas Nationalen Sicherheitsberater James Jones davor, sich die CIA zum Feind zu machen. »Du bist kurz davor, die nächsten 46 Monate ohne Geheimdienst dazustehen. Wenn die denken, dass sie nicht eure Unterstützung haben, werden sie nicht besonders unternehmungslustig sein.«[191]

Nun machte Obama sich die Sache zu eigen. Der Plan für einen Prozess in New York kam ohnehin nicht recht voran, Bürgermeister Michael Bloomberg, der das Verfahren anfangs befürwortet hatte, sprach sich schließlich in Anbetracht der hohen Kosten und des Sicherheitsaufwands dagegen aus. Die Attentatsversuche des »Unterhosenbombers« Umar Farouk Abdulmutallab im Dezember 2009 und von Faisal Shahzad mit einer Autobombe auf dem New Yorker Times Square im Mai 2010 verschärften die Debatte. Präsident Obama erklärte sich unter dem Druck der Konservativen und angesichts einer neuen Dimension von Terrorversuchen durch amerikanische Staatsbürger bereit, das sogenannte Miranda-Recht, für Terrorverdächtige zu modifizieren.[192] Nach dem von der Rechtsprechung entwickelten Institut müssen Beschuldigte vor der Vernehmung über ihre Rechte aufgeklärt werden. Dazu gehört etwa das Aussageverweigerungsrecht oder das Recht auf Hinzuziehung eines Rechtsanwalts. Im März 2010 erschienen Berichte, nach denen die Obama-Administration Mohammed und seine Komplizen abweichend von den Verlautbarungen des Justizministeriums vor Militärtribunalen anzuklagen plane.[193]

Für rund 50 Gefangene gibt es weder eine Aussicht auf eine Entlassung noch auf irgendeine Art von Verfahren. Die US-Regierung will sie unbefristet festhalten. Im Mai 2009 hatte Barack Obama in seiner Rede zur Nationalen Sicherheitspolitik noch davon gesprochen, dass die Entscheidung über eine lang andauernde Inhaftierung nicht von einem einzelnen Menschen getroffen werden dürfe, und die Idee einer gesetzlichen Regelung ins Spiel gebracht, die bei Menschenrechtlern auf heftigen Widerstand gestoßen war. Im September 2009 berichtete die *New York Times*, dass die Obama-Administration im Kongress nicht mehr auf die Verabschiedung einer speziellen Ermächtigungsgrundlage für die Inhaftierung der 50 Häftlinge drängen würde.[194] Die US-Regierung beruft sich nunmehr auf die Autorisierung des Präsidenten zur Anwendung militärischer Gewalt gegen die Taliban und Al Qaida durch den Kongress 2001. George W. Bush hatte diese Autorität noch aus seiner Exekutivgewalt abgeleitet. Das Ergebnis bleibt dasselbe.

Nicht allein die Schließung Guantánamos ist entscheidend. Auch die Frage, wie das Lager aufgegeben wird und was anschließend mit den Häftlingen passieren soll, ist bedeutend. Eine ausschließlich örtliche Verlagerung etwa wäre keine Lösung des Problems »Guantánamo«. Wenn am Ende unter Barack Obama Gefangene unter ähnlichen Bedingungen an einem anderen Ort festgehalten werden, erübrigt sich eine Debatte um die Schließung des berüchtigten Lagers. Laut Medienberichten arbeitete Stabschef Rahm Emanual im Frühjahr 2010 an einem Deal mit dem Republikaner Lindsey Graham, demzufolge Guantánamo geschlossen und dafür die Häftlinge vor Militärkommissionen in Thompson, Illinois, angeklagt werden sollten.[195] Menschenrechtler bezeichneten den Plan als »Guantánamo Nord«. »Die Welt schrie nicht danach, Guantánamo zu schließen, weil es auf einer heiligen Begräbnisstätte von Indianern errichtet wurde«, sagte Tom Malinowski von Human Rights Watch. Das Lager sollte geschlossen werden, weil es für die Militarisierung der Justiz in Amerika und die unbegrenzte Inhaftierung ohne Anklage stand. »Wenn wir all das bewahren, behalten wir die Essenz dessen bei, was Menschen gegen Guantánamo aufgebracht hat.«[196]

Während Menschenrechtler weiterhin rechtsstaatliche Verfahren vor ordentlichen Strafgerichten fordern, hat sich die Obama-Administration inzwischen mit der Idee der von George W. Bush eingeführten Militärtribunale angefreundet. Die von Barack Obama unmittelbar nach Amtsantritt angeordnete Prüfung der Verfahren vor diesen Militärkommissionen währte nicht lange. Schon wenige Monate später verkündete er seinen Beschluss, die von seinem Vorgänger eingeführten Tribunale weiter betreiben zu wollen. Gleichzeitig forderte er den Kongress auf, die Rechte der Angeklagten auszuweiten. Aussagen des Angeklagten, die unter Zwang erlangt wurden, sind seit Erlass des neuen Military Commissions Act vom Oktober 2009, der das erstmals unter Bush erlassene Gesetz von 2006 ersetzte, nicht mehr verwertbar. Die Aussagen von Zeugen vom Hörensagen (etwa Verhörspersonen), die über – unter Zwang erlangte – belastende Aussagen anderer Gefangener berichten, sind dagegen offenbar weiterhin verwertbar. Die grundsätzlichen Unterschiede der von Kritikern als »Obama-Kommissionen« bezeichneten Tribunale zu ordentlichen Gerichten sind weiterhin signifikant. Die Richter in Militärtribunalen, in der Regel Offiziere, unterstehen in der militärischen Hierarchie weiterhin ihren Vorgesetzten, denen sie Bericht erstatten müssen. Sie sind damit nicht unabhängig. Verfahrensregeln werden im Gegensatz zu den etablierten Prozeduren bei Zivilgerichten oder völkerrechtlich anerkannten Kriegsgerichten je nach Belieben neu geschrieben. Von einem rechtsstaatlichen Verfahren kann angesichts dieser Tatsachen, die sich auch unter Präsident Obama nicht geändert haben, keine Rede sein. Es handelt sich um Gerechtigkeit zweiter Klasse. Trotz der Proteste von Menschenrechtsorganisationen begannen im April 2009 die Anhörungen im Verfahren gegen Khadr vor einer Militärkommission in Guantánamo. Im Juli 2010 bekannte sich der ehemalige Koch Osama bin Ladens Ibrahim al-Qosi nach acht Jahren Haft in dem Gefangenenlager für schuldig – die erste Verurteilung durch ein Militärtribunal in Guantánamo unter Präsident Obama. Eine Schließung des Lagers in naher Zukunft ist angesichts der neu angelaufenen Verfahren unwahrscheinlich.

Neben der Schließung von Guantánamo hatte Obama auch die Schließung aller Geheimgefängnisse der CIA angeordnet.[197] Es war lediglich ein symbolischer Schritt. Die Bush-Administration hatte das System von Geheimgefängnissen eingerichtet, in denen seit 2002 mutmaßliche Al-Qaida-Mitglieder festgehalten wurden. Die Anzahl der Gefangenen wurde von Mitarbeitern der Bush-Administration mit »weniger als 100« angegeben. 2006 hatte Präsident Bush den Transfer der letzten 14 Gefangenen nach Guantánamo angeordnet und die Geheimgefängnisse geschlossen.

Auch unter Barack Obamas Order sei die CIA weiterhin autorisiert, Menschen festzuhalten, erklärte ein Mitarbeiter der Administration. Nur eine länger dauernde Haft sei nicht mehr möglich. Kurze Zeit später häuften sich die Berichte von Betroffenen über ihre Haft an ihnen bis dahin unbekannten Orten in Afghanistan. Im Herbst 2009 erschienen erstmals Artikel in verschiedenen Tageszeitungen, in denen ehemalige Häftlinge von Misshandlungen in Geheimgefängnissen auf US-Militärbasen im Sommer 2009 berichteten.[198] Im Mai 2010 bestätigte das Internationale Komitee des Roten Kreuzes beispielsweise die Existenz eines von Ex-Häftlingen als »Hundezwinger«[199] bezeichneten Gefängnisses auf der Militärbasis Bagram, neben dem bekannten Gefangenenlager am selben Ort. Das Geheimgefängnis, zu dem das Rote Kreuz keinen Zugang hat, wird offenbar von Sondereinheiten der US-Armee unterhalten. Nach übereinstimmenden Berichten von ehemaligen Häftlingen unterhalten die Besatzungstruppen in Afghanistan neben dieser zentralen Einrichtung zudem ein Netz von Gefängnissen in kleineren Stützpunkten, sogenannten Forward Operating Bases. Im Zuge der Modernisierung der Haftanstalt in Bagram verlagerte sich die dort zuvor übliche Missbrauchspraxis offenbar in die kleineren Stützpunkte, die überhaupt keiner auswärtigen Kontrolle unterliegen.

Auch unter Präsident Obama haben die Insassen von Bagram kein Recht auf einen Anwalt und keine Rechtsmittel gegen ihre Inhaftierung.[200] Damit setzt seine Administration die Politik ihrer Vorgängerin fort, die sich stets gegen solche Rechte ausgesprochen hatte. »Wenn es um Gefangenenrechte in Bagram geht, kann ich keinen Unterschied zwischen Obama und Bush erkennen«[201], sagte die New Yorker Rechtsanwältin Tina Foster, die mehrere Mandanten aus dem Gefängnis in Afghanistan vertritt.

Barack Obama versprach auch eine »bislang nicht da gewesene Offenheit«[202] der US-Regierung. Transparenz stärke die Demokratie und mache die Arbeit der Regierung effizienter. Anfragen nach Dokumenten der Regierung auf der Grundlage des Freedom of Information Act sollten im Zweifel Folge geleistet werden – ein 180-Grad-Wende gegenüber der nach dem Justizminister George W. Bushs benannten »Ashcroft-Regel«. Doch schon bald zeigten sich die Grenzen der neuen Offenheit. Erst auf Druck der ACLU, die auf der Grundlage des Freedom of Information Act auf die Freigabe der Dokument klagte, veröffentlichte die Obama-Administration im April 2009 die sogenannten Folter-Memos.[203] Angesichts einer aussichtsreich erscheinenden Klage würde es besser aussehen, die Dokumente vorher »freiwillig« zu veröffentlichen, als aufgrund eines Gerichtsurteils dazu »gezwungen zu erscheinen«[204], sagten Mitarbeiter des Weißen Hauses.

Im April befürwortete seine Administration zudem die Veröffentlichung von neuen Fotos, die Misshandlungen von Gefangenen in Afghanistan und im Irak durch US-Soldaten dokumentieren. Nur einen Monat später erfolgte der Kurswechsel. Auf Anraten des Pentagon untersagte Präsident Obama die Veröffentlichung, weil Kommandeure negative Auswirkungen auf ihre Truppen in den Kriegsgebieten befürchteten. Hinter den Kulissen setzte das Weiße Haus eine Änderung des Freedom of Information Act durch, nach der das Verteidigungsministerium in Zukunft jedwede Bilder von der Behandlung von Gefangenen unter der Bush-Administration zurückhalten darf.[205] Im August veröffentlichte das Justizministerium zudem den Bericht des Generalinspekteurs der CIA, der unter George W. Bush 2004 die Umsetzung der Folter-Memos untersucht hatte.[206] Viele Stellen in dem Bericht blieben weiterhin geschwärzt. Andere waren nun freigegeben und lassen darauf schließen, dass es bei ihrer Schwärzung nicht um die Sicherheit der Vereinigten Staaten gegangen war, auf die Präsident Bush regelmäßig verwiesen hatte, sondern um die Vertuschung von Straftaten. Der Bericht machte deutlich, dass die CIA-Folterer in zahlreichen Fällen selbst über die weiten Vorgaben der Folter-Memos hinausgegangen waren. Justizminister Eric Holder kündigte daraufhin eine »vorläufige Prüfung« dieser Exzesse an, die sich jedoch nicht gegen die Architekten des Folterprogramms richten sollte. Ein Ergebnis lag auch knapp ein Jahr später noch nicht vor.

Inzwischen verhindert die Obama-Administration die Veröffentlichung zahlreicher Dokumente, die mit Verbrechen der Bush-Administration in Zusammenhang stehen, wie etwa dem Programm für Geheimgefängnisse der CIA oder Dokumente über die Zerstörung von Verhörvideos. Sie habe auch weniger Informationen über Gefangene im afghanischen Bagram veröffentlicht, als die Bush-Administration über Häftlinge in Guantánamo, kritisierte die Bürgerrechtsorganisation ACLU.[207]

Obamas Nationale Sicherheitsstrategie vom Mai 2010 beinhaltet zudem das sogenannte State Secrets Privilege. Danach kann die Regierung in zivilgerichtlichen Verfahren den Ausschluss bestimmter Beweismittel verlangen, deren Veröffentlichung die nationale Sicherheit gefährden würde. Die Gerichte überprüfen in der Regel nicht, ob die Behauptung der Regierung zutreffend und die Gefährdung real ist. Die Bush-Administration hatte sich beispielsweise in Schadensersatzverfahren ehemaliger Gefangener und Folteropfer regelmäßig auf dieses von der Rechtssprechung entwickelte Instrument berufen. Auch unter der Administration Barack Obamas haben Opfer von Folter keine Möglichkeit, Schadensersatz und Schmerzensgeld vor amerikanischen Gerichten geltend zu machen. Rechtswissenschaftler hatten vorangegangene Administrationen einschließlich der von George W. Bush für ihren regelmäßigen Rückgriff auf diesen Grundsatz kritisiert, da sie diesen lediglich im eigenen Interesse und zum Schutz vor einer juristischen Aufarbeitung nutzten.[208]

Präsident Obama änderte daran nichts. Im Gegensatz zur Vorgängerregierung versprach er lediglich, dieses Mittel nur begrenzt einzusetzen und nicht als Instrument zur Verschleierung von Straftaten zu benutzen. Doch die Realität sieht anders aus: In einer aufsehenerregenden Klage des Äthiopiers Binyam Mohamed und vier weiterer Kläger gegen eine Tochterfirma von Boeing berief sich der Anwalt der Regierung noch im Februar 2009 weiter auf das State Secrets Privilege. Die beklagte Firma soll im Rahmen des geheimen Auslieferungsprogramms der Bush-Administration an der Überstellung der Kläger an folternde Verbündete der USA beteiligt gewesen sein. Als nun das Berufungsgericht aufgrund des inzwischen erfolgten Wechsels der Administration fragte, ob sich an der Auffassung der Regierung hinsichtlich der Berufung auf das State Secret Privilege in diesem Verfahren irgendetwas geändert habe, antwortete der Anwalt schlicht: »Nein, Euer Ehren.« Eine Richterin des Berufungsgerichts hakte überrascht nach: »Der Wechsel der Administration hat keine Auswirkungen?« Der Anwalt blieb dabei: »Nein, Euer Ehren.«[209] Doch die Richter in dem Verfahren votierten dieses Mal gegen die US-Regierung. Im April 2009 lehnte das Gericht eine umfassende Wirkung des State Secret Privilege ab und entschied, dass das Verfahren fortgesetzt werden könne.[210] Es könne nicht zur pauschalen Blockade aller Beweise – darunter auch die Aussagen der Kläger – führen.

Ein weiteres Problem der Geheimhaltungsmanie ist strukturell bedingt. Nach einem Bericht des Information Security Oversight Office (ISOO) der Regierung wurden 2009 rund 54 Millionen Dokumente als »geheim« eingestuft, viele davon sogenannte Derivate.[211] Sobald sich ein Dokument auf einen geheimen Bericht bezieht oder eine Information aus einem solchen übernimmt, wird auch dieses Dokument als geheim eingestuft. Zu viele Mitarbeiter der Exekutive hätten die Befugnis, Dokumente als geheim zu klassifizieren,[212] führte der Verfassungsrechtler Christopher H. Pyle aus. Sie könnten zwar für die Veröffentlichung der Dokumente bestraft werden, für den Fall einer falschen Klassifizierung gebe es jedoch keine juristische Handhabe, so Pyle weiter. Anstatt vor einem Feind zu schützen, führe diese exzessive Geheimhaltungspraxis die demokratischen Institutionen der USA ad absurdum.

Im Widerspruch zu seinem Bekenntnis für mehr Transparenz war auch der Umgang des 44. US-Präsidenten mit Regierungsmitarbeitern, die im Bemühen, Missstände aufzudecken, Informationen an die Presse weitergaben. Schon in seiner ersten Kabinettssitzung erklärte »No-Drama Obama«, dass er über interne Diskussionen seiner Regierung nichts in der *New York Times* oder *Washington Post* lesen wolle.[213] Es war eines der wenigen Themen, die seine Coolness schwinden ließen.

Tatsächlich ist Barack Obama im Umgang mit »Verrätern« weitaus aggressiver als sein Vorgänger. Während etwa die Vernichtung von Folterbeweisen mit dem Einverständnis von George W. Bushs CIA-Direktor Peter Goss 2005 auch nach dem Wechsel der Administration ohne juristische Folgen blieb, ging Obama schon in den ersten 17 Monaten seiner Administration gegen mehr Whistleblower vor, als Bush in acht Jahren.[214] Ein trauriger Rekord für einen Präsidenten, der sich noch als Staatssenator für einen besseren Schutz von Insidern eingesetzt und ihre Taten im Wahlkampf 2008 als »Akte der Tapferkeit und des Patriotismus«, die »ermutigt und nicht unterdrückt« werden sollten, bezeichnet hatte.

Trotz zahlreicher Einschüchterungsversuche gegen Journalisten und Regierungsmitarbeiter kam es unter Bush zu keiner einzigen Verurteilung wegen der Weitergabe von Informationen an die Presse. Der berühmteste Fall war die Anklage gegen Lewis »Scooter« Libby, nicht gerade ein Paradebeispiel für Whistleblower. Der damalige Vizestabschef von Vizepräsident Dick Cheney war an der Enttarnung der CIA-Agentin Valerie Plame beteiligt, eine Racheaktion des Weißen Hauses gegen den Ehemann Plames. Der Diplomat Joseph Wilson IV. hatte vor Beginn des Irakkriegs die Berichte der Bush-Administration über vermeintliche Ankäufe von Uran im Niger durch das Regime Saddam Husseins öffentlich angezweifelt. Die Preisgabe der Identität von Geheimagenten ist eine der wenigen strafrechtlich sanktionierten Vergehen, für die Whistleblower verurteilt werden können. Doch Libby wurde aufgrund seiner Aussagen im Ermittlungsverfahren wegen Meineids und nicht wegen der Offenlegung der Identität der Agentin verurteilt.

Im Mai 2010 wurde Shamai Leibowitz zu 20 Monaten Haft verurteilt. Der Übersetzer im Dienst des FBI hatte 2009 einem Blogger geheime Dokumente der Behörde zukommen lassen, aus denen sich nach Auffassung des sozial engagierten Linguisten Rechtsverstöße der Bundespolizei schlussfolgern ließen. Der Inhalt der Dokumente ist weiterhin geheim.

Im Juni 2010 bestätigte das Pentagon die Verhaftung des Gefreiten Brad Manning. Ihm wird vorgeworfen, unter anderem ein als geheim eingestuftes Video des US-Militärs weitergegeben zu haben, das die Erschießung von zwölf Zivilisten im Irak dokumentiert – darunter auch zwei Journalisten der Nachrichtenagentur *Reuters*. Nachdem die

Website *Wikileaks* zudem 92 000 geheime Dokumente über den Krieg in Afghanistan und Pakistan veröffentlichte, weitete das Verteidigungsministerium das Verfahren gegen Manning aus und schaltete auch das F.B.I. in die Ermittlungen ein.

Bereits im April 2009 hatte die Regierung den Ex-Mitarbeiter des Spionagedienstes NSA Thomas Drake wegen der Weitergabe von Informationen über Missstände und die Verschwendung von Steuergeldern der Behörde angeklagt. Obwohl in diesem Fall schon unter George W. Bush ermittelt worden war, oblag die Entscheidung für eine Fortführung des Verfahrens der Obama-Administration. Sie entschied sich »ohne zu zögern« für die Anklage. Im selben Monat erneuerte Obamas Justizminister Eric Holder eine Vorladung unter Strafandrohung des *New-York-Times*-Reporters James Risen. Die Regierung will den Autor des CIA-Enthüllungsbuches *State of War* dazu zwingen, seine Quellen offenzulegen. Eine solche Vorladung der Bush-Regierung hatte Risen ignoriert, und sie war verfallen.

Im August 2009 wurde zudem Brad Birkenfeld zu 40 Monaten Freiheitsstrafe verurteilt. Der Ex-Banker hatte einen Steuerhinterziehungsskandal bei der Schweizer Bank UBS enthüllt. Seine Informationen führten zu einer Strafzahlung von 780 Millionen Dollar von UBS an die US-Behörden und der Preisgabe der Identität von 250 Kunden der Bank.

Auch auf einem anderen Gebiet geht Barack Obama neue Wege. Der US-Präsident hat nach Medienberichten die Tötung von US-Bürgern ohne ein Gerichtsverfahren und weitab von Schlachtfeldern autorisiert. Der Rahmen des Programms ist weiterhin geheim.

Noch im August 2009 erklärte die Obama-Administration zudem, dass sie die Praxis der Vorgängerregierung, Menschen in Drittstaaten zu bringen, um sie dort verhören zu lassen, fortsetzen werde.[215] Sie werde jedoch sicherstellen, dass die Betroffenen nicht gefoltert würden, und deren Haftbedingungen beaufsichtigen, so das Weiße Haus. Details dieses Programms sind ebenso wenig bekannt.

Auch der Patriot Act bleibt unter Präsident Obama weiterhin in Kraft. Erst im Februar 2010 verlängerte der Kongress auslaufende Regelungen des Gesetzes, das Strafverfolgungsbehörden und Geheimdiensten weitreichende Befugnisse zur Spionage gegen US-Bürger überträgt.

Dies ist angesichts eines unkontrolliert wachsenden Geheimdienstapparats besorgniserregend. Im Juli 2010 berichtete die *Washington Post* über ein außer Kontrolle geratenes riesiges Netz von 1271 Regierungsorganisationen und 1931 privaten Unternehmen, die im Auftrag der Regierung an 10 000 Orten innerhalb des Landes zunehmend auch die eigene Bevölkerung überwachen.[216] Zwei Drittel dieser Kapazitäten unterstehen dem Verteidigungsministerium. Seit 9/11 hat sich das Budget für Geheimdienste mehr als verdoppelt und ist auf 75 Milliarden Dollar gewachsen. Der Geheimdienst NSA fängt täglich beispielsweise 1,7 Milliarden Telefongespräche und E-Mails ab. Der nationale Geheimdienstdirektor sei in diesem System allmächtig, erklärte der von Obama für den Posten nominierte Kandidat: »Das ist Gott.«

Für diejenigen, die von Barack Obama die Wiederherstellung der Herrschaft des Rechts erwarteten, waren seine ersten beiden Jahre im Amt enttäuschend. Auch wenn die öffentlichen Auseinandersetzungen das Gegenteil suggerieren, sind die Methoden, derer sich die Obama-Administration bedient, denen von George W. Bush sehr ähnlich. Es spricht Bände, dass mehrere hochrangige Mitarbeiter der Bush-Administration im Gespräch mit der *New York Times* erklärten, dass sie mit den aktuellen Anti-Terror-Maßnahmen zufrieden seien. Hayden sagte: »Es ist ein Kontinuum der Bush-Politik, insbesondere nachdem sie sich in der zweiten Amtszeit geändert hatte.« Noch weiter ging James Jay Carafano von der konservativen Heritage Foundation. »Ich denke nicht, dass es fair wäre, sie Bush light zu nennen«, sagte er über die Politik Obamas. »Sie ist Bush. Es ist sehr, sehr schwer, einen bedeutenden Unterschied zu finden, der nicht nur atmosphärisch ist.«[217] Die Tonlage ist ohne Zweifel eine andere. Doch sie beschränkt sich auf die symbolische Verdammung einzelner Maßnahmen George W. Bushs aus der Vergangenheit. Die Foltermethoden Bushs, die Barack Obama mit einer feierlichen Geste bei seiner Amtseinführung offiziell verboten hatte, hatte sein Vorgänger Jahre vorher aufgegeben. Die Geheimgefängnisse, deren Auflösung Obama kurz nach der Amtseinführung verfügte, gab es bereits seit 2006 nicht mehr. Indem der Präsident andererseits einen Großteil der Anti-Terror-Maßnahmen seines republikanischen Vorgängers weiterhin praktiziert oder gar reaktiviert, bestätigt er eine Politik, die ehedem extrem kontrovers diskutiert worden war. Der Präsident hält Menschen ohne Anklage gefangen. Er bedient sich unfairer Militärtribunale. Er autorisiert gezielte Tötungen. Er beruft sich auf Staatsgeheimnisse, um die Durchsetzung von Ansprüchen der Opfer zu blockieren. Dass er dennoch für sich beansprucht, Träger des »Wandels« zu sein, ist erstaunlich. Dabei kommen ihm sicherlich die Attacken des ehemaligen Vizepräsidenten Dick Cheney sowie weiterer Republikaner zupass, die ihm immer wieder vorwerfen, er sei zu »weich« gegenüber Terroristen. Von wenigen Ausnahmen abgesehen hat Barack Obama allerdings die »Angriffe auf die Verfassung« eines George W. Bush fortgesetzt, die damit im gesellschaftlichen Mainstream innerhalb beider Parteien etabliert sind oder stillschweigend geduldet werden. Kritik ist nur noch am Rande zu vernehmen.

Der Vorsitzende der Menschenrechtsorganisation Human Rights Watch, Kenneth Roth, fasste seine Kritik an Obamas Umgang mit Menschenrechten knapp ein Jahr nach dessen Wahl ins höchste Amt des Staates in einem Artikel für das Magazin *Foreign Affairs* zusammen, der mit »Leere Versprechungen?«[218] überschrieben war. Darin führt er aus, dass Barack Obama aufgrund seiner Rhetorik »besser als die Bush-Administration« sei, legt anschließend jedoch dar, dass es an der Umsetzung mangele. Den »poetischen« Reden müssten »nüchterne« Taten folgen, die den von Obama selbst artikulierten Prinzipien gerecht würden, mahnte Roth. Nicht nur Human Rights Watch gehört inzwischen zu den Kritikern des US-Präsidenten. Nachdem im März 2010 Berichte über eine anstehende Entscheidung Obamas an die Öffentlichkeit kamen, nach denen er plane, hochrangige Al-Qaida-Mitglieder entgegen den Äußerungen seines Justizministers nun doch vor Militärtribunalen anzuklagen, ließ die Bürgerrechtsvereinigung ACLU eine ganzseitige Anzeige in der *New York Times* drucken. Unter dem Titel »Was wird es sein, Herr Präsident? Wechsel oder mehr Gewohntes?«[219] verwandelte sich das Gesicht Barack Obamas in einer Folge von Schwarz-Weiß-Aufnahmen in ein Porträt von George W. Bush. Die ACLU nannte die mögliche Entscheidung für Militärkommissionen einen »Todesstoß« für das Justizministerium und die amerikanischen Werte. Obama habe die Wahl. Er könne die amerikanische Verfassung und die Prinzipien rechtsstaatlicher Verfahren wiederherstellen oder seine eigenen Versprechen ignorieren und die »Bush-Cheney-Politik« fortsetzen. Barack Obama hat sich indes, so scheint es, längst entschieden.

6. ENERGIE- ODER UMWELTPOLITIK

Kurz nach Ausbruch der Ölkatastrophe im Golf von Mexiko gab es beim Minerals Management Service (MMS) in Alaska Kaffee und Kuchen.[220] Nachdem Barack Obamas Innenminister Ken Salazar eine Neuorganisation der für Ölbohrungen zuständigen Aufsichtsbehörde gefordert hatte, lud der aus Bush-Zeiten übernommene Behördenleiter in Alaska, John Goll, zu einem Meeting ein, das er mit einer besonderen Torte abschloss. Sie zierte der Schriftzug: »Drill, Baby, Drill!«, die Parole der Republikaner aus dem Wahlkampf für die Ausweitung von Ölbohrungen. Die Symbolik sprach in einer von Skandalen geprägten Behörde wie der MMS eine deutliche Sprache: Auch unter Barack Obama hatte sich nach mehr als einem Jahr im Amt wenig geändert.

Die Ankündigung, die Umweltpolitik auf eine wissenschaftliche und rechtliche Grundlage zu stellen, grenzte ihn zunächst deutlich von der von Vetternwirtschaft und Ignoranz geprägten Politik seines Vorgängers ab. Seine Forderung einer nachhaltigen Energiepolitik klang nach einem neuen Zeitalter. »Jahr für Jahr, Jahrzehnt für Jahrzehnt haben wir Aufschub gewählt anstatt entschlossene Maßnahmen«, sagte der neue Präsident kurz nach seiner Amtseinführung. »Starre Ideologie übertrumpfte solide Wissenschaft.«[221] Die USA bräuchten ein moderneres Stromnetz, energieeffizientere Gebäude, eine bessere Isolierung von Privathäusern, eine Ausweitung des öffentlichen Nahverkehrs. Und diese Investitionen würden für Millionen neuer Jobs sorgen. Doch die Umweltpolitik sei auch eine Frage der Sicherheit. »Amerika wird sich nicht zur Geisel von schwindenden Ressourcen, feindlichen Regimes und einem sich aufheizenden Planeten machen.« Dies formulierte er wiederholt und an zentraler Stelle auch in der Nationalen Sicherheitsstrategie vom Mai 2010.[222] Fragen der Klima- und Energiepolitik tauchen in dem Bericht an den Kongress gleich mehrfach auf und ergänzen neben weiteren Komponenten das unter George W. Bush von militärischen und wirtschaftspolitischen Kategorien bestimmte Strategiepapier.

Die Abhängigkeit der Vereinigten Staaten von ausländischem Öl hatten alle US-Präsidenten seit der Nixon-Administration als Sicherheitsproblem bezeichnet. Passiert war jedoch wenig. Barack Obama allerdings forcierte schon kurz nach Amtsantritt die Klimapolitik auf verschiedenen Ebenen. Er forderte den Kongress auf, ein Gesetz für eine neue, nachhaltige Energiepolitik zu erarbeiten. Eine Reform sei unausweichlich. Schon zu Beginn seiner Präsidentschaft schwor Obama daher sein Land auf einen umfassenden Neuanfang auch in der Umwelt- und Energiepolitik ein. Doch die Klimapolitik hatte mitten in der Wirtschaftskrise für die neue Administration nicht oberste Priorität. Nach dem Konjunkturprogramm komme zuerst die Gesundheitsdebatte, argumentierte der Präsident vor Senatoren. »Wir haben viele Kämpfe zu führen, bis wir überhaupt zum Emissionshandel kommen.«[223]

Er machte Carol Browner, Leiterin der amerikanischen Umweltbehörde Environmental Protection Agency (EPA) unter Bill Clinton, zu seiner »Klima-Zarin«. Der Physiknobelpreisträger Steven Chu erhielt den Posten des Energieministers. Andere Namen provozierten Kritik: Die Umweltschutzorganisation Center for Biological Diversity etwa kritisierte die Nominierung Ken Salazars. »Das Innenministerium braucht einen starken, nach vorn blickenden und reformorientierten Minister«, sagte der geschäftsführende Direktor der Organisation Kieran Suckling. »Leider ist Ken Salazar nicht dieser Mann.« Als demokratischer Senator des Bundesstaats Colorado hatte er gegen Treibstoffstandards für die Automobilindustrie, gegen die Abschaffung von Steuergutschriften für ExxonMobil und andere Ölkonzerne gestimmt sowie Ölbohrungen vor der Küste Floridas unterstützt. Salazar hatte sein Amt mit dem Versprechen angetreten, die »wissenschaftliche Integrität« wiederherzustellen, und die korrupte Aufsichtsbehörde MMS für ihre »kriminellen Interessenkonflikte« kritisiert. Unter der neuen Administration solle sie wieder als Verfechterin der Anliegen des Steuerzahlers wahrgenommen werden. »Es gibt einen neuen Sheriff in der Stadt«, erklärte er. Doch der neue Sheriff unternahm wenig Neues. Vielmehr folgte mehr vom Alten. Obwohl sich Barack Obama im Wahlkampf gegen Ölbohrungen ausgesprochen hatte, öffnete sein Innenministerium im ersten Amtsjahr seiner Administration 21 Millionen Hektar im Golf von Mexiko für Hochseebohrungen, so viel wie in keinem Jahr zuvor. »Dieser Kerl hat eine lange, lange Geschichte der Förderung von Hochseebohrungen – das ist sein Ding«, kommentierte Kieran Suckling. »Er hat ein besonderes Faible für die Ölförderung in Küstengewässern.« Als Senator habe er sogar George W. Bush dafür kritisiert, die Ölgesellschaften nicht dazu gezwungen zu haben, bestehende Pachtverträge schneller zu entwickeln.

Präsident Obama ernannte zudem die ehemalige Leiterin der Umweltbehörde EPA in New Jersey, Lisa Jackson, zur nationalen Behördenchefin, obwohl sie in ihrem Bundesstaat enttäuscht hatte. Die Aufräumarbeiten verseuchten Bodens hatten sich dort so lange hingezogen, dass sogar die zu Bushs Zeiten für ihre Untätigkeit bekannte nationale Behörde eingreifen musste. Die EPA in New Jersey ließ zudem Eltern monatelang über viel zu hohe Quecksilberwerte in einem Kindergarten im Unklaren, der in einer ehemaligen Thermometerfabrik untergebracht war. Doch Lisa Jackson sollte eine der aktivsten Rollen in der neuen Administration spielen. Sie reaktivierte außerdem zahlreiche Mitarbeiter, die aufgrund ihres Engagements von der Bush-Administration geschasst worden waren.

Zu Beginn seiner Präsidentschaft forderte Barack Obama die vor dem Bankrott stehende Automobilindustrie auf, umweltfreundlichere Fahrzeuge zu produzieren, und wies Jacksons Behörde an, eine Anordnung ihres Vorgängers zu überprüfen, nach der Bundesstaaten keine eigenen Höchstgrenzen für den Schadstoffausstoß festlegen durften. Hintergrund war der Versuch Kaliforniens, strengere Limits für den Treibstoffverbrauch von Fahrzeugen einzuführen. Bis zu 17 andere Bundesstaaten erwogen ähnliche Regelungen, die die Autohersteller zu verhindern suchten. Der damalige Leiter der EPA Stephen Johnson hatte der Autolobby Rückendeckung gegeben und 2007 eine bundesstaatliche Regelung mit der Begründung untersagt, dass das Vorgehen Kaliforniens zu einem Wirrwarr an unterschiedlichen Regelungen und einem Wettbewerbsnachteil für die Automobilindustrie führen würde. Präsident Obama versprach nun eine Kursänderung. Die US-Regierung müsse im Kampf gegen den Klimawandel mit den Bundesstaaten zusammenarbeiten, sagte er. »Statt als Partner aufzutreten, stand ihnen Washington im Weg.«

Schon die Überprüfung des Verbots von 2007 brachte die Autohersteller zurück an den Verhandlungstisch. Sie zogen einen national einheitlichen Standard einer Vielzahl unterschiedlicher Regelungen vor und waren daher zu Zugeständnissen bereit. Im Mai 2009 gab Präsident Obama schließlich die neuen Verbrauchsstandards bekannt, die auf den Vorarbeiten aus Kalifornien beruhten.[224] Bis 2016 solle der Treibstoffverbrauch für neue Pkws und Kleinlaster durchschnittlich um 30 Prozent auf 6,6 Liter pro 100 Kilometer fallen, erklärte er. Damit würden 1,8 Milliarden Fass Rohöl eingespart. Die Umweltschutzorganisation National Resources Defense Council bezeichnete die Einigung als »bahnbrechend«. Allein diese Regelung würde die CO_2-Emissionen in den Vereinigten Staaten um rund 900 Millionen Tonnen reduzieren. Ohne auf den Kongress zu warten, wies der Präsident die EPA auch zur Ausarbeitung niedrigerer Standards für Pkws und Kleinlaster für die Zeit nach 2017 an und stellte nationale Vorgaben für den Verbrauch mittelgroßer und großer Trucks in Aussicht.[225]

Ausgestattet mit dem größten Budget ihrer Geschichte, war die EPA auch auf anderen Feldern federführend. Eine wichtige Front im Kampf gegen die Zerstörung der Umwelt ist in den USA seit Jahren die Auseinandersetzung mit der mächtigen Kohleindustrie. Besonders umstritten ist das »Mountaintop Mining«, bei dem Minenbetreiber ganze Bergkuppen wegsprengen, um an das darunterliegende schwarze Gold heranzukommen. Diese Methode ist billig und macht Kohle trotz der zerstörerischen Auswirkungen auf die Umwelt auf dem Markt konkurrenzfähig. Nach der »Fill Rule« der Bush-Administration dürfen Minengesellschaften den Abbauschutt zudem einfach in Seen und Flüssen versenken. Eine stärkere Regulierung konnte die Industrie bislang durch den Geldsegen ihrer Lobbygruppen in Washington und verbündete Abgeordnete aus Abbauregionen verhindern. Das Innenministerium arbeitet unter Ken Salazar derzeit an neuen Vorgaben für einen schonenden Abbau der Kohle und die Renaturierung zerstörter Landschaften.[226]

Auch unter Präsident Obama genehmigte die EPA in den ersten Monaten 42 von 48 Abbauanträgen der Kohleindustrie, die noch aus der Zeit der Bush-Administration herrühren. Lisa Jackson bedauerte dies später. Ende 2009 legte sie 79 weitere Anträge bis auf weiteres auf Eis, um ihre Vereinbarkeit mit Umweltschutzauflagen eingehender zu prüfen. Zudem übte sie zum ersten Mal seit Inkraftsetzung des Clean Water Act ihr Vetorecht aus und zog die Genehmigung für eine der größten Abbauoperationen in den Appalachen West Virginias aufgrund der durch Minenschutt verursachten Schäden in den umliegenden Flüssen zurück.

Ähnlich sorglos war bislang der Umgang mit den Restbeständen nach der Verbrennung der Kohle in den Kraftwerken. Die mit Schwermetallen belastete Asche muss aufgrund der erfolgreichen Lobbyarbeit der Kohleindustrie bis heute in den Vereinigten Staaten nicht als (kostenintensiver) Sondermüll behandelt werden. Wenn sie nicht einfach in ungeschützten Wasserbecken endet und dadurch das Grundwasser gefährdet, wird sie für den Bau von Straßen, zur Herstellung von Dämmplatten, Dünger und Zement verwendet und sogar zu Zahnpasta verarbeitet.[227] Seit 2010 arbeitet die EPA nun an neuen Vorschriften für die Entsorgung der Asche. Zudem überarbeitet sie ihre eigenen Vorgaben aus der Ära Bush zur Begrenzung von Kohleruß und Smog aus Kohlekraftwerken, die ein Bundesgericht 2008 gekippt hatte.

Im Dezember 2009 erklärte die EPA sechs Treibhausgase, darunter auch Kohlendioxid, zur Gefahr für die öffentliche Gesundheit. Damit folgte die Behörde einem Urteil des Supreme Court von 2007, worin das oberste Gericht die Regelungskompetenz der EPA auch hinsichtlich der Treibhausgase bestätigte. Auf der Grundlage des Clean Air Act arbeitet die Behörde derzeit an konkreten Vorgaben. Doch ihre Anstrengungen könnten nicht von Dauer sein. Obwohl der Kongress bislang noch nie versuchte, die Befugnisse der EPA zur Regelung der Luftverschmutzung zu behindern, kursierten dort Mitte 2010 mehrere Gesetzentwürfe, die im Falle ihrer Verabschiedung eine Regulierung der Treibhausgase durch die EPA blockieren würden.

Anfang 2010 schrieb die EPA zudem eine stärkere Kontrolle des Schadstoffausstoßes von Fabriken und Kraftwerken vor. Zu George W. Bushs Zeiten hatte dieselbe Behörde noch mit einem Trick die effektive Kontrolle des Schadstoffausstoßes von Ölraffinerien unterbunden: Sie hatte angeordnet, dass der Ausstoß eines jeden Schornsteins separat gemessen werden sollte, als wäre dieser eine isolierte Anlage. »Stell dir vor, du hast zehn Raucher in einem Raum und in der Mitte ein Baby«, erklärte ein ehemaliger Vollzugsbeamter der Behörde dem *Rolling Stone* die Regelung. »Um nun die Auswirkungen des Rauchs auf die Lunge des Babys zu messen, sollte die Grundlage nur der Wert einer einzelnen Zigarette sein und nicht aller zusammen. Das hatte mit Wissenschaft rein gar nichts zu tun.«[228]

Die EPA arbeitet auch an Emissionsgrenzen für Ölraffinerien, Zement- und Kraftwerke. Bis Ende 2011 will sie Vorgaben zur Reduktion der Luftverschmutzung durch Öl- und Kohlekraftwerke einführen. George W. Bushs EPA hatte noch 2008 vor einem Berufungsgericht versucht, solche Festsetzungen abzuwehren, und argumentiert, dass solche Regeln schlichtweg nicht nötig oder angemessen seien – und hatte verloren. Jetzt will die Behörde auch Regeln zum Schutz vor Giften im Trinkwasser und zum Einsatz von Chemikalien in der Landwirtschaft prüfen. Zudem schlug sie dem Kongress vor, die gesetzlichen Vorgaben für Umweltverträglichkeitstests Tausender Chemikalien zu verbessern. Der *Rolling Stone* bezeichnete Lisa Jackson daraufhin als »Öko-Kriegerin«[229] und erklärte sie zur progressivsten Leiterin in der Geschichte der Behörde.

Das 787 Milliarden Dollar schwere Konjunkturpaket vom Februar 2009 enthielt die bislang größten Investitionen in grüne Energie in den USA. Obamas Stimulus-Programm beinhaltete 80 Milliarden Dollar für erneuerbare Energien, eine effizientere Energieinfrastruktur und umweltschonendere Transportmittel. So waren beispielsweise elf Milliarden Dollar für die Erneuerung des Stromnetzes und neun Milliarden Dollar für ein besseres Schienennetz und einen neuen Hochgeschwindigkeitszug eingeplant.[230] Damit werde ein neues Kapitel in der US-Energiepolitik beginnen, sagte der Präsident. Die »Green Economy« solle nicht nur CO2-Emissionen reduzieren, sondern auch bis zu drei Millionen Arbeitsplätze schaffen.

Doch trotz der vielversprechenden Einzelmaßnahmen brachte auch Barack Obama nicht den erhofften fundamentalen Wandel hin zu einer grünen Energiewirtschaft. Schon bald nach Amtsantritt gab er eine umfassende Reform zum Kampf gegen den Klimawandel auf und nahm für den Kompromiss mit den Republikanern ein weniger ambitioniertes Gesetz in Kauf. Wie bei der Gesundheitsreform kamen trotz der hohen Priorität des Themas keinerlei konkrete Vorschläge und nur wenig Unterstützung aus dem Weißen Haus. Frustriert über die Zurückhaltung der Obama-Administration arbeitete der Abgeordnete Henry Waxman an einem Gesetzentwurf – und war erfolgreich. Schon im Sommer 2009 verabschiedete das Repräsentantenhaus seinen Entwurf, der einen Preis für CO_2-Emissionen und den Handel mit Emissionsrechten festlegte. Gemessen am CO_2-Ausstoß von 2005 sollten danach die Emissionen bis 2020 um 20 und bis 2050 um mehr als 80 Prozent sinken. Bis 2025 sollten zudem 25 Prozent des Stroms aus erneuerbaren Energien stammen. Der Vorschlag beinhaltete Investitionen von 190 Milliarden Dollar in die Erforschung alternativer Energietechnologien und neue Energieverbrauchsstandards für Gebäude, Geräte und Industrien. Das Gesetz stärke den Aufschwung, schaffe Millionen grüner Jobs und beende die jahrzehntelange »Geiselnahme Amerikas durch ausländische Öllieferanten«, erklärte Waxman damals. Doch auch dieser Entwurf ging kaum weit genug. Nach den optimistischsten Schätzungen würden die Vorschriften den Ausstoß von Treibhausgasen lediglich um 13 Prozent bis 2020 verglichen mit den Emissionen von 1990 reduzieren.

Zudem gab es im Senat keine Mehrheit für einen entsprechenden Entwurf, eine Voraussetzung für die Verabschiedung des Gesetzes. Entwürfe wie der von Senator Jeff Bingaman zur Energiereform beinhalten keine Grenzen für den Treibhausausstoß oder einen Emissionshandel. Stattdessen fordert der demokratische Senator aus New Mexico einen weniger hohen Anteil erneuerbarer Energien am nationalen Energiemix sowie ein effizienteres Stromnetz, und er möchte, um die Energieabhängigkeit Amerikas zu reduzieren, die Verwendung besonders belastender Ressourcen erlauben. Diese Vorschläge könnten der Umwelt mehr schaden als helfen, erklärte die Umweltschutzorganisation Natural Resources Defense Council in einem Statement. Auch wenn die von Bingaman vorgeschlagenen Entwürfe gute Provisionen als Anreize enthielten, verringerten sie Treibhausgase kaum und könnten am Ende sogar zu einem höheren Ausstoß führen. Ein Entwurf des Demokraten John Kerry und Joe Liebermans vom Mai 2010, an dem nun auch das Weiße Haus mit zahlreichen Treffen und Gesprächen mit den betroffenen Industrien mitgearbeitet hatte, sah die gleichen Emissionsziele wie der Vorschlag des Repräsentantenhauses vor. Um die Unterstützung aus der Industrie zu sichern, enthielt er großzügige Zugeständnisse an Konzerne. Mit den Investitionen in Kohle und Atomenergie lese sich der Entwurf wie eine Wunschliste der Energieindustrie, zitierte das Magazin *Rolling Stone* einen Senatsmitarbeiter.[231] Das Gesetz festigte damit die Position von überholten Energietechnologien – und gewann dennoch nicht einen einzigen Republikaner. Lindsey Graham, der noch am Anfang an dem Entwurf mitgearbeitet hatte, stieg aus, als der Mehrheitsführer der Demokraten ein Einwanderungsgesetz vor einem Klimagesetz ankündigte. Für die Atomkraft waren Bürgschaften vorgesehen, für die Gasindustrie Anreize. Die Schwerindustrie sollte in den Genuss von Ausnahmen der Emissionsgrenzen kommen, es hätte großzügige Verschmutzungsrechte gegeben und nur moderate Grenzen für Emissionen der Ölindustrie. Trotz dieser Schwächen kam die Reaktion der Opposition prompt und unmissverständlich: Senator Mitch McConnell, der führende Republikaner, bezeichnete den Entwurf als »nationale Energiesteuer«, die Arbeitsplätze vernichte. Im Senat hatte der Entwurf von Anfang an kaum keine Chance.

An der Seite der Republikaner stehen auch hier mächtige Interessengruppen. Nach einer Studie des unabhängigen Center for Public Integrity hatten im Frühjahr 2009 rund 770 Unternehmen etwa 2340 Lobbyisten angeheuert, um Druck auf Abgeordnete und Senatoren auszuüben. Auf jeden Abgeordneten kommen damit in der klimarelevanten Umwelt- und Energiepolitik mehr als vier Lobbyisten. Nicht alle Unternehmen sind gegen ein Emissionshandelsgesetz. Konzerne wie General Electric, Johnson & Johnson oder DuPont sprachen sich beispielsweise dafür aus. Sie erhofften sich davon einen Imagegewinn und Wettbewerbsvorteile. Einer der aggressivsten Gegner ist die jüngst gegründete American Coalition for Clean Coal Electricity (ACCCE), ein Zusammenschluss von Kohlekraftwerken und Bergbaubetrieben. 2008 gab sie mehr als zehn Millionen Dollar für Werbespots für ihre angeblich »saubere Kohle« aus. 2008 beliefen sich die Ausgaben für Energielobbying auf rund 90 Millionen Dollar. Neben Stromversorgern, Ölkonzernen und Kohleunternehmen sind in den vergangenen Jahren auch konservative Verbände wie die US-Handelskammer und der Verband der US-Hersteller dazugestoßen.

Eine gesetzliche Regelung im Kampf gegen den Klimawandel wird immer unwahrscheinlicher. Noch im Juli 2010 scheiterte das umfassende Energie- und Klimaschutzgesetz Barack Obamas am Widerstand der Republikaner im Senat. Die Demokraten konzentrierten sich daraufhin auf die sogenannten »Energy only«-Entwürfe Bingamans als Grundlage für einen Kompromiss. Um zumindest einen symbolischen Kampf gegen den Klimawandel zu führen, prüfen die Demokraten nun

Emissionsgrenzen ausschließlich für Kraftwerksbetreiber. Ein enttäuschendes Ergebnis.

Ohne ein nationales Energiegesetz standen Barack Obamas Chancen für ein verbindliches internationales Abkommen in Kopenhagen Ende 2009 – das vom Senat mit einer Zweidrittelmehrheit hätte ratifiziert werden müssen – von vornherein schlecht. Schon kurz nach seinem Amtsantritt forderte er eine »echte globale Koalition« im Kampf gegen den Klimawandel. Die Vereinigten Staaten produzieren mit vier Prozent der Weltbevölkerung alljährlich etwa 25 Prozent aller klimaschädlichen CO_2-Emissionen. Bill Clintons Unterschrift unter das Kyoto-Protokoll verlief im Sande, weil der Senat sich weigerte, das Abkommen zu ratifizieren. Präsident George W. Bush widersetzte sich allen verbindlichen Abkommen, die im Zusammenhang mit einer nachhaltigen Umweltpolitik standen. Es war nun an Barack Obama, den Schaden wiedergutzumachen. Seine Administration erklärte sich nur wenige Wochen nach Amtsantritt bereit, ein international verbindliches Abkommen zur Kontrolle und Begrenzung von Quecksilberfreisetzungen auszuhandeln. Er beendete die »Global Nuclear Energy Partnership« Bushs, eine für den Steuerzahler kostspielige und mit Gefahren verbundene kommerzielle Produktion von waffenfähigem Plutonium. Auch bei den Verhandlungen für ein Folgeabkommen für das 2012 auslaufende Kyoto-Protokoll zeigten sich die USA zunächst gesprächsbereit.

Präsident Obama erklärte, dass er im Vergleich zu 2005 den CO_2-Ausstoß der Vereinigten Staaten bis 2020 um 17 Prozent senken wolle, und hielt sich damit an die gleichlautende Klausel im Gesetzentwurf des Repräsentantenhauses. Im Vergleich zum europäischen Maßstab, der sich an Messwerten aus dem Jahr 1990 ausrichtet, reduzieren die USA damit bis 2020 lediglich drei bis vier Prozent ihrer Treibhausemissionen. Die Vereinigten Staaten seien zur Führung während des Kopenhagener Klimagipfels Ende des Jahres bereit, erklärte Obama weiter. Voraussetzung sei allerdings, dass sich auch aufstrebende Schwellenländer beteiligten. »Wir müssen sicherstellen, dass Länder wie China und Indien ihren Teil beitragen, genauso wie wir bereit sind, unseren Teil zu tun.« Damit klang er ähnlich wie sein Vorgänger George W. Bush, auch er hatte international verbindliche Vereinbarungen zur Reduzierung von Treibhausgasen von Zugeständnissen aufstrebender Staaten wie Indien und China abhängig gemacht. Umweltschützer horchten darum bereits bei der Vorbereitung für den Gipfel in Kopenhagen auf: »Leider klingen die Positionen der Obama-Administration in diesen UN-Verhandlungen wie die George Bushs«[232], sagte Karen Orenstein von der Organisation Friends of the Earth nach einer UN-Konferenz in Bonn im Juni 2009. Obwohl die G8-Staaten bei ihrem Treffen im italienischen Aquila beschlossen, die Erderwärmung auf maximal zwei Grad gegenüber dem Temperaturniveau vor der Industrialisierung zu begrenzen, folgte kein Plan zur Umsetzung dieses Ziels. Auf dem nächsten Vorbereitungstreffen in Bangkok schlugen die USA vor, das Kyoto-Protokoll durch ein neues Abkommen abzulösen, nach dem jedes Land eigene Emissionsziele festsetzen und nur die Einhaltung dieser selbst gesteckten Ziele international überprüft werden sollte. Während Kyoto noch insbesondere die reichen Länder mit genauen Vorgaben in die Pflicht genommen hatte, sollte dieses vollkommen vage Abkommen für alle Länder in gleichem Maße gelten. Es war das Prinzip Hoffnung auf nationaler Ebene. Die EU und andere entwickelte Länder ließen sich das nicht zweimal sagen, und das »Race to the bottom«[233] begann, wie Antonio Hill von Oxfam es nannte. Mitarbeiter des Weißen Hauses ließen erkennen, dass Barack Obama angesichts der zu erwartenden mageren Ergebnisse des Gipfels womöglich gar nicht nach Kopenhagen kommen würde, was heftige Reaktionen provozierte.[234]

Doch auch China und Indien waren nicht an einem verbindlichen Abkommen interessiert. Aus der Sicht Chinas, dem derzeit weltweit größten Luftverschmutzer, waren es die Industrieländer, die ihre »historische Verantwortung« für den Klimawandel anerkennen und ihren CO2-Ausstoß deutlich reduzieren sollten. »Die Emissionen der USA steigen noch immer, obwohl das Land schon seit langem voll industrialisiert ist«[235], sagte beispielsweise der chinesische Verhandlungsführer Su Wei beim Klimagipfel.

Barack Obama kam schließlich doch 13 Stunden vor dem Ende der »Cop 15« genannten Konferenz. In seiner mit Spannung erwarteten Rede wiederholte er lediglich, was Verhandlungsführer der USA zuvor schon hatten verlauten lassen. Er forderte von China Zugeständnisse, ohne eigene verbindliche Vorschläge zu machen. Der Gipfel war damit schon vor dem Treffen zum Scheitern verurteilt. Europa lehnte sich zurück und schob den Schwarzen Peter den Vereinigten Staaten und China zu. Stolz verwiesen die Europäer auf das selbst gesetzte Ziel von 20 Prozent bis

2020 und boten eine Verringerung von 30 Prozent an, sofern andere industrialisierte Staaten mitziehen würden. Umweltschützer halten selbst diese höheren Vorgaben für nicht ausreichend. Um eine Erderwärmung von mehr als zwei Grad zu verhindern, müssten die Emissionen um mindestens 40 Prozent gegenüber dem Niveau von 1990 gesenkt werden. Das selbst gesteckte Ziel des US-Präsidenten bedeute dagegen sogar ein gleichbleibendes Niveau an Verschmutzung verglichen mit 1990. Kritiker verglichen Barack Obamas Vorgehen mit dem von George W. Bush, der für seine Irakkriegspläne zunächst anhand gefälschter Beweise die Unterstützung des UN-Sicherheitsrats gesucht hatte, und, nachdem dies fehlgeschlagen war, mit seiner »Coalition of the Willing« weitermachte. Präsident Obama zog sich für seine Verhandlungen am Ende der Zusammenkunft mit einer kleinen Gruppe aus Vertretern der bedeutendsten Industrie- und Schwellenländer in Hinterzimmer zurück, die der Journalist George Monbiot Obamas »Koalition der Willigen«[236] nannte. Die anderen Staaten blieben außen vor.

Nach einem Bericht des *Guardian*, den ein im Mai 2010 veröffentlichter Tonbandmitschnitt untermauerte,[237] waren es der chinesische und indische Vertreter, die die Aufnahme konkreter Zahlen in dem Abkommen verhinderten.[238] China, dessen Aufstieg zur Weltmacht zu einem großen Teil auf Kohleenergie basiert, war ebenso wenig wie Indien an einer verbindlichen Vereinbarung interessiert. Das zeigte sich nicht zuletzt in der turbulenten Diskussion am Ende des Gipfels. Präsident Obama saß bei den Verhandlungen nicht Chinas Premierminister Wen Jiabao gegenüber, sondern dessen Unterhändler He Yafei, der regelmäßig den Raum verlassen musste, um sich telefonisch mit dem chinesischen Premier abzustimmen, der in seinem Hotelzimmer geblieben war. Es war ein Affront. »Ich weiß, dass hier ein chinesischer Premier ist, der wichtige Entscheidungen fällt«, sagte Obama düpiert. »Er gibt Ihnen in dieser Phase Instruktionen.«[239]

China blockierte bei dem Treffen erfolgreich die Aufnahme des Reduktionsziels von 50 Prozent bis 2050. Der französische Präsident Sarkozy sprach daraufhin von »Scheinheiligkeit«[240]. Während sich der Westen verpflichte, 80 Prozent der Treibhausgase einzusparen, so Nicolas Sarkozy, sage »China, das bald die größte Wirtschaftsnation der Welt sein wird, gegenüber der Welt: ›Engagements gelten für euch, aber nicht für uns.‹ Das ist nicht hinnehmbar!« China war es auch, das darauf drängte, die Selbstverpflichtungen der Industriestaaten zu 80 Prozent Einsparungen bis 2050 ebenfalls zu streichen. »Warum können wir nicht einmal unsere eigenen Ziele mit aufnehmen?«[241], fragte eine sichtlich irritierte Angela Merkel. Doch China mauerte. Das Land war offenbar daran interessiert, dass die Kritik im Wesentlichen Barack Obama und die westlichen Industrienationen treffen würde. Doch auch die Vereinigten Staaten waren ja aufgrund der innenpolitischen Opposition nicht bereit für ein verbindliches Abschlussdokument und versuchten, das gleiche Spiel wie China zu spielen.

Die schlussendlich verabschiedete Kompromissformel enthielt lediglich die Begrenzung der Erderwärmung auf zwei Grad im Vergleich zur vorindustriellen Zeit, eine zentrale Forderung Deutschlands, sowie Finanzhilfen für Entwicklungsländer in Höhe von 100 Milliarden Dollar. Verbindliche Emissionsziele beinhaltete das Dokument nicht. Als wäre diese schwache Aussage noch nicht genug, sollten schließlich die übrigen Länder diesen Kompromiss lediglich »zur Kenntnis nehmen«, um eine formale Abstimmung zu vermeiden.

In seiner Rede zur Lage der Nation vom Januar 2010 bekräftigte Präsident Barack Obama seinen Willen für ein nationales Klima- und Energiegesetz und schlug zur Schaffung grüner Jobs eine neue Generation »sicherer, sauberer Atomkraftwerke« vor. Angeschlagen durch die Debatte um die Gesundheitsreform, signalisierte er den Republikanern seine Kompromissbereitschaft und kündigte auch »harte Entscheidungen« zur Öffnung weiterer Gebiete für Öl- und Gasbohrungen vor der Küste der USA an. Zudem sprach er von Investitionen in »saubere Kohletechnologie«[242]. Im Budget für das Jahr 2011 ließ er seinen Worten Taten folgen und verdreifachte die Staatsbürgschaften für die Atomindustrie auf 54 Milliarden Dollar, was zahlreiche Umweltschützer gegen ihn aufbrachte. Mit der Bürgschaft hatte der Präsident eine Forderung des republikanischen Senators Robert Bennett aus Utah (unterstützt von führenden demokratischen Senatoren) erfüllt, der schon Anfang 2009 als Teil des Konjunkturprogramms 50 Milliarden Dollar für die Atomwirtschaft gefordert hatte. Damals allerdings war er bei der Obama-Administration wie auch im Repräsentantenhaus noch abgeblitzt.[243] Nun war Barack Obama der erste Präsident seit drei Jahrzehnten, der grünes Licht für den Bau neuer Atommeiler gab.

Für Umweltschützer war diese »Umarmung« der teuren und riskanten Technologie eine herbe Enttäuschung. Sie reagierten schockiert. Seit dem Reaktorunfall auf Three Mile Island im Bundesstaat Pennsylvania im Jahr 1979 war in den Vereinigten Staaten kein Atomkraftwerk mehr gebaut worden. Noch im Wahlkampf hatte Obama zwar die Atomkraft als integralen Bestandteil »jeder effektiven Energiepolitik« bezeichnet, zugleich aber hatte er sich gegen einen Ausbau ausgesprochen, solange die Frage des Umgangs mit dem radioaktiven Müll ungeklärt war. Eine Endlagerung im umstrittenen Yucca Mountain hatte die Obama-Administration nach jahrelangen Diskussionen aufgegeben. Gegenwärtig werden rund 60 000 Tonnen radioaktiven Abfalls in ungefähr 100 temporären Lagerstätten im ganzen Land aufbewahrt.[244]

Barack Obamas Nähe zur Atomkraft kommt nicht von ungefähr. In seinem Heimatstaat Illinois stehen elf Atomkraftwerke, so viele wie in keinem anderen Bundesstaat der USA. Einer seiner größten Wahlkampfspender war der größte Betreiber von Kernkraftwerken in den Vereinigten Staaten, die Exelon Corporation mit Sitz in Chicago. Nach Angaben des Center for Responsive Politics erhielt Barack Obama im Laufe seiner politischen Karriere rund 330 000 Dollar von Topmanagern des Unternehmens, einen Großteil davon für seinen Präsidentschaftswahlkampf 2008.[245] Zwei der größten Geldbeschaffer seiner Kampagne waren Frank Clark und John Rogers Jr., beide hochrangige Mitarbeiter Exelons. Sogar Obamas Chefstratege, David Axelrod, war beratend für das Unternehmen tätig.

Soweit der Präsident politisches Entgegenkommen seitens der Republikaner erwartet hatte, wurde er enttäuscht. Wie bei der Debatte um die Gesundheitsreform lobten führende Republikaner das nukleare Zugeständnis – und boten nichts.[246] Senator Lamar Alexander, der für seinen Aufruf zum Bau von 100 Kernkraftwerken bekannt ist, begrüßte die staatliche Förderung und war weiterhin gegen ein umfassendes Klimagesetz. Auch seine Parteifreundin Lisa Murkowski bezeichnete das Bekenntnis des US-Präsidenten zur Atomkraft als »guten ersten Schritt«. Gleichzeitig setzte sie sich dafür ein, der EPA die Befugnis zur Begrenzung von Treibhausgasen zu entziehen. Und das waren keine leeren Drohungen: Im Juni brachte sie einen entsprechenden Gesetzentwurf im Senat ein. Sie erhielt zwar nicht die nötige Mehrheit von 60 Stimmen, doch immerhin votierten kein Republikaner gegen und sechs

Demokraten für ihren Vorschlag.[247] Eine von ihnen war die gegen den vereinten Widerstand von Gewerkschaften und progressiven Demokraten nur knapp zur Wiederwahl im Herbst 2010 aufgestellte konservative Demokratin Blanche Lincoln.[248]

Umweltschützer reagierten enttäuscht. Die neue politische Ausrichtung des Präsidenten komme einer »einseitigen Entwaffnung gleich«, sagte der Präsident von Friends of the Earth Erich Pica. »Wir hatten Hoffnung im vergangenen Jahr, er formulierte all die richtigen Dinge. Aber jetzt ist er vollständig zum Befürworter der Atomkraft geworden, es ist ein alarmierender Wechsel im Vergleich zu den vergangenen Monaten.«[249] Auch Barack Obamas Empfehlung von »sauberer Kohle« stieß auf Kritik. Es »gibt keine saubere Kohle«[250], schrieb die Präsidentin des Natural Resources Defense Council, Frances Beinecke, in einem Blog nach der Rede. Jeder Schritt vom Abbau bis zur Verbrennung von Kohle sei dreckig. Die Emissionen seien Ursache für den Tod von 24 000 Menschen pro Jahr.

Die Rechte reagierte dagegen wie bei der Gesundheitsreform mit kompromisslosen Frontalangriffen. »Es sind die Öko-Apparatschiks Obamas, die die wahre öffentliche Gefahr darstellen und deren regulatorische Emissionen eingedämmt werden müssen«[251], schrieb beispielsweise die konservative Kolumnistin Michelle Malkin wütend in ihrem Blog nach dem Scheitern des Murkowski-Entwurfs. Die EPA sei außer Kontrolle, die Begrenzung von Treibhausgasen führe zu steigenden Energiepreisen und dem Verlust von Arbeitsplätzen. Das Abstimmungsverhalten der Senatoren, die aufgeheizte Rhetorik der rechten Bewegung und der Verlust der demokratischen Mehrheit nach dem Wahldebakel in Massachusetts verdeutlichen den steinigen Weg eines umfassenden Klima- und Energiegesetzes im Senat, wo Industrie und Lobbyisten weiterhin großen Einfluss haben.

Die Kritik wuchs weiter nach einer Rede des Präsidenten auf der Andrews Air Force Base Ende März 2010. Vor der Kulisse eines auch mit Biokraftstoffen betriebenen Kampfjets des Typs F-18 mit dem Spitznamen »Grüne Hornisse« erklärte er, dass er weitere Gebiete im Atlantik und im Golf von Mexiko für Ölbohrungen öffnen wolle.[252] Bis zu seiner Wahl hatte er sich regelmäßig gegen weitere Hochsee-Ölbohrungen ausgesprochen. Mit dem Angebot, das jahrzehntealte Moratorium gegen Bohrungen vor der Küste der USA teilweise aufzuheben, kam der Präsident der Ölindustrie und den Republikanern entgegen, deren Parole »Drill, Baby, Drill!« den Wahlkampf 2008 beherrscht hatte. Die Bohrungen sollten unter Anwendung schonender »neuer Technologien« erfolgen, Tourismusgebiete und die Umwelt schützen, sagte der Präsident.

Nur wenige Wochen nach der Rede explodierte die Ölbohrinsel Deepwater Horizon. Elf Arbeiter des im Auftrag von BP arbeitenden Unternehmens Transocean kamen dabei ums Leben. Die Explosion der Bohrleitung verursachte die größte Ölpest aller Zeiten. Untersuchungen in Folge des Unfalls ergaben, dass BP bei zahlreichen Schritten zur Erschließung der Ölquelle gespart hatte. Obwohl hoch profitabel, ist die Ölbranche eine der am stärksten subventionierten Industrien der Vereinigten Staaten.[253] Dennoch verzichtete BP beispielsweise auf einen ferngesteuerten Auslöser, der im Fall des Scheiterns des Schließmechanismus die Quelle hätte versiegeln können. Preis des Bauteils, das in den USA aufgrund der erfolgreichen Arbeit der Lobbyisten nicht vorgeschrieben ist: 500 000 Dollar.

Die US-Regierung reagierte viel zu spät auf die Katastrophe. Sie war eine Folge des laxen Umgangs der Bush-Administration mit ihren »Kumpanen« aus der Industrie. Ganz vorn mit dabei war der Minerals Management Service. Nach einem Bericht des Generalinspekteurs des Innenministeriums hatten die Mitarbeiter der Aufsichtsbehörde zwischen 2005 und 2007 Reisen zu Ski-Ressorts sowie Sex- und Kokain-Partys auf Kosten der Ölkonzerne veranstaltet.[254] Die *New York Times* sprach von einer »Kultur der laxen Kontrollen und gemütlichen Beziehungen«. Die Angestellten der Behörde hätten sich als Teil der Ölindustrie gesehen, schrieb das Blatt. In Hunderten Fällen unterließ es die Aufsichtsbehörde, gesetzlich vorgeschriebene Umweltzulassungen einzuholen. Wissenschaftler, die vor Sicherheitsrisiken und Umweltgefahren von zu genehmigenden Bohrvorhaben warnten, wurden überstimmt. »Ergebnisse standen schon vor der Prüfung von Entscheidungen fest, und wenn man denen nicht folgte, wurde man geächtet«, sagte ein ehemaliger Mitarbeiter des MMS in Alaska. »Aber wenn man mitmachte und Entscheidungen nicht blockierte, wurde man gut behandelt, es gab Beförderungen und Cash-Prämien.«[255] Es verwundert kaum, dass die Behörde laut Medienberichten sogar ihre Kontrollberichte den Konzernen überließ, damit diese die Dokumente mit Bleistift ausfüllen konnten, so dass die Aufsichtsbehörde diese mit Kugelschreiber nachzeichnen konnte.[256]

Erstaunlich ist jedoch, dass sich an dieser Praxis auch unter Präsident Obama nichts änderte. Unter Anspielung auf den weiterhin laxen Umgang mit der Ölindustrie bezeichneten Angestellte des Innenministeriums seine Präsidentschaft als »dritte Amtszeit«[257] (Bushs). Trotz einer internen Prüfung unter der Aufsicht des neuen Innenministers Ken Salazar geschah wenig. Doch auch Obama selbst änderte an der bekannten Korruptionskultur in Behörden wie der MMS nichts. Er übernahm einen Großteil des Personals, das auch im Fall von Deepwater Horizon großzügig wegsah. Der von BP eingereichte Katastrophenplan enthielt Passagen, die verrieten, dass das Unternehmen zu keiner Zeit auf einen Unfall dieser Art vorbereitet war. Das Dokument war offensichtlich per »copy and paste« aus verschiedenen Textbausteinen und unterschiedlichen Quellen zusammengeschustert worden, lediglich um die Seiten zu füllen. In einem Abschnitt etwa beschrieb BP die Tierarten, die durch eine Ölpest betroffen sein würden, als »Seehunde, Seeotter und Walrosse«, obwohl keine dieser Spezies im Golf von Mexiko vorkommt.[258] An anderer Stelle wird ein Experte als Kontaktperson für Notfälle angeführt, der bereits lange verstorben war.[259] Zudem verharmloste der Plan die Gefahren einer Bohrung. Strände würden sauber bleiben, das Wasser nur kurzzeitig betroffen sein und Lebewesen nicht gefährdet. Das Papier enthielt darüber hinaus keinerlei Notfallplan für den Fall eines Lecks in der Bohrleitung am Meeresgrund. Kurz: Es gab keinen Plan. Und dennoch genehmigte die MMS im Juli 2009 den Antrag von BP.

Hätte es eine ernsthafte Reform der Behörde gegeben, hätte es nicht zu diesen Fehlern kommen können[260], sagte der Abgeordnete des Repräsentantenhauses Darrell Issa. »Dies ist ein weiteres Beispiel für die Rolle der MMS, die Anfragen der Industrie durchwinkte, und für eine Industrie, die auf Kosten der Umwelt und der Wirtschaft der Region auf den niedrigstmöglichen Sicherheitsstandard setzte«, so der führende Republikaner im Ausschuss für Aufsicht und Regierungsreform. Erst jetzt reagierte die Obama-Administration und ordnete die Zerschlagung der Behörde an. Doch auch andere Stellen hatten mitgeholfen. So hatte etwa die Behörde zum Schutz von gefährdeten Tierarten dem Projekt nur ein geringes Risiko für die Tierwelt attestiert, womit eine weitere Voraussetzung für die Genehmigung des Bohrprojekts erfüllt worden war.[261]

Anfangs hielt der Betreiber der Bohrinsel, der Ölkonzern BP, Informationen über die Menge des austretenden Öls zurück. Wie reagierte die Obama-Administration darauf? Anstatt die Angaben zu hinterfragen, griffen die Behörden Wissenschaftler an, deren Einschätzungen von denen des Konzerns abwichen. Wissenschaftler, die schon frühzeitig die offiziell genannte Menge an austretendem Öl anzweifelten, wurden unter Druck gesetzt, ihre Ausführungen zu revidieren. »Bist du sicher, dass du das weiterhin sagen willst?«[262], fragte ein Vertreter der für den Gewässerschutz zuständigen National Oceanic and Atmospheric Agency (NOAA), als ein Wissenschaftler von Tausenden Barrel Rohöl mehr sprach. Anfang Mai 2010 verkündete die NOAA, dass sie ein Forschungsschiff namens *Pelican* zur Inspizierung der Ölpest finanziere. Als die Wissenschaftler an Bord des Schiffes allerdings über riesige Ölschwaden unterhalb der Wasseroberfläche berichteten, tat die Behörde alles, um diese Entdeckung zu relativieren. »Wir wissen, dass dort etwas ist, aber wir wissen noch nicht einmal, ob es Öl ist«, erklärte NOAA-Leiterin Jane Lubchenco. Sie untermauerte damit ein entsprechendes, ebenso falsches Statement des BP-Vorstandsvorsitzenden Tony Hayward: »Das Öl ist auf der Meeresoberfläche.« Erst einen Monat später bestätigte die NOAA die Existenz der Ölschwaden.[263]

»Die NOAA hat aktiv jede Tatsache zurückgewiesen, über die berichtet wurde«, sagte ein Wissenschaftler, der für die Behörde arbeitet. »Sie leugnen, bis die Fakten so überwältigend sind, dass sie sie letztlich doch anerkennen müssen.«[264] Wissenschaftler kritisierten, dass die Regierung im ersten Monat der Katastrophe nicht einen einzigen Wassertest veröffentlichte.[265] Die Administration habe BP nie zu genaueren Schätzungen der Menge an austretendem Öl gezwungen. BP erlaubte zudem unabhängigen Wissenschaftlern keinen Zugang zur Quelle, um eine exakte Messung vorzunehmen.

Es gab ohnehin allen Grund, dem Unternehmen zu misstrauen. Zu Beginn, kurz nach dem Unfall, versicherte der Konzern, dass nur das auf der Plattform gespeicherte Öl ausgelaufen sei. Als klar wurde, dass ein Verschlussmechanismus am Meeresgrund versagt hatte, vermeldete BP, dass rund 1000 Barrel Rohöl pro Tag ausliefen. Kurz darauf »korrigierte« der Konzern diese Zahl auf 5000. Dabei erhielt BP Rückendeckung von der US-Küstenwache, die die Meldungen bestätigte. Nachdem das Öl Küstenabschnitte von Louisiana, Mississippi, Alabama und Florida erreicht hatte und zahlreiche Versuche zur Schließung der Quelle fehlgeschlagen waren, stand fest, dass rund 60 000 Barrel Rohöl täglich in den Golf von Mexiko flossen. Alle fünf Tage trat damit so viel Öl aus wie bei der Havarie des Öltankers Exxon Valdez, der bis dahin größten Ölkatastrophe in der Geschichte der USA. Und das Weiße Haus stand völlig hilflos da. Die Regierung hatte keinerlei Technologie, um die angrenzenden Küsten der Bundesstaaten vor dem herantreibenden Öl zu schützen. Selbst die Videobilder vom Meeresgrund lieferte BP selbst. Der Filmregisseur James Cameron verglich den Umgang der Regierung mit BP damit, als würde die Polizei einem Kriminellen das Filmen des Tatorts überlassen.[266] Und noch während der Präsident medienwirksam ein sechsmonatiges Moratorium in Kraft setzte, das Bohrungen in tiefen Gewässern unterband, erteilte das Innenministerium nach einem Bericht der *New York Times* munter weitere Genehmigungen für Bohrungen und Ausnahmen von Umweltverträglichkeitsprüfungen, darunter sogar solche, die die Katastrophe der Deepwater Horizon begünstigt hatten.[267]

Die Ölpest, die durch die Liveübertragung aus 1500 Metern Tiefe zunehmend in das Bewusstsein der amerikanischen Öffentlichkeit drang, erreichte schließlich auch das Weiße Haus. Das Wort von Barack Obamas »Katrina« machte die Runde. Um diesem Eindruck entgegenzuwirken, besuchte der Präsident mehrmals die Golfküste. Doch Kontrolle über das Geschehen schien er weiterhin nicht zu haben. 57 Tage nach Ausbruch der Ölpest wandte er sich schließlich mit einer Rede aus dem Oval Office an das amerikanische Volk. Sie war enttäuschend. Mit keinem Wort erwähnte er den Klimawandel oder die Erderwärmung. Auch der Emissionshandel war kein Thema. Ähnlich wie in der Diskussion um die Reform des Gesundheitswesens vermied Barack Obama jedes kontroverse Thema. Auch seine Warnung vor den Kosten der Untätigkeit, seine Einladung an die Opposition, alternative Vorschläge einzubringen, und der Satz: »Den einen Ansatz, den ich nicht akzeptieren werde, ist Untätigkeit«, erinnerte an ähnliche Formeln aus der Gesundheitsdebatte. Es war eine inhaltsleere Ansprache. Anstatt die Krise zu nutzen und die Initiative zu übernehmen, ging der Präsident erneut in die Defensive.

Diesmal war die Kritik nahezu einhellig. Barack Obama ergreife nicht die Gelegenheit, um konkrete Vorgaben des feststeckenden Energie- und Klimagesetzes zu fordern. Der Haupteindruck von der Administration bleibe die »Kluft zwischen ihren ambitionierten Zielen und ihren dünnen Konzepten«[268], schrieb etwa Michael Gerson von der *Washington Post*. Das einzig Positive für Umweltschützer sei, dass Obama diese Rhetorik dann verwende, wenn er tatsächlich ein Gesetz anstrebe[269], schrieb der Kolumnist Ezra Klein. Immerhin erklärte sich BP unter dem Druck der negativen Berichterstattung zur Einrichtung eines Entschädigungsfonds in Höhe von 20 Milliarden Dollar bereit. Und auch in der öffentlichen Meinung hat die Umweltpolitik durch die Katastrophe einen höheren Stellenwert erhalten. Nach einer Umfrage von NBC und *Wall Street Journal* kurz nach der Rede Obamas, erklärten 63 Prozent der Befragten, dass sie ein Klimagesetz zur Reduktion von Treibhausgasen befürworteten, nur 31 Prozent sprachen sich dagegen aus.[270] Fraglich bleibt jedoch, ob Obama auch diese Krise vorbeiziehen lässt, ohne sie für eine großangelegte Reform der Klima- und Energiepolitik der Vereinigten Staaten zu nutzen. Eine Chance dazu ließ er mit seiner Oval-Office-Rede bereits verstreichen.

Auch für die Umweltpolitik gilt, dass Obama in den ersten zwei Amtsjahren großen Herausforderungen gegenüberstand: Die größte Ölpest in der Geschichte der Vereinigten Staaten, der Klimawandel, den große Teile der Bevölkerung bei seinem Amtsantritt noch als einen Mythos abtaten, und eine Energiekrise, die sich durch den ungebremsten Verbrauch von Ressourcen und wenig Nachhaltigkeit stetig verschärft. Anstatt auf eine tiefgreifende Reform zu drängen (ob diese hätte Erfolg haben können, ist eine andere Frage), ging der Präsident den Weg des geringeren Widerstands. Dazu gehörte sein Entschluss, Hochseebohrungen auszuweiten und den Bau zahlreicher neuer Atomkraftwerke zu unterstützen. Maßnahmen der EPA zur Begrenzung von Treibhausgasen sind lobenswert, doch wohl nicht von Dauer: Bereits nach den Midterm Elections im November 2010 könnte sie diese Befugnis wieder verlieren, sollten die Demokraten weitere Sitze im Kongress an die Republikaner abgeben müssen. Angesichts der verbleibenden deutlich schwächeren Gesetzentwürfe im Kongress, die sogar zu einer Zunahme der Treibhausgase beitragen könnten, bleibt daher wenig Hoffnung.

7. DIE AUSSENPOLITIK NACH GEORGE W. BUSH – MULTILATERALISMUS LIGHT

Seine Reden klangen vielversprechend: Barack Obama kündigte eine Ära der internationalen Kooperation an. Anstelle von Bushs aggressivem Unilateralismus versprach er Diplomatie. Gegenseitiger Respekt solle das arrogante und aggressive Vorgehen der Neokonservativen ablösen, sagte er im Wahlkampf 2008. Anstatt von der »Achse des Bösen« sprach er von einem engagierten Dialog »auf Augenhöhe« mit Gegnern der Vereinigten Staaten. Am Tag seiner Amtseinführung befahl er den Beginn des Abzugs aus dem Irak. In der Abrüstungs- und Klimapolitik versprach er neue Initiativen. Der prognostizierte Wandel schien unmittelbar bevorzustehen, und die internationalen Reaktionen waren überschwänglich hoffnungsvoll, auch wenn personell vieles gleich blieb.

Der neue Präsident ließ zahlreiche Mitarbeiter der Bush-Administration in Amt und Würden. Neben Verteidigungsminister Robert Gates blieb auch der Chef des Generalstabs, Admiral Mike Mullen. Der ehemalige NATO-Oberbefehlshaber James Jones wurde Nationaler Sicherheitsberater. George W. Bushs Vizeverteidigungsminister für Spezialkräfte Michael Vickers übt diese Funktion auch unter Barack Obama aus. Unter dem neuen CIA-Direktor Leon Panetta behielt der Präsident den Vize Stephen Kappes. Auch der Vorsitzende des National Counterterrorism Center, Michael Leiter, blieb im Amt. Bushs Lieblingsgeneral David Petraeus blieb Kommandeur des US-Zentralkommandos für Afghanistan und Irak und wurde nach der Entlassung von General Stanley McChrystal zum Oberbefehlshaber für Afghanistan ernannt. Der Koordinator des Weißen Hauses für Afghanistan und Pakistan ist Bushs »Irakkriegs-Zar«, »Lt. Gen.« Douglas Lute. Mit der Schließung Guantánamos beauftragte er Bushs Vizeaußenminister Daniel Fried. Im Finanzministerium jagt Stuart Levey weiterhin Finanziers von Terroristen. Und Nick Rasmussen ist weiterhin als Senior Director für den

Kampf gegen Terrorismus im Nationalen Sicherheitsrat zuständig. Neben Bush-Veteranen füllte Barack Obama sein Personal mit ehemaligen »Clintonistas«, allen voran Außenministerin Hillary Clinton. Ihre Ernennung schien die außenpolitische Neuorientierung so gar nicht widerzuspiegeln, schließlich stand sie rechts von Obama. Noch im Wahlkampf hatte sie eine »nukleare Option« gegen den Iran ins Spiel gebracht sowie für einen härteren Kurs gegenüber sogenannten »Schurkenstaaten« plädiert und sich damit von ihrem demokratischen Rivalen abzugrenzen versucht, der sich für direkte Gespräche »ohne Vorbedingungen« mit Ländern wie Iran oder Nordkorea ausgesprochen hatte. Hillary Clinton war damit nicht gerade ein ideales Beispiel für den Abschied vom »empire as usual«[271]. Doch sie sprach immerhin von »smart power«: Die Kombination von »soft« und »hard power« entspricht einem Anerkennen der Grenzen der US-Macht.

Ihr Verhältnis zu Barack Obama war kompliziert. Viele seiner Anhänger waren gegen ihre Ernennung, weil sie noch aus Wahlkampfzeiten bittere Erinnerungen an Clintons Angriffe hatten. Doch ihm war zu einem frühen Zeitpunkt klar, dass sie seine erste Wahl für den Posten war. Aber auch für Hillary Clinton war eine Rolle in der neuen Administration gewöhnungsbedürftig. Anfangs soll sie mit einem klaren Nein auf die Offerte reagiert haben. In den ersten Treffen mit Barack Obama nach der Wahl war sie erstaunlich unterwürfig. Ein Mitarbeiter beschrieb ihr Verhalten gegenüber dem Präsidenten als das eines Jugendlichen, »der sich zu sehr um ein Date bemüht«[272]. Doch mit der Zeit normalisierte sich die professionelle Beziehung. Es gab genug zu tun. Die außenpolitische Agenda war dominiert von den Hinterlassenschaften der Bush-Regierung: Die Wiederherstellung des Ansehens der Vereinigten Staaten im Ausland und das Management zweier Kriege standen auf der Tagesordnung.

Schon die Wahl von Barack Obama hatte weltweit Begeisterung hervorgerufen. Seine Präsidentschaft begann mit einer globalen PR-Offensive. Er benutzte seinen mittleren Namen Hussein bei der Amtseinführung, der für den politischen Mainstream während des gesamten Wahlkampfs ein Tabu geblieben war. Wie versprochen gab er sein erstes Interview als US-Präsident der muslimischen Öffentlichkeit. Im Gespräch mit dem arabischsprachigen Fernsehsender *al-Arabiya* wies er wenige Tage nach Amtsantritt die von seinem Vorgänger geprägten Begriffe wie den »Islamischen Faschismus« zurück und erinnerte an seine eigene Familiengeschichte: »Ich habe Muslime in meiner Familie. Ich habe in muslimischen Ländern gelebt.«[273] Er sprach von einer »neuen Partnerschaft, basierend auf gegenseitigem Respekt«, er forderte einen dauerhaften Frieden im Nahen Osten, und er bot dem Iran erstmals seit 30 Jahren direkte Gespräche an. Es sei wichtig, »alle Instrumente der US-Macht, einschließlich der Diplomatie« zu nutzen. In der Folge traf sich der Präsident mit zahlreichen Staatsführern und erkannte Fehler der vorangegangenen Administration an. In Frankreich sprach er davon, dass die USA »Arroganz gezeigt hätten und herablassend, sogar verächtlich« gegenüber ihren europäischen Partnern gewesen wären. In Prag sprach er von der »moralischen Verantwortung« der Vereinigten Staaten, die als einziges Land »Atomwaffen eingesetzt hatten«. Auch die traditionelle US-Hinterhofpolitik in Südamerika sollte unter seiner Administration der Vergangenheit angehören.

Diplomatisch gab er sich ebenfalls in seiner Rede vor dem türkischen Parlament während seiner ersten 100 Tage im Amt, in der er erneut von seinen eigenen muslimischen Verwandten sprach, einen EU-Beitritt der Türkei befürwortete und seine Vermittlung im Verhältnis des Landes zu Armenien anbot. In der Rede nach einer Kranzniederlegung im Mausoleum des Staatsgründers Mustafa Kemal Atatürk kritisierte er auch den Umgang der Türkei mit der eigenen Geschichte, vermied allerdings den Begriff »Genozid« im Zusammenhang mit dem Völkermord an den Armeniern.[274]

Zu Hause erntete er schon bald Kritik von konservativer Seite. Präsident Obama verliere auf seiner »Entschuldigungstour« amerikanische Interessen aus den Augen[275], schrieb George W. Bushs vormaliger Chefideologe Karl Rove. Später waren es zu tiefe Verbeugungen vor dem japanischen Kaiser Akihito oder dem saudischen König Abdullah, die US-Medien diskutierten.

In seiner mit großer Spannung erwarteten Rede in der Al-Azhar-Universität in Kairo im Sommer 2009 versprach Barack Obama schließlich einen Neuanfang in den Beziehungen der USA zu muslimischen Ländern. Er wolle sich für eine Zwei-Staaten-Lösung im Nahostkonflikt und den Abzug aus dem Irak bis 2012 einsetzen. An den Iran sendete er ein Signal der Versöhnung und erklärte, dass das Land ein Recht auf die friedliche Nutzung von Atomenergie habe, soweit es sich an den Atomwaffensperrvertrag halte. In der Rede, die mit einigen Koranzitaten garniert war, verwarf er auch den Versuch seines Vorgängers, den Irakkrieg als eine Kampagne zur Verbreitung von Demokratie zu rechtfertigen. »Kein Land darf einem anderen Land ein Regierungssystem aufzwingen.« Diesem Prinzip würden die Vereinigten Staaten treu bleiben, auch wenn es ihren eigenen Interessen mitunter zuwiderlaufe. Er wies Tendenzen in der muslimischen Welt zurück, den Holocaust zu leugnen und das Existenzrecht Israels in Zweifel zu ziehen. Barack Obama nutzte die Rede für klare Worte an seine muslimischen Zuhörer, und sie stieß auf großen Beifall weltweit. Um seinen Worten Nachdruck zu verleihen, legte der Präsident während seiner Rückreise in die USA einen Zwischenstopp in Deutschland ein, wo er das ehemalige Konzentrationslager Buchenwald bei Weimar, an dessen Befreiung gegen Ende des Zweiten Weltkriegs sein Großonkel als GI beteiligt gewesen war, besuchte. (Noch im Wahlkampf hatte Obama seinen Großonkel irrtümlicherweise mit dem tatsächlich von der Roten Armee befreiten Auschwitz in Verbindung gebracht.)

Doch die Wirkung seiner Charme-Offensive hielt nicht lange an. Desillusioniert von ausbleibenden Fortschritten im Nahost-Friedensprozess, verlor der neue US-Präsident vor allem in mehrheitlich muslimischen Ländern deutlich an Zuspruch. Ein Jahr nach seiner Kairoer Rede war nach einer Untersuchung des Pew Research Center seine Popularität in der Türkei, in Ägypten und im Libanon um zehn Prozentpunkte gesunken.[276] Unter dem Eindruck zunehmender Drohnenangriffe erhielt er mit nur noch acht Prozent den niedrigsten Wert in Pakistan, fünf Prozentpunkte weniger als ein Jahr zuvor. Selbst in Indonesien fiel er von 70 auf 65 Prozent, wohl auch, weil er mehrere geplante Reisen in das Land mit der weltweit größten muslimischen Bevölkerung absagte.

In Westeuropa löste sein Wahlsieg Begeisterung aus – und sie ist bis heute nahezu ungetrübt, seine Popularität ist ungebrochen.[277] Spitzenreiter war hier ein Jahr nach Amtsübernahme Deutschland. Neun von zehn Deutschen äußerten sich zuversichtlich hinsichtlich seines Einflusses auf das Weltgeschehen, rund 25 Prozent mehr als in den Vereinigten Staaten. Nur knapp dahinter lagen die Franzosen mit 87 Prozent und auf Platz 3 die Engländer (84 Prozent). Damit ist die Zustimmung für Barack Obama trotz einiger Missstimmungen fast so hoch wie zum Zeitpunkt der Präsidentschaftswahlen ein Jahr zuvor. Die wirtschaftspolitischen Differenzen hinsichtlich der Frage, wie man gemeinschaftlich die globale Wirtschaftskrise und das vor dem Zusammenbruch stehende Finanzmarktsystem beheben könne, scheinen dem Bild Obamas nicht geschadet zu haben. Kurz vor dem G20-Gipfel im Juni 2010 forderte er die Mitgliedsländer zu einer Fortführung der Konjunkturprogramme auf.[278] Es sei der falsche Zeitpunkt, um Defizite zu reduzieren und zu sparen, sagte er, warnte insbesondere Exportländer wie Deutschland und Japan vor einem zu großen Ungleichgewicht in der Weltwirtschaft und forderte eine Stärkung ihrer Binnenmärkte. Der Afghanistankrieg war dagegen kaum ein Thema. Es waren die USA, die das weitere Vorgehen praktisch ohne Absprache mit ihren westlichen Alliierten bestimmten. Der Multilateralismus beschränkte sich auf die Forderung nach mehr Truppen.

Die geradezu messianischen Erwartungen der Öffentlichkeit, in denen sich auch die Freude über den Abschied George W. Bushs spiegelte, resultierten in der Verleihung des Friedensnobelpreises an den neuen Präsidenten, den Oberbefehlshaber in zwei Kriegen. Venezuelas Präsident Hugo Chávez kritisierte die Auszeichnung später als »Kriegsnobelpreis«[279]. Obama selbst reagierte auf die Entscheidung des Komitees nur neun Monate nach seinem Amtsantritt überrascht. »In all deinen Jahren als politischer Berater wette ich, dass du noch nie einen Klienten darüber beraten musstest, wie er sich gegen die Auszeichnung mit dem Friedensnobelpreis verteidigen muss«[280], scherzte der stellvertretende Nationale Sicherheitsberater Ben Rhodes gegenüber Obamas oberstem Berater David Axelrod.

In seiner Rede in Oslo anlässlich der Überreichung der Auszeichnung betonte der Präsident seinen Glauben an »gerechte Kriege«[281]. Auch ein Kriegsführungsrecht von Nationen, »ob einzeln oder im Verbund«, schloss er ausdrücklich mit ein. Nur wenige Tage vor diesem Auftritt hatte er den Marschbefehl für 30 000 weitere Soldaten nach Afghanistan gegeben. Es werde Zeiten geben, so Obama, in denen Staaten die Anwendung von Gewalt nicht nur als notwendig, sondern als moralisch gerechtfertigt betrachten würden. »Das Böse existiert in der Welt«, sagte er und weckte damit unangenehme Erinnerungen an Bushs »Achse des Bösen«.

Doch der neue US-Präsident verstand, dass der aggressive Unilateralismus der Bush-Ära die Vereinigten Staaten in eine Sackgasse geführt hatte und angesichts des steigenden Haushaltsdefizits nicht mehr finanzierbar war. Im Mai 2010 veröffentlichte die US-Regierung darum die Nationale Sicherheitsstrategie. In der Präambel schrieb Barack Obama, dass sich die USA »seit fast einem Jahrzehnt im Krieg gegen ein weitreichendes Netz der Gewalt und des Hasses« befänden. Ausdrücke wie »Dschihad« oder »radikaler Islamismus« allerdings vermeidet der Bericht, der die Prioritäten der US-Administration festlegt und sich als Rahmenplan an die einzelnen Ressorts richtet, die eigene Strategiepapiere entwickeln, etwa die Nationale Verteidigungsstrategie des Pentagon. Der Bericht legt hingegen ein größeres Gewicht auf internationale Kooperation und warnt vor Alleingängen. Eine »Überdehnung«[282] des US-Militärapparats müsse verhindert werden. Die Vereinigten Staaten sollen das gesamte Instrumentarium der Außenpolitik nutzen, um ihre Ziele in der Welt durchzusetzen und die wirtschaftlichen, militärischen und ökologischen Herausforderungen der Zukunft anzugehen. Dazu gehörten die Diplomatie, die Wirtschaft, Bildung und erneuerbare Energien. »Auch wenn die Anwendung von Gewalt manchmal nötig ist, werden wir, wann immer möglich, andere Optionen als Krieg ausschöpfen und sehr sorgfältig Kosten und Risiken des Handelns gegen Kosten und Risiken der Untätigkeit abwägen.« Nur vage werden »manche Methoden« abgelehnt, die »zuvor« angewendet worden seien. Entscheidungen ohne Beteiligung internationaler Institutionen hätten sich als nachteilig für die USA erwiesen. Auch wenn er gemeint war, bleibt der Irakkrieg an dieser Stelle namentlich unerwähnt. Wenn ein Krieg nötig sei, werden die USA »breite internationale Unterstützung suchen« und mit dem Sicherheitsrat der Vereinten Nationen und der NATO kooperieren, hieß es nun.

Im Unterschied zu George W. Bushs Sicherheitsstrategien von 2002 und 2006 kommt im ersten Dokument dieser Art des Präsidenten Barack Obama eine Erwähnung von Präventivschlägen gegen staatliche oder nichtstaatliche Akteure nicht mehr ausdrücklich vor. Sie werden allerdings auch nicht ausdrücklich ausgeschlossen. Folterpraktiken lehnt Obama klar ab. Der neue Ton kontrastiert deutlich mit der suizidal anmutenden »Freund oder Feind«-Rhetorik seines Vorgängers. Andererseits bleiben zentrale Säulen der US-Außenpolitik George W.

Bushs bestehen: Die konventionelle militärische Überlegenheit der USA müsse aufrechterhalten werden, die USA sollen auch weiterhin die Führungsrolle für andere Nationen »auf dem Weg zu Gerechtigkeit und Freiheit«[283] übernehmen sowie die globale Sicherheit garantieren. Zudem hätten die Vereinigten Staaten weiterhin das Recht, unilateral zu handeln, um »unsere Nation und unsere Interessen zu verteidigen«. Der stellvertretende Sicherheitsberater und Autor des Textes John Brennan erklärte anlässlich der Vorstellung, dass es sich bei den Führern des Terrornetzwerks Al Qaida um »Mörder« handle. Die USA würden den Krieg daher auch künftig dorthin bringen, wo terroristische Anschläge geplant würden – »nach Afghanistan, Pakistan, in den Jemen, nach Somalia und darüber hinaus«[284].

Ein Land, gegenüber dem die neue außenpolitische Ausrichtung der USA nach Obamas Vorstellungen sofort Anwendung finden sollte, war der Iran. Wenn »Länder wie der Iran bereit sind, ihre Fäuste zu öffnen, werden sie von uns eine ausgestreckte Hand bekommen«[285], erklärte der US-Präsident wenige Tage nach Amtsantritt in dem Interview mit *al-Arabiya*. Im März 2009 verlängerte die US-Regierung Sanktionen, die 1995 verhängt worden waren, mit der Begründung, dass der Iran weiterhin eine Bedrohung für die internationale Sicherheit darstelle. Eine Woche später sendete Obama anlässlich des persischen Neujahrs Nouruz per Video Grüße an das iranische Volk und die iranische Führung und bot Gespräche an.[286]

Der Westen vermutet, dass der Iran an der Herstellung von Atomwaffen arbeitet. Iran besteht darauf, die Nukleartechnologie ausschließlich für friedliche Zwecke nutzen zu wollen – wozu das Land berechtigt ist, denn es hat den Atomwaffensperrvertrag ratifiziert. Barack Obama erkannte dies an. Der fünftgrößte Erdölexporteur der Welt besitzt keine eigenen Raffinerien zur Verarbeitung des Rohöls und meint, daher auf die Technologie angewiesen zu sein.

Noch zu Zeiten der Bush-Administration schien ein Krieg gegen den Iran unmittelbar bevorzustehen. Der Journalist Seymour Hersh berichtete 2005 von Vorbereitungen für Militärschläge durch Spezialeinheiten im Landesinneren, im selben Jahr, in dem Mahmud Ahmadinedschad erstmals die Präsidentenwahl gewann. Das Rennen gegen die Zeit wurde angesichts der aggressiven Bemühungen der USA zunehmend auch »zu einem Rennen gegen die Bush-Administration«[287], so Hersh. Vor allem Vizepräsident Dick Cheney und die israelische Regierung hatten gegen den Widerstand von Außenministerin Condoleezza Rice und Verteidigungsminister Robert Gates auf eine militärische Lösung gedrungen. Gestärkt durch eine neue schiitische Regierung im Nachbarland Irak und durch hohe Ölpreise, rüstete der Iran unterdessen Organisationen wie die Hamas im Gazastreifen oder die Hisbollah im Libanon auf. Mitte 2009 wurde Mahmud Ahmadinedschad wiedergewählt. Vor allem Anhänger seines Gegenkandidaten Mir Hossein Mussawi warfen ihm Wahlfälschung vor, und es kam zu den größten Massenprotesten seit der Machtergreifung des islamischen Regimes 1979. Die Proteste änderten auch die Voraussetzungen für eine diplomatische Einigung. Der israelische Botschafter in den Vereinigten Staaten, Michael Oren, erklärte etwa, dass sein Land den Kurs Barack Obamas unterstütze und noch nicht alle diplomatischen Sanktionen ausgeschöpft worden seien. »Vor den Wahlen hätte ein Taxifahrer in Teheran, dem das Benzin ausging, die Schuld Amerika, den Zionisten und dem Westen zugewiesen«, erklärte Oren die neuen Umstände. »Ohne Benzin kommt derselbe Taxifahrer nun aus seinem Taxi und verflucht seine Regierung.«[288]

Der Druck auf die iranische Regierung schien zu wirken. Ende 2009 stimmte der Iran zunächst einer Vereinbarung zu, wonach das Uran im Ausland angereichert werden sollte, zog seine Zusage kurz darauf jedoch zurück. Daraufhin scheint das Anreicherungsprogramm intensiviert worden zu sein: Nach einem vorläufigen Bericht der Internationalen Atomenergiebehörde vom Oktober 2009 besitzt der Iran bereits das Know-how für den Bau einer Atombombe.[289] Noch zwei Jahre zuvor hatten die USA entgegen den Verlautbarungen europäischer Regierungen berichtet, dass der Iran die Entwicklung einer Atombombe bereits 2003 eingestellt hätte. Das Land entwickelt darüber hinaus weiterhin Mittelstreckenraketen und erforscht den Bau von Langstreckenraketen. Anlässlich des Jahrestags der Islamischen Revolution im Februar 2010 erklärte Ahmadinedschad sein Land zum Atomstaat und behauptete, dass der Iran Uran bis zu einem für die Herstellung von Atomwaffen nötigen Grad anreichern könne, dies aber nicht tun wolle.[290] Der Sprecher des Weißen Hauses, Robert Gibbs, wiegelte ab, es handle sich »um Politik, nicht um Physik«. Doch wenige Monate später veröffentlichten die Vereinten Nationen einen Bericht, nach dem der Iran inzwischen ausreichend Uran für zwei Atombomben angesammelt habe.[291] Als eine Konsequenz aus dem Bombardement des Atomkraftwerks Osirak 1981 durch israelische Einheiten, welches das irakische Atomprogramm auf Dauer beendet hatte, verlegte der Iran zudem zahlreiche Produktionsstätten unter die Erde, so dass sie schwer zu orten und von Bomben nicht ohne weiteres zu erreichen sind. Ein Abkommen, das die nichtständigen Sicherheitsratsmitglieder Türkei und Brasilien mit Ahmadinedschad noch im Mai 2010 ausgehandelt hatten, ignorierte die US-Regierung. Die Vereinbarung sei zu schwach, und der Iran versuche lediglich, Zeit zu gewinnen. Auf Drängen der Regierung Obama leitete der Sicherheitsrat der Vereinten Nationen schließlich mit Unterstützung von Russland und China die vierte Stufe internationaler Sanktionen ein – ein großer Erfolg von Barack Obamas diplomatischen Bemühungen, den Iran durch seine Gesprächsangebote international zu isolieren und zugleich andere Länder auf seine Seite zu bringen. Ob dieser Kurs allerdings zu einer friedlichen Lösung führt, ist eine andere Frage.

Schon in seiner Prager Rede präsentierte Barack Obama seine Vision einer atomwaffenfreien Welt. »Als Atommacht – als die einzige Atommacht, die schon eine Atomwaffe eingesetzt hat – haben die Vereinigten Staaten eine moralische Verantwortung zum Handeln«[292], sagte er im April 2009. »Wir können mit diesem Bestreben nicht allein erfolgreich sein, aber wir können es anführen.« Er versprach konkrete Schritte der USA, darunter die Verkleinerung des US-Nukleararsenals und eine geringere Rolle von Atomwaffen in der neuen Nationalen Sicherheitsstrategie. Er forderte globale Initiativen gegen die Verbreitung nuklearer Brennstoffe auf dem Schwarzmarkt und kündigte die Ausweitung der Beziehungen zu Russland an. Zusammen kontrollieren die USA und Russland rund 95 Prozent der Atomwaffen weltweit. Außenministerin Hillary Clinton verwendete anlässlich eines Treffens mit ihrem russischen Amtskollegen das Symbol einer Reset-Taste, die das US-Außenministerium fälschlicherweise mit dem russischen Wort für »Überladung« überschrieben hatte.[293] In gewissem Sinne sei auch die falsche Übersetzung richtig, sagte Clinton in der anschließenden Pressekonferenz: »Wir beginnen von neuem, und weil wir neu beginnen, sind wir ›überladen‹ mit Arbeit.«

Die Arbeit trug Früchte. Im September 2009 verzichteten die USA auf ihren geplanten Raketenschild. George W. Bush hatte noch darauf gedrängt, das System in Polen, Tschechien und weiteren Ländern Osteuropas zu stationieren. Die US-Regierung begründete dessen Errichtung mit der Bedrohung durch iranische Langstreckenraketen. Die russische Regierung, die das Projekt stets als Provokation betrachtete, hatte damals im Gegenzug angekündigt, Kurzstreckenraketen in Kaliningrad nahe der polnischen Grenze in Position bringen zu wollen. Russland fühlte sich zudem von den verschiedenen US-unterstützten politischen Umwälzungen in der Ukraine, Kirgistan sowie Georgien provoziert.

Die Raketenabwehr war folgerichtig ein Streitpunkt in den sich hinziehenden Verhandlungen für den neuen atomaren Abrüstungsvertrag, den der neue US-Präsident eigentlich bereits im Dezember 2009 unterzeichnen wollte. Doch neben dem Widerstand Russlands stand Obama auch innenpolitisch unter dem Druck des US-Senats, der internationale Abkommen mit einer Zweidrittelmehrheit ratifizieren muss. Eine Gruppe von republikanischen Senatoren drohte, einem Abkommen, das den Ausbau des Abwehrsystems zu sehr einschränken würde, nicht zuzustimmen.

Da die Entwicklung der Langstreckenraketen im Iran jedoch noch nicht so weit fortgeschritten sei wie befürchtet, könnten die USA vorläufig auf das System verzichten, hieß es allerdings wenig später. Stattdessen wolle man sich auf regionale Systeme zur Abwehr von Kurz- und Mittelstreckenraketen konzentrieren, die weniger kontrovers sind.[294] Damit konnten die Vereinigten Staaten auf ein Entgegenkommen bei Sanktionen gegen den Iran und auf die Unterstützung Russlands im Afghanistankrieg setzen. Und die bekamen sie. Rund ein Jahr nach dem in Aussicht gestellten Neuanfang verkündete Barack Obama den »New START«-Vertrag, den er als einen »wichtigen Meilenstein«[295] bezeichnete. Es war sein bislang größter außenpolitischer Erfolg, der ihm Schwung für den Atomgipfel im April 2010 geben sollte. Für Russland war das Abkommen positiv, weil das Land sein Atomarsenal ohnehin aus wirtschaftlichen Gründen reduzieren muss. Das Abkommen folgte auf den im Dezember 2009 ausgelaufenen START-Vertrag von 1991. Es verpflichtet beide Länder, die Zahl der einsatzbereiten Atomwaffen in sieben Jahren um 30 Prozent auf jeweils 1550 zu reduzieren. Beide Vertragspartner erklären sich auch zu einer Verringerung der Zahl der Trägersysteme bereit.

Ein von der US-Regierung organisierter Atomgipfel in Washington im April 2010 mit 47 teilnehmenden Nationen, darunter acht Atommächte, endete dagegen ohne eine verbindliche Einigung zur Beschränkung von Nuklearmaterial. Stattdessen gab es bescheidene Erfolge: Um die Gefahr eines nuklearen Terrorismus zu vermindern, erklärten sich etwa die Ukraine und Kanada bereit, Hunderte Kilo atomwaffenfähigen Urans mit Hilfe der USA zu zerstören. Einen Vertrag zur Lieferung eines Raketenabwehrsystems S-300 an den Iran, geschlossen auf dem Tiefpunkt der Beziehungen zu den Vereinigten Staaten, hatte Russland hingegen noch 2009 storniert. In einer weiteren Annäherung öffnete das Land nun seinen Luftraum für den Transport von US-Truppen und Kriegsmaterial nach Afghanistan.

Wie fragil die Beziehungen dennoch waren, zeigte die Aushebung eines russischen Agentenrings. Nach zehnjähriger Beobachtung der Gruppe erfolgten die Festnahmen, nur zwei Tage nachdem der russische Präsident Medwedew bei einem Besuch in den USA mit Barack Obama eine engere wirtschaftliche Zusammenarbeit und ausgerechnet eine stärkere Geheimdienstkooperation vereinbart hatte. Während des Treffens hatte der US-Präsident noch den erfolgreichen »Reset« der gegenseitigen Beziehungen verkündet.[296]

»Raus!«, schrie der chinesische Delegationsführer in gebrochenem Englisch, als Barack Obama den Raum betrat.[297] Es war der letzte Tag des Klimagipfels in Kopenhagen. Der US-Präsident überhörte die unfreundliche Begrüßung Xie Zhenhuas und lud sich selbst zu dem Treffen ein, das die Staatsführer Chinas, Brasiliens, Indiens und Südafrikas heimlich am Rande des zu Ende gehenden Gipfels organisiert hatten.[298] Nach der Begrüßung der Anwesenden bat Obama alle, sich wieder zu setzen. Als klar war, dass für ihn keine Sitzgelegenheit vorhanden war, sagte er: »Es gibt keine Stühle.«

Die frostige Episode veranschaulicht das Verhältnis Chinas zu den USA und steht für einen neuen Tonfall in den bilateralen Beziehungen und den Wandel von einer transatlantischen zu einer transpazifischen Partnerschaft. Dabei ist die Administration häufig mehr Getriebene der Ereignisse denn Akteurin. Ihr Verhältnis zu der aufstrebenden Weltmacht erlebte einen Realitätsschock, den die Bush-Administration mehr oder weniger erfolgreich verdrängt hatte. Das Land, das 2010 über Währungsreserven in Höhe von mehr als einer Billion US-Dollar verfügte, ist inzwischen der größte ausländische Kreditgeber der Vereinigten Staaten. Barack Obama mache dem Land seine Aufwartung wie ein »verschwenderischer Verbraucher seinem Banker«[299], kommentierte die *New York Times* seinen ersten Chinabesuch im November 2009. Bei dem Treffen sprach Obama auch über ein schärferes Vorgehen gegen den Iran. In einer Frage-Antwort-Runde mit einem ausgewählten Auditorium zukünftiger chinesischer Führungspersonen sprach der US-Präsident über die Geschichte der Menschenrechte, den Kampf in seinem Heimatland gegen die Sklaverei und für angemessene Löhne sowie gleiche Rechte der Frauen. Er sprach sich zudem für ein unzensiertes Internet aus, erkannte aber auch hinsichtlich der chinesischen Internetzensur »traditionelle« Unterschiede an. Im Internet brach daraufhin ein Sturm der Entrüstung von Bloggern los, die Obama vorwarfen, die Menschenrechte zugunsten wirtschaftlicher Beziehungen geopfert zu haben und Knecht der wirtschaftlichen Macht Chinas zu sein. Wenige Tage nach der Abreise des amerikanischen Präsidenten unterstützte dann die chinesische Führung nach Jahren der Blockade internationaler Inspektionen immerhin eine striktere Aufsicht über den Iran durch die Internationale Atomenergiebehörde. In Kombination eines künstlich schwach gehaltenen sowie an den Dollar gekoppelten Renminbi und den Export von Billigprodukten für den westlichen Markt erzielt China fortlaufend Gewinne und ist damit an stabilen USA genauso interessiert wie die Vereinigten Staaten an einem prosperierenden China.

Gleichzeitig rüstet China auf, sichert sich Ressourcen weltweit und beteiligt sich an sicherheitspolitisch relevanten Projekten wie dem europäischen Satellitensystem Galileo. Die USA scheinen noch nicht bereit zu sein, ihren Status als Supermacht zu teilen. Reale Grenzen ihrer Macht offenbarten sich allerdings schon bei den ersten Initiativen Obamas. Beim Klimagipfel in Kopenhagen beschränkte er sich auf direkte Verhandlungen mit China und einigen wenigen aufstrebenden Mächten. Zbigniew Brzeziński, der ehemalige Sicherheitsberater unter Präsident Jimmy Carter, sprach Anfang 2009 schon von einer G2 aus China und den Vereinigten Staaten. Die USA scheinen daher eine »Eindämmung durch Einbindung« zu verfolgen – unter US-Führung. Dieser Kurs soll Handelskriege und politische Instabilität verhindern. China ist zur Kooperation bereit. Das Reich der Mitte erklärte nicht nur sein

Einverständnis zu Sanktionen gegen den Iran, sondern vermittelt auch im Konflikt mit Nordkorea.

Gleichzeitig verschärft sich der Widerspruch auf militärischem Gebiet: China ist nach eigenem Bekunden nicht an einem Rüstungswettlauf interessiert, treibt jedoch sein Raumfahrtprogramm voran und rüstet massiv auf. Im Januar 2007 testete das Land erfolgreich den Abschuss eines alten Wettersatelliten im Weltraum, wozu bis dahin nur die USA und Russland fähig gewesen waren. Das Militärbudget des Landes wächst kontinuierlich. Zudem soll China derzeit an seinem ersten Flugzeugträger bauen und untermauert mit dem Ausbau seiner Flotte seinen Führungsanspruch im Pazifik. Damit steigen wiederum die Spannungen mit den Vereinigten Staaten.

»Eine der zentralen Botschaften Barack Obamas wird sein, dass die USA in dieser Region im 21. Jahrhundert eine Führungsmacht sein wollen«, sagte Ben Rhodes vor der China-Reise Obamas im November 2009. »Chinas Auftrumpfen könnte mit dem Selbstverständnis der USA als Garant der Sicherheit in Ostasien und im Pazifik kollidieren«, warnte Verteidigungsminister Robert Gates. Die immense Aufrüstung des Landes könnte »die strategischen Optionen der USA einschränken« und »Amerikas wichtigste Wege der Machtausübung im Pazifik bedrohen«. Im Juli 2010 berichtete *Time* über die Verlegung von vier U-Booten, ausgestattet mit 462 Tomahawk-Raketen, in direkter Nachbarschaft zu China. Dies sei eine »Nachricht an China«[300]. Bei einem gemeinsamen großangelegten Seemanöver der USA zusammen mit Südkorea im Gelben Meer vor Japan und der koreanischen Halbinsel Ende Juli 2010 reagierte das Organ der Kommunistischen Partei Chinas mit deutlichen Worten.[301] China sei sich des militärischen Drucks 500 Kilometer vor seiner Hauptstadt Peking bewusst. In der Geschichte hätten ausländische Investoren stets das Gelbe Meer als Einfallstor zu einer Besetzung des chinesischen Festlands genutzt, schrieb der Generalmajor Luo Yuan. »Wir werden niemals andere neben unserem Bett schnarchen lassen«, zitierte er Mao Tse-tung.

Auch für die südliche Hemisphäre hatte Barack Obama große Pläne. In den Beziehungen zu Lateinamerika versprach er einen Neuanfang. Bei der Eröffnung des Gipfeltreffens der Organisation Amerikanischer Staaten in Trinidad sprach er von einer »neuen Partnerschaft«. Zur Begrüßung gab es sogar einen Handschlag mit Venezuelas Präsident Hugo Chávez, der ihm eine Ausgabe von Eduardo Galeanos *Die offenen Adern Lateinamerikas* überreichte. Obama lockerte die Reisebeschränkungen für Kubaner in die Vereinigten Staaten und reagierte zustimmend auf ein Gesprächsangebot von Kubas Präsident Raúl Castro. Die US-Sanktionen bleiben dagegen in Kraft, und die US-Regierung bemüht sich weiter um einen Regimewechsel auf der Karibikinsel. Im Juli 2010 behandelte der Agrarausschuss im Repräsentantenhaus einen Gesetzentwurf, der das Reiseverbot für amerikanische Staatsbürger nach Kuba und Handelsrestriktionen für Nahrungsmittel aufheben würde.

Washington hat in den vergangenen Jahren kontinuierlich an Einfluss verloren. Angesichts des Aufstiegs der Wirtschaftsmacht Brasilien und der Beständigkeit linksgerichteter Regierungen in Venezuela und Bolivien rüsten die USA in Südamerika auf. Noch unter George W. Bush reaktivierten die Vereinigten Staaten ihre 4. Flotte, die mit dem Ende des Zweiten Weltkriegs ausgemustert worden war. Ihr Heimathafen ist Mayport, Florida. Das Einsatzgebiet der hochmodernen Kampfschiffe, darunter ein atombetriebener Flugzeugträger, erstreckt sich auf Lateinamerika, Mittelamerika und die Karibik. Die Flotte soll offiziell beim Kampf gegen Drogenhandel und Terrorismus helfen, zu deren Förderern auch sozialistische Befreiungsbewegungen wie die kolumbianischen ELN und FARC oder der peruanische Leuchtende Pfad gezählt werden.

Kritiker sehen in der Flotte die Rückkehr zur »Kanonenbootdiplomatie«. Im Bund mit Ländern wie Kolumbien und Peru soll sie ein Gegengewicht zu den linken Regierungen schaffen und die Bewegungsfreiheit für die US-Armee auf dem Kontinent sichern. Während Ecuador beispielsweise die Pacht für eine US-Militärbasis nicht verlängerte und Präsident Rafael Correa damit eines seiner Wahlversprechen einlöste (er scherzte, er werde den Vertrag erneuern, wenn sein Land eine Militärbasis in Miami bekomme), vereinbarten die USA im Rahmen des *Plan Colombia* die Nutzung von sieben Militärbasen Kolumbiens. Das Abkommen formalisiere nur die schon bestehende Militärpräsenz, versicherte Washington. Doch Venezuela warnte: In der Region wehe »der Wind des Krieges«[302], formulierte Präsident Chávez. »Wenn das Imperium einmal präsent ist, wird auch Uribe keine Kontrolle mehr über die Aktion der Amis haben«, sagte der Linkspopulist. »Das ist für uns eine ernste Gefahr.«

Anschaulich war der Umgang Barack Obamas mit dem ersten Putsch des 21. Jahrhunderts in Südamerika. Dem anfänglich gespannten Verhältnis zu den Putschisten in Honduras folgte die formelle Anerkennung der neuen Regierung nach Wahlen unter polizeistaatlichen Bedingungen. Während George W. Bush noch den Putschversuch gegen Hugo Chávez in Venezuela unterstützt hatte, war Obama auf der Seite der großen Mehrheit der südamerikanischen Staaten, als es um die Verurteilung des Umsturzes in Honduras ging – auch wenn er die Absetzung und Verbringung des Präsidenten Manuel Zelaya ins Exil nie als einen Putsch bezeichnete. Der US-Präsident rief dazu auf, Zelaya zurück ins Amt zu befördern, setzte hierbei jedoch nur wenig Druck ein. Visa wurden entzogen und leichte Sanktionen gegen das neue Regime eingeführt. Der vom Militär eingesetzte Übergangspräsident Roberto Micheletti, ebenfalls Mitglied der Liberalen Partei Zelayas und vorher Kongresspräsident, hielt dennoch an dem für wenige Monate später angesetzten Wahltermin fest. Zelaya versuchte zweimal, nach Honduras zurückzukehren, und nahm schließlich Zuflucht in der brasilianischen Botschaft in Honduras' Hauptstadt Tegucigalpa. Trotz der ungelösten Situation und den polizeistaatlichen Verhältnissen in dem Land erkannten die Vereinigten Staaten die Wahlen an, als eines von wenigen Ländern weltweit. Nach der Wahl stimmte Zelaya offenbar nach einer Fehleinschätzung der Machtverhältnisse einem Abkommen zu, das sein Schicksal dem Parlament überließ. Dieses stimmte gegen ihn, und er ging daraufhin ins Exil nach Costa Rica. Mittlerweile drängen die USA auf die Wiederaufnahme von Honduras in die Organisation Amerikanischer Staaten. Präsident Obama reagierte auf die Kritik an der faktischen Duldung dieses Putsches mit den Worten: »Diejenigen, die sich immer über die Einmischung der USA in innere Angelegenheiten beschwert haben, sind jetzt diejenigen, die von uns mehr Einmischung verlangen.«

Das Verhältnis Israels zu Barack Obama war von Beginn an gespannt. Seine Position gegenüber Israel stand schon im Wahlkampf infrage. In keinem anderen Land wurde sein Vorgänger so sehr vermisst – neben Georgien, Albanien und dem Kosovo, wo schon eine Hauptstraße nach George W. Bush benannt sein soll. Noch während des Gazakrieges im letzten Monat seiner Amtszeit versicherte Bush Israel seine uneingeschränkte Solidarität. Obwohl 78 Prozent der amerikanischen Juden für Obama gestimmt hatten, machten seine Gesprächsangebote an den Iran und die Rhetorik eines Neuanfangs mit der muslimischen Welt Israel misstrauisch. Die Unterstützung des Weißen Hauses für die gemäßigte Kandidatin Zipi Livni bei den Knesset-Wahlen vom Februar 2009 half in den Beziehungen zu Premierminister Benjamin Netanjahu ebenso wenig. Der Friedensprozess war unter Präsident Bush anfangs vollkommen zum Erliegen gekommen, da seine Administration Verhandlungen mit Arafat nicht unterstützt hatte. Obama dagegen bot im Wahlkampf die Perspektive eines »ehrlichen Maklers« an, um eine Zwei-Staaten-Lösung zu erreichen. Er hielt sein Versprechen und ernannte schon am zweiten Tag nach seiner Amtseinführung den ehemaligen Senator George Mitchell zum Sondergesandten für den Nahen Osten. In seiner Kairoer Rede hatte Obama Palästina mehrmals gleichrangig mit Israel genannt. Zudem übte er schon bald Druck auf den israelischen Premier Netanjahu aus, einen kompletten Siedlungsstopp im Westjordanland anzuordnen.

Kritik am Einfluss Israels auf die US-Politik ist inzwischen deutlicher zu vernehmen. Vor allem mehren sich die Stimmen, die einen neuen Kurs gegenüber Israel fordern. General David Petraeus etwa warnte, dass Erfolg und Misserfolg des israelisch-palästinensischen Friedensprozesses direkte Auswirkungen auf die Schlachtfelder der USA hätten.[303] Das Verhältnis erreichte einen neuen Tiefpunkt, als Israel noch während des Besuches von Vizepräsident Joe Biden verlauten ließ, den Siedlungsbau im besetzten Osten Jerusalems ausweiten zu wollen. Die Ankündigung des Baus von 1600 neuen Wohneinheiten kam am selben Tag, da Biden die Aufnahme neuer Friedensgespräche besiegeln wollte. »Das fängt an, für uns gefährlich zu werden«, sagte er zu Netanjahu. »Was Sie hier tun, untergräbt die Sicherheit unserer Truppen im Irak, in Afghanistan und Pakistan. Sie gefährden uns, und es gefährdet den Frieden in der Region.«[304] Joe Biden verurteilte Israels Aktion öffentlich – ein Novum in den gewöhnlich besonders engen Beziehungen beider Länder. George Mitchell drohte Israel zudem mit Kürzungen der wirtschaftlichen Unterstützung, was zuletzt Außenminister James Baker unter Präsident George Bush sen. getan hatte. Das Außenministerium bestellte zudem den israelischen Botschafter ein. Außenministerin Hillary Clinton nannte den Siedlungsbau Israels »beleidigend«, ihr Ministerium sprach von einem »zutiefst negativen Signal«[305], das das Vertrauen in den Friedensprozess und in Amerikas Interessen unterminiere.

Die Auseinandersetzung gefährdete auch die Unterstützung arabischer Staaten für Sanktionen gegen den Iran. Die Palästinenser forderten umgehend einen kompletten Stopp des Siedlungsbaus. Israels Botschafter in den Vereinigten Staaten sprach von den »schlechtesten Beziehungen seit 1975«, als Außenminister Henry Kissinger Israel aufgefordert hatte, die seit dem Sechstagekrieg besetzte ägyptische Sinai-Halbinsel zu räumen. Der israelische Innenminister zeigte sich überrascht. »Wenn ich das gewusst hätte«, sagte Eli Yishai, »hätte ich die Zulassung um ein oder zwei Wochen verschoben, da wir niemanden provozieren wollten.« Israel hält den Osten Jerusalems seit dem Sechstagekrieg besetzt. Weder die Vereinigten Staaten noch der Rest der Welt haben die Besatzung je anerkannt. Ein Treffen im Weißen Haus erfolgte daraufhin in frostiger Atmosphäre. Netanjahu wurde ohne besondere Ehren empfangen, Fotografen waren zu dem Termin nicht zugelassen. Die nächste Belastungsprobe kam mit der Erstürmung einer Flotte von sechs Schiffen mit humanitären Hilfsgütern für den Gaza, bei der israelische Soldaten in internationalem Gewässer neun türkische Aktivisten erschossen. Die Aktion führte zu einer schweren Erschütterung der Beziehungen Israels zu der Türkei und gefährdete die von der USA gebildete Front für stärkere Sanktionen gegen Iran. Mit der Betrachtung des israelisch-arabischen Konflikts vornehmlich aus der Perspektive des nationalen Interesses der USA traf Präsident Obama offenbar einen Nerv. Dazu gehörte auch der Widerstand der USA gegen eine militärische Lösung des Atomstreits mit dem Iran, um den es bei dem Treffen Bidens mit Netanjahu eigentlich hatte gehen sollen.

Inzwischen ist Barack Obama um Entspannung bemüht. Eine rund 80-minütige Unterredung mit dem israelischen Premier im Juli sei »exzellent« verlaufen, erklärte er. Diesmal traten beide einträchtig vor die Presse. Doch die Differenzen waren immer noch offensichtlich. Während Obama mehrfach von einem souveränen palästinensischen Staat redete und sich ausdrücklich für eine Zwei-Staaten-Lösung aussprach, vermied Netanjahu diesen Begriff vollkommen und sprach von einer »politischen Lösung für den Frieden«[306]. Der US-Präsident lobte die in der Zwischenzeit erfolgte Lockerung der Gaza-Blockade, mahnte allerdings weitere Schritte zur Verbesserung der humanitären Lage an. Israel könne in Sicherheit leben, während Gaza zugleich wirtschaftlich prosperiere, so Obama.

Und während der US-Präsident stolz von den »stärksten Sanktionen« gegen den Iran sprach, durch die das Land gezwungen werden solle, »die Art von provokativem Verhalten einzustellen, das es zu einer Bedrohung für seine Nachbarn und die internationale Gemeinschaft gemacht hat«, dankte Benjamin Netanjahu ihm für seine Entschlossenheit, »den Erwerb von Atomwaffen durch den Iran zu verhindern«. Dies hatte Obama jedoch nicht gesagt. »Für was für einen Trottel hält Netanjahu Obama?«[307], schrieb der Journalist Peter Beinart. Der israelische Premier versuche, Obama in die Ecke zu drängen. Noch ein Jahr zuvor hatte Benjamin Netanjahu unter großem Druck der USA immerhin von einem »demilitarisierten palästinensischen Staat Seite an Seite mit dem jüdischen Staat«[308] gesprochen. Nun bot er ihnen noch nicht einmal mehr verbal die Aussicht auf einen eigenen Staat an. Barack Obama wolle die Palästinenser in direkte Gespräche zwingen, in denen die israelische Seite nicht an einem wirklichen Frieden interessiert sei, schrieb Beinart. Wenn es das ist, was Obama für seine weiche Rhetorik bekomme, sollte er möglicherweise wieder härtere Bandagen anlegen, schrieb er. Anstatt der amerikanischen Fahne hätte man im Weißen Haus vielmehr die »weiße Fahne der Kapitulation« wehen lassen können[309], schrieb Dana Milbank von der *Washington Post*. Obama habe die israelischen Siedlungen nicht einmal erwähnt, bis ihn ein Reporter darauf angesprochen habe. Statt sich in seiner Antwort für die Verlängerung des Moratoriums gegen den Ausbau auszusprechen, warnte er dagegen die Palästinenser, keine Entschuldigung für ein Anheizen des Konfliktes zu suchen oder Israel in Verlegenheit zu bringen. Das Treffen war ein großer Erfolg für Netanjahu.

Auch wenn der Nahost-Friedensprozess damit festgefahren bleibt, hat Barack Obama außenpolitisch viele seiner Ziele erreicht. Eine »linke Außenpolitik« strebt allerdings auch er nicht an. Seine Bemerkung, er werde notfalls innerhalb Pakistans mit eigenen Truppen auf die Jagd nach Al-Qaida-Führer Osama bin Laden gehen, klang viel eher nach den Falken in der US-Administration. Obama war zur Überraschung vieler seiner Anhänger mehr Realpolitiker als der Idealist, als der er mitunter gezeichnet wurde. Die USA hätten die Außenpolitik George W. Bushs durch die Außenpolitik von dessen Vater George H. W. Bush ersetzt[310], schrieb der Kolumnist der *Washington Post* E. J. Dionne nach der Wahl Obamas. Angesichts seiner Konsultationen von Bush sen. außenpolitischem Berater Brent Scowcroft, der gegen den Irakkrieg war, weil dieser vom Anti-Terror-Kampf ablenke und bestes Rekrutierungsinstrument für Al Qaida sein würde, sei dieser Wandel nicht überraschend, aber es sei sicher »nicht der Wandel, den so viele erwarteten«. »Jeder bricht es immer herunter auf Idealist oder Realist«[311], sagte Rahm Emanuel. »Müsstest du ihn einer Kategorie zuordnen, ist er wahrscheinlich mehr Realpolitik Bush 41«, sagte der Stabschef im Weißen Haus unter Verweis auf den 41. Präsidenten der USA, George Bush sen. »Er weiß, dass persönliche Beziehungen wichtig sind, aber du musst kaltblütig sein, wenn es um die eigenen Interessen deiner Nation geht.«

Als Barack Obama ins Amt kam, übernahm er ein Desaster. Die USA führten zwei ruinöse Kriege und hatten ein katastrophales Image. Bereits George W. Bush hatte seine eigene Politik aufgrund der Widerstände während seiner zweiten Amtszeit korrigieren müssen. Obama schlug einen neuen Ton in der Außenpolitik an. Das Ansehen der USA ist unter seiner Administration deutlich gestiegen. Es ist eine bedeutende atmosphärische Wandlung, für die er innenpolitisch seitens der Konservativen heftig unter Druck geriet. Doch gilt auch unter seiner Präsidentschaft keinesfalls das Primat der Diplomatie. Vielmehr geht er pragmatisch vor, um Interessen der USA durchzusetzen. Dabei bleibt der Krieg eine bedeutende Option der US-Außenpolitik. Das Verteidigungsbudget wuchs unter Barack Obama mit 548,9 Milliarden Dollar für 2011 auf den höchsten Stand seit dem Zweiten Weltkrieg.[312] In dieser Summe sind die Kosten der Kriege in Übersee in Höhe von 159 Milliarden sowie 33 Milliarden Dollar für 30 000 zusätzliche Soldaten in Afghanistan noch nicht enthalten. Diese Beträge liegen zusammengenommen nach Berechnungen des konservativen Center for a New American Security 33 Prozent über dem höchsten Budget während des Vietnamkriegs und 64 Prozent über dem jährlichen Durchschnitt während des Kalten Krieges. Und das, obwohl Barack Obama nach Jahren von George W. Bushs grenzenlosem Krieg gegen den Terror den Anti-Terror-Krieg »schrumpfte«[313], wie Peter Beinart schrieb. Gegen die atomaren Ambitionen des Iran verwendete Obama die Instrumente des Multilateralismus und erreichte eine neue Stufe von Sanktionen. Er ordnete die Ausweitung der Drohnenangriffe auf das Territorium des US-Verbündeten Pakistan an und erlaubte auch Einsätze in anderen Ländern wie Jemen und Somalia. Diese pragmatische Herangehensweise stieß auf Bewunderung bei ehemaligen Mitarbeitern der Bush-Administration. »Für einen Präsidenten, der aus dem liberalen Flügel der Demokratischen Partei kommt, ist es bemerkenswert, wie sehr er eine Großmachtstrategie verfolgt«, sagte der ehemalige Beamte Stephen G. Rademaker. »Er ist fast Kissingerian. Er ist nicht sehr sentimental. Fragen der Menschenrechte spielten keine große Rolle in seiner Außenpolitik, und Fragen der Förderung der Demokratie hat er nahezu abgelehnt.«[314]

8. AFGHANISTAN ODER CHAOS-ISTAN

»Ihr habt all die Uhren, wir haben all die Zeit.«[315]
Nachricht der Taliban an den damaligen
US-Botschafter in Kabul Zalmay Khalilzad

Es ist 3.15 Uhr morgens. Die Sonne ist noch nicht aufgegangen. Donnernd stürmt eine Einheit von schwerbewaffneten US-Soldaten durch das Eingangstor zu dem Haus von Majidullah Qarar in dem Vorort von Ghazni. Qarar ist Sprecher des afghanischen Landwirtschaftsministers. Er ist zu diesem Zeitpunkt in Kabul, doch Verwandte übernachten bei ihm. Zuerst rennt Hamidullah in Panik zur Tür. Der Cousin Qarars, der auf dem lokalen Markt Karotten verkauft, wird sofort angeschossen. Es gelingt ihm noch, ins Gästehaus zurückzukriechen. Dabei hinterlässt er eine Blutspur. Als ihm Azim, ein Bäcker, zu Hilfe eilt, schießen die Soldaten auch auf ihn, während die anderen Verwandten, zwei Kinder, unter Schock bewegungsunfähig auf dem Bett sitzen bleiben. Die Soldaten drängen weiter vor. Viele von ihnen haben Tattoos und lange Bärte. Im Haus Qarars werfen sie Kleidung und Geschirr auf den Boden, reißen Schubladen heraus. Am Ende finden sie den Mann, nach dem sie suchen. Habib-ur-Rahman ist ein Informatiker. Seit dieser Razzia hat die Familie Rahmans nichts mehr von ihm gehört. Sie wissen nicht, warum er festgenommen wurde und ob er noch am Leben ist.

Das Vorgehen ist keineswegs ein Einzelfall. Wie er wurden allein in seinem Dorf 16 Menschen häufig aufgrund von zweifelhaften Denunziationen rivalisierender Stämme von amerikanischen Spezialeinheiten entführt. Zehn Menschen kamen in den vergangenen zwei Jahren bei solchen nächtlichen Razzien ums Leben. Habibs Cousin Qarar, der für die afghanische Regierung arbeitet, sagte nach der Razzia in seinem Haus: »Ich vertrat im Fernsehen die Position, dass die Leute die Regierung und die Ausländer unterstützen sollten. Aber ich hatte unrecht. Warum sollte das irgendjemand machen?« Diese Szene wiederholt sich wahrscheinlich täglich an irgendeinem Ort in Afghanistan. Zurück bleiben tote und verletzte Zivilisten, schockierte Menschen. »Die Taliban sind weg. Al Qaida ist weg«[316], hatte der damalige Verteidigungsminister Donald Rumsfeld triumphierend ein Jahr nach Beginn des Afghanistankrieges verkündet. Jahre später sind sie wieder da. Und ein Ende des Krieges ist nicht in Sicht.

Der Nahe Osten bleibt mit zwei Kriegen, einem ungelösten Konflikt zwischen Israel und den Palästinensern und einem zur Nuklearmacht aufstrebenden Iran eine der heißesten Regionen der Welt für die US-Administration. Die Sicherheitslage im Irak ist trotz einer deutlichen Verbesserung immer noch instabil. Die Verhandlungen mit dem Iran über eine Einstellung des Nuklearprogramms zeitigten keinen Erfolg, sondern führten lediglich zu einer Verschärfung der Sanktionen. Und der Friedensprozess zwischen Israel und den Palästinensern steckt fest. Doch schon jetzt ist klar, dass der Krieg in Afghanistan wohl die wichtigste außenpolitische Herausforderung ist, an der sich Barack Obama wird messen lassen müssen.

Ebenso wie die Wirtschaftskrise hat der US-Präsident den Afghanistankrieg von Bush geerbt. Noch im Wahlkampf hatte Obama allerdings den Unterschied zum Irakkrieg betont. Während er seine Opposition gegen den Irakkrieg von Beginn an deutlich herausstellte und sich damit auch von seinen Kontrahenten wie Hillary Clinton und später McCain abgrenzte, vertrat er regelmäßig die Position, dass der Krieg in Afghanistan gerechtfertigt sei. Obama erkannte angesichts eines steigenden Haushaltsdefizits und einer historischen Wirtschaftskrise die Grenzen der Macht der USA in der Welt. Alle Anstrengungen der Vereinigten Staaten müssten sich auf die Jagd nach »Osama bin Laden, Al Qaida, den Taliban und den Terroristen, die für die Anschläge verantwortlich waren«, konzentrieren, meinte Obama. Den Irakkrieg bezeichnete er als gefährliche Ablenkung. »Stattdessen verloren wir Tausende von amerikanischen Leben, verbrauchten fast eine Billion Dollar, entfremdeten Verbündete und vernachlässigten neu aufkommende Bedrohungen – alles, um mehr als fünf Jahre Krieg in einem Land zu führen, das absolut nichts mit den Anschlägen vom 11. September zu tun hatte«[317], erklärte er.

Die Bezeichnungen »Taliban« und »Al Qaida« schien er synonym zu verwenden. Insofern hatte er sich schon auf einen bestimmten Kurs festgelegt. Dennoch wusste er vor seinem Amtsantritt nicht wirklich, was genau sich vor Ort abspielte. Erst nach seiner Wahl weihten ihn die Mitarbeiter George W. Bushs ein. Die Lage war außer Kontrolle. Bush habe Afghanistan zu sehr vernachlässigt, sagte Obama. Aus dem Anti-Kriegs-Präsidenten, der sich gegen eine Invasion im Irak ausgesprochen hatte, wurde ein Verfechter des gerechten Krieges am Hindukusch. Doch Partner vor Ort fehlten. Die Beziehungen der US-Regierung zu dem verbündeten Regime in Kabul waren an einem Tiefpunkt angelangt. Obama hatte mit Amtsantritt die von Bush eingeführte zweiwöchentliche Videokonferenz mit Karzai nicht fortgesetzt. Noch während er über mehrere Monate hinweg im Herbst über eine endgültige von ihm als »Af-Pak« bezeichnete Strategie für Afghanistan und Pakistan nachdachte, stieg die Zahl der US-Truppen am Hindukusch kontinuierlich. Zu seinem Amtsantritt waren 34400 US-Soldaten in Afghanistan stationiert. Im Februar gab er seinen ersten Marschbefehl für 17000 Soldaten für Afghanistan. Diese Truppenaufstockung sei nötig, »um eine sich verschlechternde Lage zu stabilisieren, die nicht die strategische Aufmerksamkeit, Führung und Ressourcen erhalten hat, die sie dringend braucht«, teilte Obama in einer schriftlichen Stellungnahme mit. Im März kündigte Obama 4000 weitere Truppen für das Training afghanischer Sicherheitskräfte an und stellte seine neue Strategie für Afghanistan und Pakistan vor. Er wolle den Truppen in Afghanistan den Rücken stärken, die Hilfen für Pakistan erhöhen und klare Kriterien für die Messung von Erfolg und Misserfolg im Kampf gegen Al Qaida und die Taliban einführen. Ziel sei die Zerstörung Al Qaidas »in Pakistan und Afghanistan« und die Verhinderung der Rückkehr der Terrororganisation in beide Länder.

Damit folgte er den Empfehlungen Bruce Riedels. In seinem 40-seitigen Bericht hatte der ehemalige CIA-Analyst und Mitarbeiter der Brookings Institution im Auftrag des Weißen Hauses die verschiedenen Optionen für Afghanistan untersucht. Er empfahl die Schwächung der Taliban in Afghanistan und die Intensivierung des pakistanischen Kampfs gegen sie und gegen Al Qaida im Grenzgebiet zu Afghanistan. Er forderte zudem die Sicherung des pakistanischen Nuklearарsenals und die Verbesserung der Beziehungen zwischen Indien und Pakistan. Indien war nach dem Anschlag auf Mumbai im November 2008 und der Verwicklung pakistanischer Islamisten darin nicht besonders motiviert, die Beziehungen mit seinem Nachbarland zu verbessern. Stattdessen pumpte es Milliarden in Investitionsprojekte in Afghanistan, wo sich die Lage zunehmend verschlechterte.

Schon kurze Zeit später schickte Obama erneut Verstärkung, auch um den Ablauf der Präsidentenwahlen in dem Land zu sichern. Bis November wuchs die Truppenstärke auf 68 000. Damit waren fast doppelt so viele US-Soldaten in Afghanistan stationiert wie bei Abtritt der Bush-Administration. Der Krieg werde schlimmer, »bevor es besser wird«[318], sagte Obama im Mai 2010.

Zugleich äußerte er sich optimistisch, den Abzug im Juli 2011 beginnen zu können. Der Afghanistan-Einsatz hatte eine Eigendynamik entwickelt, der sich Obama kaum noch entziehen konnte. In einer Rede im August bezeichnete er den Afghanistankrieg als »unumgänglich«[319]. Vizepräsident Biden reagierte verärgert. Seiner Meinung nach sei nur der Krieg gegen Al Qaida unumgänglich, und Al Qaida sei nicht in Afghanistan, sondern in Pakistan, sagte Biden. Doch Obama wollte eine Machtübernahme der Taliban verhindern, da sie auch Al Qaida ein sicheres Rückzugsgebiet anbieten würden, so seine Annahme.

Eine bedeutende Weichenstellung für die neue Strategie leitete Robert Gates ein. Nachdem deutlich wurde, dass die Strategie der USA in Afghanistan nach acht Jahren des Krieges nicht aufgegangen war, entließ der Verteidigungsminister im Mai 2009 den Oberbefehlshaber der US-Truppen in Afghanistan General David McKiernan.[320] Die Entlassung nach nur einem Jahr auf dem Posten mitten in einem sich intensivierenden Krieg war ungewöhnlich. Doch die Obama-Administration wollte die im Irak erprobte und von General David Petraeus entwickelte »Counterinsurgency«-Strategie (COIN) auch im Kampf gegen die Aufständischen in Afghanistan anwenden. McKiernan, der bei der Invasion im Irak Bodentruppen befehligt hatte, war ein Militär alter Schule. Ihm lag die konventionelle Kriegsführung, die in Afghanistan gescheitert war. Truppen in Vorposten konnten Gelände nicht halten und zogen sich nach mitunter schweren Kämpfen mit den Taliban zurück. Ein Beispiel dafür war das Korengal-Tal.[321] 40 Soldaten und unzählige Aufständische kamen bei den Kämpfen um den kleinen Vorposten in unwägbarem Gelände ums Leben. Am Ende gaben die US-Truppen den Stützpunkt auf und zogen nach fünf Jahren der Kämpfe unverrichteter Dinge wieder ab.

Admiral Mike Mullen, der schon in der Bush-Administration Vorsitzender des Generalstabs war, schlug Obama seinen Protegé Stanley McChrystal als Nachfolger vor. Der ehemalige Kommandeur des Joint Special Operations Command im Irak sei für die neue Kontraguerilla-Strategie besser geeignet. McChrystal war kein unbeschriebenes Blatt. 2004 kam sein Name in die Nachrichten, weil er kaschieren wollte, dass die Tötung des US-Soldaten Pat Tillman durch Kugeln aus den eigenen Reihen verursacht worden war. Seinen Aufstieg zum Vier-Sterne-General behinderte die Sache nicht. Bei seiner Bestätigung hatte er sich bei der Familie Tillmans entschuldigt und von einem »Fehler« gesprochen. Obama war mit Mullens Wahl einverstanden, und McChrystal erhielt den Posten im Juni.

Seine Ernennung war wegweisend. Bald schon drängten er und Verteidigungsminister Robert Gates auf eine neue Einschätzung der Lage noch vor der Wahl in Afghanistan. Barack Obama gab schließlich grünes Licht für einen Bericht und erlaubte auch »Empfehlungen« des Generals – ein Fehler, wie sich bald herausstellen sollte. Obama selbst bezeichnete die vage Aufgabenstellung als »töricht«[322], da sie die Schleuse für den Druck des Pentagon öffnete. Der Präsident käme unter Rechtfertigungsdruck, wenn er den Empfehlungen des von ihm selbst eingestellten Oberbefehlshabers nicht folgen würde. Und McChrystal nutzte die Gelegenheit. Ende August schickte er seinen Bericht an Gates. Auf 66 Seiten schilderte er die »ernste und zunehmend schlechter werdende Lage«, die Korruption des Karzai-Regimes und warnte schließlich vor dem Scheitern der Mission, falls nicht deutlich mehr Truppen entsendet würden. Seine Empfehlung: mindestens 40 000, idealerweise 80 000 Soldaten und ein Zeitfenster von rund zehn Jahren für den Aufbau staatlicher Strukturen. Dieser Plan würde eine Billion Dollar zusätzlich kosten. Allein von 2001 bis 2010 hatten die USA so viel für die Kriege in Afghanistan und im Irak ausgegeben.[323] Eine hohe Rechnung für ein Land, in dem sich nach Aussage von CIA-Chef Leon Panetta »höchstens 50 bis 100 und vielleicht weniger«[324] Al-Qaida-Kämpfer aufhalten sollen.

Obama erhielt den Bericht McChrystals Anfang September. Während die Mission praktisch von selbst wuchs, arbeitete er an einer umfassenden Strategie für die Region. In der längsten präsidialen Prüfung seit der Kubakrise[325] verwarf er in zehn Sitzungen vom September bis

November 2009 zahlreiche Vorschläge des Pentagon. Er diskutierte die Empfehlungen McChrystals und forderte alle Beteiligten auf, eigene Vorschläge einzubringen. Eine der wenigen kritischen Stimmen bei den Beratungen war Vizepräsident Joe Biden. Er setzte sich schon im März für einen abgespeckten Einsatz mit Spezialeinheiten und Drohnen ein, die sich ausschließlich auf Al Qaida konzentrieren sollten. Gleichzeitig warnte er Obama vor Versuchen des Pentagon, mehr Truppen zu bekommen. Mehr Militär, so Biden, biete Al Qaida und den Taliban lediglich eine größere Angriffsfläche. Seine Einwände machten ihn zu einem bevorzugten Ziel des Pentagon, das versuchte, Biden zu diskreditieren. Die Militärs und mit ihnen auch Außenministerin Clinton vertraten die Position, dass zunächst mehr Truppen nötig seien, um die Lage zu stabilisieren und eine politische Lösung zu ermöglichen. Die regelmäßigen Beratungen im Weißen Haus glichen nach Angaben von Mitarbeitern einem Seminar mit bohrenden Fragen von »Professor Obama« an seine Militärs. Dies war schon ein großer Unterschied zu George W. Bush, der in der Regel Anfragen des Pentagon im Vertrauen auf seine Generäle ohne kritische Nachfragen absegnete. Auf viele Fragen Obamas hatten die Militärs allerdings keine Antworten. Als er beispielsweise wissen wollte, wie hoch die Kosten der unterschiedlichen Einsatzpläne seien, stieß er auf Schweigen.[326] Fassungslos über die Ahnungslosigkeit des Pentagon holte der Präsident von nun an den Budgetdirektor des Weißen Hauses, Peter Orszag, in die Beratungen.

Wie sich bald herausstellen sollte, hatte Obama allen Grund, seinen Militärs zu misstrauen. Die Spannungen begannen schon im Sommer 2009. Bei einem Besuch der Truppen in Afghanistan beantwortete der Nationale Sicherheitsberater James Jones Forderungen der Kommandeure nach noch mehr Soldaten ablehnend.[327] Es sei inzwischen klar, dass eine ausschließlich militärische Lösung in Afghanistan gescheitert sei, erklärte er. Statt weiterer Truppen brauche Afghanistan Wiederaufbau und eine bessere wirtschaftliche Entwicklung. Zudem erinnerte er die Kommandeure an die Versprechen des Pentagon, wonach die im Frühjahr entsandten Truppen für eine Trendwende ausreichen würden. Die Forderung nach noch mehr Truppen werde beim Präsidenten einen »Whisky-Tango-Foxtrott«-Moment[328] auslösen, zitierte Bob Woodward den ehemaligen NATO-Kommandeur in der *Washington Post*. Das Pentagon war nicht begeistert und reagierte. Schon während der Beratungen hatte das Verteidigungsministerium systematisch Informationen an Journalisten durchsickern lassen. Eine Tatsache, die Obama wütend machte. Und er machte kein Geheimnis daraus. Doch die Indiskretionen gingen weiter.

Barack Obama hoffte angesichts der sich verschlechternden Lage auf die Präsidentschaftswahl in Afghanistan. Vieles hing nach seinen Plänen von einem stabilen Partner vor Ort ab. Doch die Wahl wurde ein Debakel. Karzai verschob den Termin mehrfach. Bei dem endgültigen Termin im September stahl sein »Verbrechersyndikat« (so US-General Petraeus) schließlich rund eine Million Stimmen. Karzai hatte die Wahl massiv manipuliert, um sich den Sieg zu sichern. »Schlimmer hätte es nicht sein können«[329], beschrieb ein Berater Obamas den Wahlausgang. Dies sei »Betrug, sogar nach dem Standard von Illinois«, merkte Bruce Riedel an. Eine Stichwahl musste nach dem Rückzug seines einzigen Gegenkandidaten abgesagt werden. Die älteren Mitarbeiter im Weißen Haus erinnerte die Episode an das korrupte Marionettenregime in Südvietnam. Das Wahlchaos hatte zur Folge, dass die Beratungen im Weißen Haus nun noch länger dauerten.

Als der Watergate-Reporter Bob Woodward im September 2009 eine Geschichte über den geheimen Bericht McChrystals und dessen Schlussfolgerung einer Truppenaufstockung oder einer Niederlage in der *Washington Post* veröffentlichte, verlor Obama die Geduld.[330] Er fühlte sich vom Pentagon in eine bestimmte Richtung gezwungen, und er brachte seine Frustration zum Ausdruck. Doch McCrystal setzte seinen Ausflug in die Medienwelt fort. Er gab zahlreiche Interviews, beantwortete Fragen im Fernsehen und erschien auf dem Cover des *New York Times Magazine*. Zu den schwersten Auseinandersetzungen zwischen dem Weißen Haus und dem Pentagon in der jüngeren Geschichte der Vereinigten Staaten sollte es allerdings kommen, als McChrystal vor dem Institute for Strategic Studies in London auftrat.[331] In seiner Rede forderte er 100 Tage nach seiner Ernennung zum Oberbefehlshaber der Truppen in Afghanistan mehr Soldaten. Auf die Frage eines Reporters, ob er einem verkleinerten Einsatzplan Folge leisten würde, der sich mit Todesschwadronen und Drohneneinsätzen auf Al Qaida konzentrieren würde (der Biden-Plan), antwortete der General mit: »Die kurze Antwort ist: Nein.« Damit war ein neuer Tiefpunkt erreicht. Der Oberbefehlshaber würde einen möglichen Befehl des US-Präsidenten nicht befolgen? Doch es ging noch weiter. Die Anwendung der Anti-Terrorismus- statt der Anti-Aufstand-Strategie führe zu »Chaos-istan«, erklärte McChrystal. Damit plauderte er ganz nebenbei einen geheimen CIA-Bericht aus, nach dem ein bestimmtes Niveau an Chaos im Land nur noch von außen gemanagt werden könne. Stattdessen sprach er sich für eine erneute Aufstockung aus. Neben den in Afghanistan stationierten 68 000 US-Truppen müssten mindestens 45 000 Soldaten hinzukommen, forderte er. Das Ausposaunen von Truppenforderungen ging zu weit. Für Obama war damit der endgültige Tiefpunkt in den Beziehungen zum Pentagon erreicht.

Sein Nationaler Sicherheitsberater General James Jones kommentierte die offene Rebellion auf CNN trocken: »Idealerweise ist es besser, wenn militärische Ratschläge über die Befehlskette kommuniziert werden.« Zeitungen berichteten von Reibungen zwischen dem Weißen Haus und McChrystal.[332] Doch zunächst wollte Obama persönlich mit McCrystal sprechen. Der General flog nach Kopenhagen, wo Obama nach der gescheiterten Olympia-Bewerbung seiner Heimatstadt Chicago auf dem Rollfeld in der Präsidentenmaschine Air Force One auf ihn wartete. Das 25-minütige Gespräch war erst das zweite Treffen, seitdem der US-Präsident den General zum Oberbefehlshaber der Streitkräfte in Afghanistan ernannt hatte. Obama war nicht glücklich. Doch McChrystal war ihm sympathisch, und Obama hielt sich zurück. Er verstand, dass McChrystal wie jeder General im Krieg mehr Truppen wollte. Doch er war in der Zwickmühle.

Obama sah die Medienoffensive als einen Versuch des Pentagon, ihn auf einen Kurs zu zwingen, der eine Aufstockung der Truppen nach Afghanistan unausweichlich machte. Jeder Zweifel würde von seinen Gegnern als Schwäche ausgelegt, zumal er selbst diese Führungspersonen in ihre Positionen gebracht hatte, meinte der Militäranalyst und Vietnamkriegsexperte Daniel Ellsberg in einem Interview im Herbst 2009. Immerhin habe Obama selbst entschieden, Bushs Verteidigungsminister Robert Gates zu behalten. Und es war Obama, der General McChrystal zum Oberbefehlshaber der Truppen ernannt hatte. Der US-Präsident glaube möglicherweise gar nicht mehr an die Möglichkeit eines Sieges in Afghanistan, sagte Ellsberg, der als Militäranalyst der Rand-Corporation Präsident Richard Nixon beraten hatte. Der Whistleblower war 1971 landesweit bekannt geworden, als er die sogenannten Pentagon-Papiere über den Vietnamkrieg an die *New York Times* und andere Zeitungen weitergegeben hatte.[333] Die geheime Studie belegte, dass Kennedy Truppen im Widerspruch zu den Genfer Abkommen nach Vietnam geschickt hatte und dass Johnson die Truppenzahl heimlich aufstockte, obwohl die US-Regierung schon in den sechziger Jahren nicht mehr davon ausging, den Vietnamkrieg gewinnen zu können. Die Studie folgerte, dass eine Fortsetzung lediglich zu mehr Todesopfern führen würde. Der Berater von US-Präsident Richard Nixon, Henry Kissinger, bezeichnete Ellsberg daraufhin als den »gefährlichsten Mann Amerikas«. Für die Administration war die Veröffentlichung der Dokumente ein schwerer Imageschaden. Die Pentagon-Papiere beschleunigten das Ende des Vietnamkrieges – und der Nixon-Administration. Ellsberg sieht heute in Afghanistan Parallelen zu Vietnam. Obama wisse wie John F. Kennedy, Lyndon B. Johnson und Richard Nixon im Fall von Vietnam längst, dass es zur Kontrolle eines Landes wie Afghanistan mindestens 600 000 Soldaten bedürfe. Obwohl auch der Aufbau der afghanischen Armee nicht vorankomme, habe er die vom Oberbefehlshaber der Truppen in Afghanistan McCrystal angeforderten 30 000 Soldaten bewilligt. Dies habe er, so die Theorie Ellsbergs, unter extremem Druck des Pentagon beschlossen, vielleicht um eine Militärrevolte, »vielleicht sogar so etwas wie einen Militärputsch« abzuwenden. Politisch würde ihm die Entscheidung, nicht auf den von ihm eingesetzten General zu hören, sicherlich schaden. Was auch immer die Motivation Obamas sei, die Folge wäre dieselbe, so Ellsberg: ein militärisches Patt, das vor allem unzähligen Afghanen das Leben kosten wird.

Und Ellsberg lag richtig. Erst viel später beschrieb der Journalist Jonathan Alter in seinem Buch *The Promise* die heftigste Konfrontation im Weißen Haus, seitdem Präsident Harry S. Truman General MacArthur gefeuert hatte. Der Oberbefehlshaber der UN-Truppen in Südkorea hatte sich damals für die Ausweitung des Kriegs auch gegen China und die Nutzung von Atomwaffen eingesetzt und in einem Brief, der an die Öffentlichkeit gelangt war, den Kampf gegen den Kommunismus »bis zum Sieg« gefordert.

Nach der Rede McChrystals in London kam es in der ersten Oktoberwoche zum Showdown im Oval Office. Jonathan Alter, der sich auf Quellen innerhalb des Weißen Hauses beruft, beschrieb den Wutausbruch Obamas als einen »präsidialen Anschiss, wie es ihn seit über einem halben Jahrhundert in den Vereinigten Staaten nicht mehr gegeben hat«[334]. Präsident Obama erklärte in Anwesenheit seines Verteidigungsministers Robert Gates und Admirals Mike Mullen, dass er »in hohem Maße unglücklich« mit dem Verhalten des Pentagon sei. Dessen Informationslecks seien »respektlos«, sagte er während des Treffens, das ein Mitarbeiter als »kalt und angespannt« beschrieb. Obama wollte zudem »hier und jetzt«[335] wissen, ob das Pentagon bereit sei, jede von ihm beschlossene Strategie zu unterstützen. Gates und Mullen versicherten dem US-Präsidenten ihre Loyalität.

Nur wenig später wurden der *Washington Post* Berichte des US-Botschafters Karl Eikenberry aus Kabul zugespielt, in denen sich der ehemalige Kommandeur der US-Truppen gegen eine militärische Eskalation in dem Land aussprach. Karzai sei kein »adäquater strategischer Partner«[336] und eine Truppenaufstockung würde der Mission mehr schaden als nützen, schrieb er. Die Veröffentlichung wurde als Ohrfeige des Weißen Hauses für die Indiskretionen des Pentagon gedeutet. Und die Äußerungen Eikenberrys glichen Warnungen seines russischen Amtskollegen Samir Kabulow rund ein Jahr zuvor. Die USA würden die Fehler der Sowjetunion wiederholen und inzwischen auch neue Fehler begehen, »für die wir nicht das Copyright besitzen«[337], hatte der Botschafter im Gespräch mit der *New York Times* gesagt. Die Rote Armee hatte auf dem Höhepunkt des Afghanistankriegs 140 000 Truppen in dem Land. Je mehr Truppen stationiert worden seien, desto intensiver sei der Widerstand geworden. »Einer unserer Fehler war es, zu bleiben, obwohl wir hätten abziehen sollen«, sagte Kabulow weiter. Eikenberrys Warnung ging in dieselbe Richtung. Barack Obama war gewarnt. Dennoch beschloss er, die Forderung McCrystals nach mehr Soldaten zu erfüllen.

Im Dezember 2009 ordnete der US-Präsident die weitere Truppenaufstockung um 30 000 Soldaten an. Er wollte eine schnelle Aufstockung und einen schnellen Abzug. Er drängte das Pentagon, Optionen zu erarbeiten, die seinem engen zeitlichen Rahmen entsprachen. Nach dem Plan des Verteidigungsministeriums sollten die Truppen schon ab Mitte 2010 in Afghanistan stationiert sein. Ihr Abzug könne dann, so die Vorstellung des Präsidenten, Ende 2011 beginnen. Doch schon bald erwiesen sich die Zusagen des Militärs als undurchführbar. Schon die Entsendung der Truppen zog sich hin. Im Mai 2010 überschritt die

Zahl der in Afghanistan getöteten US-Soldaten die Schwelle von 1000. Fast die Hälfte war nach Obamas Amtsantritt Anfang 2009 gefallen. Nach acht Jahren des Kriegs erlebten die USA unter dem neuen Präsidenten das blutigste Jahr für ihre im Ausland stationierten Truppen. Doch 2010 verspricht, noch schlimmer zu werden. Jeden Monat waren die Zahlen der getöteten US-Soldaten bislang mindestens doppelt so hoch wie im gleichen Monat des Vorjahres. Mit neun Jahren Dauer ist der Afghanistankrieg inzwischen der längste Krieg in der Geschichte der USA, länger als der Einsatz im Zweiten Weltkrieg oder die Invasion in Vietnam. Trotz ihrer Steinzeitdiktatur erlebten die Taliban nach ihrer Entmachtung in der Folge der Terroranschläge vom 11. September 2001 eine Wiederauferstehung. Mit ihnen vereint kämpfen zudem zahlreiche weitere nationalistische Befreiungsgruppen, Warlords und andere gegen die ausländischen Besatzungstruppen. Gemeinsam beherrschen sie den überwiegenden Teil des Landes.

Und Obama läuft die Zeit davon. Er will den Aufenthalt seiner Truppen möglichst kurz halten. Der Abzug soll laut Plan im Juli 2011 beginnen. Sollte das Militär die Situation bis dahin nicht in den Griff bekommen haben, sei dies ein Indiz für die Ausweglosigkeit der Situation und somit ein weiteres Argument für einen Abzug, meinte der Präsident. Damit wäre nicht mehr er selbst, sondern das Militär in die Ecke gedrängt und könnte keine weiteren Truppen anfordern. Das Weiße Haus befürchtete, dass General Petraeus 2012 als möglicher Präsidentschaftskandidat der Republikaner mit der Afghanistankarte punkten könnte, und wollte daher sicherstellen, dass das Pentagon nicht auf eine Ausweitung des Konfliktes drängen würde. Aber auch das Pentagon wollte einen Rettungsanker und bekam ihn. Gates und Mullen setzten eine Klausel durch, derzufolge der Abzug nach Plan laufen soll, »soweit es die Bedingungen vor Ort«[338] zulassen. Schon wenige Tage später äußerten sich Gates und Hillary Clinton trotz der klaren Worte in Barack Obamas Plan gegen feste Abzugsdaten, da diese nur den Feinden der USA helfen würden.

Inzwischen ist klar, dass schon die Truppenentsendung länger dauern wird als geplant. Aufgrund der komplizierten Transportwege würden die Truppen anstatt im Sommer erst gegen Ende 2010 vollzählig stationiert sein,[339] sagte der zweithöchste Befehlshaber in Afghanistan, General David Odierno noch im Dezember 2009. In einer Anhörung vor dem Kongress war auch Admiral Mullen davon ausgegangen, dass bis Ende des Sommers 2010 nur ein Teil der Truppen, nämlich 20 000 bis 25 000 Soldaten, in Afghanistan sein würden. Der Sprecher des Weißen Hauses Robert Gibbs blieb bei der offiziellen Version. Der Präsident glaube, dass »wir die Truppen bis Ende des Sommers 2010 vor Ort haben können«.

Mittlerweile testeten die US-Truppen mit der bislang größten Militäroffensive im Afghanistankrieg ihre neue Counterinsurgency-Strategie in dem kleinen Ort Marja im Westen der Provinz Helmand. Der Ort sollte ein Modell für die Zukunft Afghanistans werden. Die Taliban würden vertrieben und eine neue Stadtregierung eingesetzt, die populär sein würde. Die Operation sollte auch als Exempel für eine noch größere Offensive in Kandahar dienen. Die Stadt gilt als die Hochburg der Taliban, die 1994 von dort aus das ganze Land unter ihre Gewalt brachten. Doch Marja erwies sich als Fehlschlag. Während die Eroberung des kleinen Ortes im Februar 2010 für die NATO-Truppen wie erwartet kein Problem darstellte, gelang es ihnen nicht, die Gegend zu sichern.[340] Anstelle der Stadtregierung behielten die Taliban dort die Kontrolle, und die Bevölkerung floh vor den Kämpfen der Aufständischen mit den ausländischen Truppen. Und das, obwohl es in der Gegend nach Schätzungen der Bewohner nicht mehr als 200 Taliban-Kämpfer gibt. Drei Monate nach Beginn der Offensive hatten weder die ausländischen Truppen noch die Taliban die Oberhand. Nach einem Bericht des Thinktanks International Council on Security and Development (ICOS) bezeichneten sich mehr als die Hälfte der befragten 400 Männer nach der Offensive als negativer gegenüber den NATO-Truppen eingestellt als vorher.

»Die Guerilla gewinnt, wenn sie nicht verliert«, sagte Henry Kissinger einmal, »die konventionelle Armee verliert, wenn sie nicht gewinnt.« In Marja konnten die afghanischen Sicherheitskräfte weiterhin nicht ohne ihre amerikanischen Begleiter operieren, die Taliban waren weiterhin präsent, und Hunderte Bewohner flohen aufgrund der unsicheren Lage und ständigen Kämpfe aus der Gegend. Nach Kissinger haben die Taliban die Schlacht um Marja und um Afghanistan längst gewonnen.

Um keine Panik unter den Einwohnern von Kandahar zu verursachen, änderte der US-Oberbefehlshaber McChrystal die Sprachregelung. Während zu Beginn der Planungen für Marja noch von der »nächsten großen Operation in Kandahar« die Rede war, nannte McChrystal diese nun einen »Prozess«[341]. Es sei ein »langsamer Prozess«, man wolle den Aufständischen kein bestimmtes Datum für eine Offensive nennen, erklärte er den neuen Begriff. Noch im Mai 2010 sagte McCrystal, »niemand gewinnt« in Afghanistan. Dennoch machten sich gleichzeitig 23000 Soldaten vor den Toren der Stadt für ihren Einsatz bereit. Inzwischen sind mehr als 1000 US-Soldaten und unzählige Afghanen den Kämpfen zum Opfer gefallen. »Die USA gewinnen keine Kriege mehr«[342], schrieb der *New-York-Times*-Kolumnist Bob Herbert.

Präsident Obama blieb bei seinem Zeitplan. Er äußerte sich optimistisch, was den Abzug im Juli 2011 anbelangte. Obwohl er von der Mehrheit des amerikanischen Volkes gewählt wurde, um die Kriege im Irak *und* in Afghanistan zu beenden, ließ Barack Obama den Krieg in Afghanistan eskalieren – und begann eine militärische Kampagne in einem weiteren Land: in Pakistan. Die CIA und ihre privaten Söldner operieren jetzt dort auf Befehl des Präsidenten. Nach nur zwei Tagen im Amt gab er mehrere Angriffe mit Drohnen frei. Die CIA, die sich zunächst unter George W. Bush gegen diese Kriegsführung ausgesprochen hatte, verzeichnete mit jeder Attacke schnelle Erfolge. Neben Afghanistan kamen die Kriegsroboter darum vor allem in Pakistan zum Einsatz, dessen Regierung diesen Eingriff in die eigene Souveränität stillschweigend duldet. Sie konnte nach und nach Führungsfiguren von Al Qaida und den Taliban auf ihren eigenen Listen »abhaken« – und mit ihnen viele unschuldige Zivilisten. Doch Barack Obama befürwortete die zunehmende Zahl dieser Einsätze. »Die CIA kriegt, was sie braucht«[343], hatte er bereits bei seinem Amtsantritt gesagt. Im ersten Jahr seiner Administration gab es sogar mehr tödliche Drohneneinsätze als in den gesamten acht Jahren der Bush-Administration. Der Hightechkrieg, für den im Irak und in Afghanistan die Air Force und in Pakistan die CIA verantwortlich sind, ist in letzterem Falle besonders pikant: Offiziell führen die Vereinigten Staaten in dem – verbündeten – Land keinen Krieg. Auch im Jemen, in Somalia und anderen Ländern setzen die Vereinigten Staaten die Hightechwaffen ein. Bei den Angriffen kommen regelmäßig auch viele Unbeteiligte ums Leben. Und mit jedem toten Zivilisten wächst die Wut auf Amerika.

Der Strategie Barack Obamas liegen folgende Prämissen zugrunde:

Der Kampf gegen Al Qaida ist ohne Bodentruppen nicht zu gewinnen. Da eine lange Besetzung des Landes nicht finanzierbar ist, setzt er zudem auf den Aufbau der afghanischen Sicherheitskräfte, die die Mission künftig übernehmen sollen. Dabei soll der afghanische Präsident Hamid Karzai als effektiver Partner fungieren und unter dem Druck des von Obama festgesetzten Abzugsdatums im Juli 2011 einen nachhaltigen Friedensprozess einleiten. Die USA setzen bei ihrem Kampf gegen die Taliban zudem auf Pakistan, dessen Militär den Taliban ihre Rückzugsgebiete versperren soll.

Jede einzelne dieser Prämissen ist mehr als fraglich. Die afghanischen Sicherheitskräfte sind entweder nicht existent oder aber ineffektiv. Die Journalistin Ann Jones berichtete im September 2009, dass seit Juli des Jahres bei einer der größten Offensiven nicht mehr als 600 afghanische Soldaten neben Tausenden NATO-Soldaten zu sehen gewesen waren.[344] Diese Beobachtung steht in grotesker Weise im Gegensatz zu offiziell kursierenden Zahlen: Bis Dezember 2011 soll es nach Angaben des Kabuler Training Centers mindestens 134 000 afghanische Soldaten geben. Westliche Medien berichten gar von 240 000 Soldaten und 160 000 Polizisten als Ziel der Ausbildung. Seit Beginn des Krieges investierte die Internationale Gemeinschaft rund zehn Milliarden Dollar in das Training von afghanischen Einheiten. Ann Jones, die selbst in Kabul lebte, versuchte eine Erklärung. Sie habe Afghanen getroffen, die die Ausbildung nur aus zwei Gründen mitgemacht hätten: gute Bezahlung und gutes Essen. Viele hätten sich unter verschiedenen Namen mehrmals angemeldet und mehrfach verdient. Und sie wurden auch mehrfach gezählt, was zu aufgeblähten Truppenzahlen führte. Nach dem Training gingen sie wieder zurück in ihre Dörfer. Afghanen wollen nicht gegen Afghanen kämpfen.

Auch die Hoffnung auf einen verlässlichen Partner ist nicht realistisch. Der afghanische Präsident ist zutiefst unpopulär. Er hat die Wahlen gefälscht, er ist korrupt, sein Bruder ist für seine Drogengeschäfte bekannt und steht auf der Gehaltsliste der CIA. Karzai ist nicht nur als Partner der ausländischen Truppen zur Stabilisierung des Landes untauglich, er verschlimmert sogar ihre Lage. Karzai, der sich angesichts der Spannungen mit der Obama-Administration inzwischen um seine eigene Sicherheit Sorgen machen muss, reagierte mit einem Staatsempfang für den iranischen Präsidenten Mahmud Ahmadinedschad. Angesichts ziviler Opfer durch NATO-Schläge drohte er mit dem Übertritt zu den Taliban. Im Juni 2010 feuerte der afghanische Präsident seinen Innenminister und den Chef des afghanischen Geheimdienstes. Sie hatten einen Angriff von Aufständischen auf eine von Karzai initiierte Friedenskonferenz nicht verhindert. Nach Ansicht der Amerikaner waren sie zwei der wenigen kompetenten Regierungsmitarbeiter. Sie waren allerdings auch gegen einen von Hamid Karzai geforderten Friedensschluss mit den Taliban.

Noch mehr außer Kontrolle geraten kann die Situation kaum. Auch die Kooperation des pakistanischen Militärs ist aufgrund von Karzais Nähe zu Pakistans Erzrivalen Indien unwahrscheinlich. Nach einer Studie der London School of Economics unterstützt der pakistanische Geheimdienst inzwischen Teile der Taliban, um den zunehmenden Einfluss Indiens in seinem Nachbarland zu begrenzen. Die Inter-Services Intelligence finanziere und trainiere die Kämpfer und gewähre ihnen Unterschlupf.[345] Dies bestätigten auch die von *WikiLeaks* veröffentlichten 92 000 Geheimdokumente vom Juli 2010. Damit folgt Pakistan einer langen Tradition. Die Taliban sind eine Kreation des pakistanischen Geheimdienstes, der Tausende der von den Vereinigten Staaten im Kampf gegen die Sowjetunion geförderten Mujahedeen rekrutierte. Sie haben ihren Ursprung in Pakistan. Die einzigen Länder, die das Islamische Emirat Afghanistan unter der Herrschaft der Taliban anerkannt und Botschaften etabliert hatten, waren die Vereinigten Arabischen Emirate, Saudi-Arabien und Pakistan gewesen.

Bleiben noch die Bodentruppen in einem Land, in dem sich nur rund 100 Al-Qaida-Kämpfer aufhalten. Mit den zusätzlichen Kräften werden ihnen schon bald allein 100 000 US-Soldaten gegenüberstehen, eine ganz neue Dimension asymmetrischer Kriegsführung. Darin sind die rund 50 000 ausländischen Streitkräfte der International Security Assistance Force (ISAF) noch nicht enthalten. Da sie jedoch nur begrenzt einsatzfähig sind (deutsche Truppen rücken beispielsweise nur bei Tageslicht aus), stehe ISAF für »Invited to See Americans Fight«[346].

Gegenüber den Taliban ist die neue Strategie kaum erfolgversprechend. Danach sollen sich die ausländischen Truppen vor allem um die Sicherung von Ballungszentren kümmern. Die Aufständischen können also den Abzug der Truppen in ihren Rückzugsgebieten nahezu unbehelligt abwarten. Bei seiner Ankündigung der Truppenaufstockung im

Dezember 2009 sagte Präsident Obama, dass dieser Krieg kein zweites Vietnam werden würde. Doch der Afghanistankrieg dauert seit dem Sommer 2010 schon länger als jeder Krieg der Vereinigten Staaten zuvor, inklusive Vietnam. Auch nach der Entlassung General McChrystals wegen dessen abfälligen Bemerkungen über Vizepräsident Biden und andere Mitglieder der Administration ist ein Ende des Konflikts nicht in Sicht. »Wir sind hier, um zu siegen«[347], sagte der neue Oberkommandierende für Afghanistan General Petraeus bei seiner Amtseinführung im Juli 2010.

9. WANN, WENN NICHT JETZT?

»Wann, wenn nicht jetzt?«, rief Barack Obama in seiner kämpferischen Rede in Pennsylvania im Schlussakt des Kampfs um die Gesundheitsreform. »Wer, wenn nicht wir?«[348] Die Niederlage von Massachusetts lag hinter ihm. Er hatte seine Reform wiederbelebt. Es klang, als ob er die Stimmung seines Wahlkampfs zurückholen wollte. Zu Beginn seiner Amtsperiode hatte er alles: Führungskraft und Charisma, eine solide Mehrheit in beiden Kammern im Kongress, eine überwiegende Mehrheit der Bevölkerung hinter sich und eine vielversprechende Agenda. Ein neues, moderneres Amerika mit gebändigtem Kapitalismus, einer nachhaltigen Energiepolitik und umfassender Gesundheitsversorgung schien greifbar. Eine neue Außenpolitik ohne Guantánamo und Militärtribunale, ein Ende der Kriege im Irak und in Afghanistan, der Aggressionen und der stumpfen Drohgebärden der Ära Bush.

Wenn es einer könnte, dann Barack Obama, dachten viele zu Beginn seiner Amtszeit. Er erbte von George W. Bush eine Riesenlast. Obama übernahm die Krise – und spielte defensiv. Anstatt »Wandel« gab es Flickschusterei. Die alten Rituale Washingtons waren auch unter seiner Administration der Modus Operandi. Doch nach rund zwei Jahren im Amt ist die Krise nun *seine* Krise und *seine* Last, eine Tatsache, die sich auch in den weiter sinkenden Umfragewerten widerspiegelt.[349]

Ein Teil des Problems war, dass Barack Obama etwas versprochen hatte, das er nicht erfüllen konnte. Er war nicht der Heilsbringer, den viele in ihm gesehen hatten. Auch wenn er dieses Bild gern für sich nutzte und selten korrigierte, er hatte nicht den fundamentalen Wandel des Landes im Sinne wie Franklin D. Roosevelt. Und er war nicht »links«. In kritischen Momenten seiner Laufbahn gelang es ihm stets, seine Macht durch eine Positionierung in der politischen Mitte zu sichern. Auch im Wahlkampf versprach er eine pragmatische und »unideologische« Politik. Er beförderte Insider in Schlüsselpositionen. Sein *team of rivals*, von dem er im Wahlkampf häufig gesprochen hatte, hatte in zentralen Bereichen wie der Wirtschaftspolitik bald keine Rivalen mehr. Schon kurz nach seiner Wahl setzte er die herkömmliche Politik der Verhandlungen, Kompromisse und Absprachen fort. Was blieb, war vor allem eine gut klingende Rhetorik. Er spielte einen Moderator, der bei Bedarf verbal eingriff. Als Banken, die gerade mit Hilfe des Steuerzahlers gerettet worden waren, wieder üppige Boni auszahlten, drohte er mit gesetzlichen Maßnahmen. Doch die Boni blieben, und konkrete Schritte folgten nicht. Während er noch im Dezember 2009 die großen Finanzinstitutionen des Landes als »fat cats« bezeichnete, für die er nicht als Präsident kandidiert habe, folgte eine zahnlose Reform des Finanzmarkts, für die ihm die CEOs nur danken können.

Ähnlich verhielt er sich angesichts der größten Ölpest seit Menschengedenken. Als die Wut über die wachsende Katastrophe im Golf von Mexiko zunahm, ging der Präsident an die Öffentlichkeit und verstärkte seine populistischen Angriffe gegen den Geschäftsführer von BP, der unter ihm »nie einen Job bekommen würde«. Doch eine generelle Überarbeitung der von ihm angekündigten Ausweitung der Ölbohrungen lehnte seine Administration ab. Nur wenig später signalisierte sie, dass der temporäre Stopp von Hochseebohrungen, den Barack Obama nach der Explosion der Deepwater Horizon angeordnet hatte, bald schon wieder aufgehoben werden könnte.

Es ist bezeichnend, dass gerade diese Politik der vermeintlichen Mitte mit einer verwässerten Reformagenda die Entstehung einer rechten Bewegung motivierte, die keine Gelegenheit ausließ, den Präsidenten anzugreifen. Zugleich frustrierte der seine progressive Basis.

Vor den Kongresswahlen im November 2010 ist offen, ob die optimistischen Voraussagen der Republikaner aufgehen werden. Die Geschichte spricht eine klare Sprache: Die Partei des Präsidenten hat in den Midterm Elections fast immer Kongressabgeordnete verloren. Nur zweimal in 100 Jahren konnte sie Sitze hinzugewinnen – 1934 unter Franklin D. Roosevelt und 2002 unter George W. Bush. Doch in beiden Fällen trugen besondere Bedingungen zu den Gewinnen bei. Bush ritt nach den Anschlägen vom 11. September im »Krieg gegen den Terror« auf einer patriotischen Welle. FDR zeigte Standhaftigkeit gegen starke Widerstände. Bei der Vorbereitung des Social Security Act von 1935 ließ er sich nicht von rechten Kritikern wie der American Liberty League in die Enge treiben, die wie die Reformgegner heute bei jedem Schritt hin zu einem moderneren Amerika das »Ende der Demokratie« und einen »Abstieg in den Sozialismus«[350] beschworen. In den Kongresswahlen 1934, ein Jahr nach seiner Amtseinführung und kurz vor dem Inkrafttreten des Meilensteins der US-Sozialgesetzgebung errangen die Demokraten daher einen überragenden Sieg in den Kongresswahlen.

Um gleich die Mehrheit im Kongress zu übernehmen, müssten die Republikaner im November 2010 10 Sitze im Senat und 39 im Repräsentantenhaus hinzugewinnen. Allerdings sind auch einige ihrer Amtsinhaber gefährdet.

Rahm Emanuel ist berühmt für den Satz: »Lasse niemals eine Krise ungenutzt.« Krisenzeiten sind Reformzeiten. Menschen verstehen am besten, dass eine Reform des Gesundheitssystems nötig ist, wenn ein Sechstel der Bevölkerung keine Krankenversicherung hat. Sie verstehen, dass der Handel mit komplizierten Finanzprodukten nicht unbeaufsichtigt bleiben darf, wenn diese einen Markt umfassen, der inzwischen hundertmal so groß ist wie der nationale Haushalt. Sie verstehen, dass alternative Energietechnologien gefördert werden müssen, wenn unkontrolliert ausströmendes Öl den Golf von Mexiko verpestet und Kohlekraftwerke aufgrund eines ungebändigten Energieverbrauchs die Umwelt verschmutzen.

Präsident Barack Obama hatte keinen Mangel an Krisen. Doch er ließ sie alle ungenutzt und ging in die Defensive. Anstatt eine mit dem Amtseinzug Franklin D. Roosevelts vergleichbare Ausgangslage zu nutzen, um einen echten Wandel, eine Transformation der amerikanischen Gesellschaft durchzusetzen, für die er immerhin eine Mehrheit der Bevölkerung gewonnen hatte, bewegte sich Obama schon bald nach seiner Wahl in die politische Mitte. Seine Personalentscheidungen gepaart mit dem Entschluss, seine Graswurzelbewegung, die Obama zum Wahlsieg verholfen hatte, zu deaktivieren und Deals mit den politischen und wirtschaftlichen Schwergewichten zu suchen, entblößte die Rhetorik des »Wandels« und der »Hoffnung« als inhaltslos. Wie die Graswurzelbewegung waren diese Leitmotive nützliche Werkzeuge für den Gewinn der Wahl. Danach waren sie eher störend. Anstelle des Wandels wollte Obama Gespräche über Wandel. Und anstatt Hoffnung gab es Enttäuschung.

Es lag jedoch nicht nur an Barack Obama. Die Widerstände gegen einen fundamentalen Wandel sind groß. Auf den 44. US-Präsidenten wartete nicht nur eine geschlossene Front von Gegnern. Viele Hindernisse lagen in den politischen Verhältnissen begründet, die er beim Einzug ins Weiße Haus vorfand, allen voran im Kongress.

Nach den archaischen Regeln kann eine Minderheit fast alle großen Gesetzesprojekte blockieren. Wie weit der Kongress zudem von der Realität ihrer Konstituenten entfernt ist, offenbart ein Blick auf Einkommensverhältnisse. Während sich nur ein Prozent aller Amerikaner Millionäre nennen können, sind es im Kongress fast die Hälfte der Abgeordneten.[351] Das durchschnittliche Einkommen eines Senators etwa beträgt 1,79 Millionen Dollar pro Jahr. Mit einem Durchschnittsalter von 57 Jahren im Repräsentantenhaus und 63 Jahren im Senat war der US-Kongress 2009 der älteste in der Geschichte der USA.[352] Nur 17 von 100 Senatoren waren im Juli 2010 Frauen, obwohl sie die Mehrheit der Bevölkerung stellen. Auch im Repräsentantenhaus sind sie in der Minderheit. Von 435 Abgeordneten besetzten sie lediglich 75 Sitze.[353] Gerade einmal vier Senatoren gehören Minderheiten wie den Latinos oder Afroamerikanern an, obwohl sie zusammen rund ein Drittel der US-Bevölkerung stellen.[354] Reiche, betagte und weiße Männer beherrschen damit den US-Kongress.

Hinzu kam eine kompromisslose Opposition. Der Botschaft der Versöhnung und zivilen Diskussionen setzten die Republikaner dort von Anfang an ihre unversöhnliche Blockadehaltung entgegen. Es war eine simple politische Kalkulation: Das Scheitern Barack Obamas würde bei den Kongresswahlen 2010 zu einem Sieg der Republikaner führen und die Mehrheit der Demokraten brechen. Eine Blockade in Fragen wie der Reform des Gesundheitssystems oder des Bankenwesens passte auch ideologisch in ihr Programm, denn wenn es nicht gerade darum geht, in Kriege zu ziehen oder die eigene Bevölkerung auszuspionieren, setzten sich Republikaner in der Regel für ein *Small Government* ein. Doch der Widerstand hatte auch seine komischen Momente, die den Medien nicht entgingen. Während Republikaner das Konjunkturprogramm nahezu geschlossen ablehnten, erschienen beispielsweise viele von ihnen bei feierlichen Einweihungen von Einrichtungen, die in ihren Bezirken erst mit der staatlichen Hilfe eröffnet werden konnten.

Die Kompromisslosigkeit der Opposition überraschte den neuen

Präsidenten. Er habe nicht gedacht, dass seine Gesprächsangebote an die Republikaner deren Politik gemäß ihrer eigenen Parteiräson umgehend beenden würden, sagte er Ende 2009. »Aber ich dachte schon, dass es genug Verständnis für die Dringlichkeit der Lage gebe und dass dies zumindest im ersten Jahr ein Interesse am Regieren erzeugen würde. Aber das war einfach nicht zu erkennen.« Der geschlossene Widerstand der Republikaner gegen das Konjunkturprogramm vom Februar 2009 habe den Ton für das ganze Jahr bestimmt. »Es erzeugte die Tea-Baggers und gab dieser Fraktion innerhalb der Republikanischen Partei die Kraft, mit der sie nun die Agenda für alle Republikaner bestimmt.«[355]

Und als Partei sind sie weitaus disziplinierter und homogener als die Demokraten, deren konservative Mitglieder auch als Republikaner durchgehen könnten. Konservative Demokraten erwiesen sich darum als mindestens ebenso großes Problem für Obama. Angesichts der knappen Mehrheit im Senat hatten sie einen starken Einfluss auf die Gesetzgebung. Die Handlungsfreiheit des Präsidenten wird zudem durch den Kongress im Rahmen der verfassungsrechtlichen Checks and Balances stark eingeschränkt. Das zeigte sich etwa bei den Nominierungen für Regierungsposten, bei denen die Kandidaten Obamas eine intensive Durchleuchtung ihres privaten und beruflichen Lebens erdulden mussten. Die zunehmende Macht des Kongresses und seiner Ausschüsse war die Folge der nach Ansicht von Kritikern außer Kontrolle geratenen imperialen Präsidentschaft von Richard Nixon, die schließlich im Watergate-Skandal kulminierte.

Von Ronald Reagan bis George W. Bush waren Administrationen bemüht, der zunehmenden Beschränkung präsidialer Macht entgegenzuwirken. Ein Beispiel dafür waren Dick Cheney und einer seiner langjährigen Juristen und Mitautor der Folter-Memos des Präsidenten George W. Bush, David Addington. Unter Reagan argumentierten sie in der Iran- und der Nicaragua-Contra-Affäre für extensive Kompetenzen des Präsidentenamtes. Auch George W. Bushs Amtszeit war geprägt von den Bemühungen, die Gewaltenteilung zugunsten einer nahezu unbegrenzten Machtfülle des Präsidenten auszuhebeln.[356] Auch dieses Mal war Dick Cheney die treibende Kraft. »Ich habe wiederholt eine Erosion der Befugnisse und der Fähigkeiten des Präsidenten der Vereinigten Staaten, seine Arbeit zu machen, gesehen«[357], sagte Dick Cheney nach einem Jahr im Amt als Vizepräsident Bushs.

In ihrem »Krieg gegen den Terror« nutzte die Bush-Administration die Anschläge vom 11. September zur Neuausrichtung der Checks and Balances. Nach ihrem Verständnis der »Theorie der einheitlichen Exekutive« (Unitary Executive) hatte der Präsident weitreichende Befugnisse, die weder durch internationale Abkommen noch durch den Kongress begrenzt werden konnten. Dazu gehörten die Abhörmaßnahmen ohne richterliche Genehmigung und das Wegsperren und Foltern »feindlicher Kämpfer«. Barack Obama habe mit seinen Entscheidungen genau diese von seinem Vorgänger und zahlreichen Präsidenten vor ihm beanspruchte Machtfülle übernommen und entsprechend angewendet[358], argumentiert etwa der Autor der Folter-Memos John Yoo in seinem Buch *Crisis and Command*. Das verdeutliche nicht nur das Drohnenprogramm zur gezielten Tötung von Menschen weitab von Schlachtfeldern oder die unter Obama fortgesetzten Abhörmaßnahmen. »Obama hat nichts Geringeres getan, als viele der weitergehenden Befugnisse der Exekutive in Zeiten der Not auszuüben«, schrieb Yoo. Auch die Anweisung an die CIA, sich im Umgang mit Gefangenen an das Handbuch des US-Militärs zu halten, sei ein Beispiel dafür. Der Kongress hatte eine solche Vorgabe an die CIA noch abgelehnt, so Yoo.

Unter Präsident Barack Obama gewann die rechte Bewegung die Oberhand auf der Straße. Flankiert von einer wohlwollenden Berichterstattung in den Medien, bildete sich in der Debatte um die Gesundheitsreform die Tea-Party-Bewegung. Den Namen adoptierte die Bewegung nach einem millionenfach verbreiteten Ausraster von CNBC-Kommentator Rick Santelli, der im Februar 2009 angesichts des 75-Milliarden-Hilfsprogramms für Hausbesitzer, die von einer Zwangsvollstreckung bedroht waren, gegen den vermeintlichen Wohlfahrtsstaat wetterte und unter dem Applaus von Händlern der Chicagoer Handelsbörse zu einer »Tea Party« zur Unterstützung »des Kapitalismus« aufrief.

Die konservative Bewegung sieht sich selbst in der Tradition des Aufstands in Boston 1773, als amerikanische Siedler – verkleidet als Indianer – im Protest gegen die britische Regierung Tee von Schiffen der East India Company über Bord warfen. Bei der Boston Tea Party allerdings ging es nicht um die Höhe von Steuern, sondern um das Recht der britischen Krone, ihre 13 nordamerikanischen Kolonien zu besteuern und mit Zöllen zu belegen. Es war ein Schlüsselereignis der amerikanischen Revolution auf dem Weg zur Unabhängigkeitserklärung drei Jahre später.

Ihre Nachfolger haben sich den Kampf gegen höhere Steuern und die Bürokratie sowie für eine stärkere Rolle der Bundesstaaten auf ihre Fahnen geschrieben. Unter dem Dach der AstroTurf-Stiftung FreedomWorks forcierten sie den Konfrontationskurs der Republikaner. Die Bewegung entwickelte sich schnell zu einem Sammelbecken rechter und rechtsextremer Kräfte. Auf Versammlungen der Bewegung sind Vergleiche von Obama mit Adolf Hitler ein gewohntes Bild. Die krude Mischung des neuen Anti-Intellektualismus versammelt Konservative, Rassisten und Mitglieder von Milizen, die die Regierung als Bedrohung sehen. Selbst sogenannte Birther haben einen Platz in der Bewegung. Sie zweifeln an, dass Barack Obama in den USA geboren wurde, und bestreiten daher die Rechtmäßigkeit seiner Präsidentschaft. Die Birther bewegen sich keinesfalls im politischen Abseits. Nach Umfragen rechnen sich immerhin ein Drittel der Republikaner dieser Gruppe zu.[359] Konservative Politiker wie Sarah Palin und die Abgeordnete Michele Bachman aus Minnesota versuchen, sich an die Spitze der Bewegung zu setzen. »Die Leute leben fast in einem Paralleluniversum«, sagte der Demokrat Barney Frank aus Massachusetts im Frühjahr 2010. »Sie erhalten kein umfassendes Bild der Fakten, und die meisten Menschen, mit denen sie sprechen sind diejenigen, die mit ihnen übereinstimmen.«[360]

Die Bewegung verhalf dem Republikaner Scott Brown zum Wahlsieg in Massachusetts gegen die Nachfolgerin des verstorbenen demokratischen Senators Ted Kennedy, Justizministerin Martha Coakley. Ihre Niederlage markierte einen Tiefpunkt der Präsidentschaft Barack Obamas – und einen bedeutenden Sieg der Tea-Party-Bewegung, die schon bei den Gouverneurswahlen in New Jersey und Virginia 2009 erfolgreich republikanische Kandidaten unterstützt hatte. Auch zu den Gouverneurs- und Kongresswahlen 2010 gelang es der Bewegung, besonders konservative Kandidaten innerhalb der Republikanischen Partei aufzustellen. Es bleibt fraglich, wie wählbar diese häufig unerfahrenen Kandidaten sind. Viele von ihnen absolvierten desaströse Auftritte in den Medien, wie Rand Paul, Sohn des republikanischen Abgeordneten Ron Paul aus Texas. Der Gewinner der Vorwahlen in Kentucky hatte erklärt, dass er Regelungen der Bürgerrechtsgesetzgebung ablehne, die Unternehmen die Diskriminierung am Arbeitsplatz verbieten. Zudem forderte er einmal elektrische Zäune an der Grenze zu Mexiko. Eine andere Politikerin der Bewegung, die es ebenfalls zur offiziellen Kandidatin der Republikaner schaffte, schlug zur Lösung der Gesundheitskrise vor, wie in guten alten Zeiten dem Arzt ein Huhn mitzubringen, um eine medizinische Behandlung zu erhalten.

Wie diese Kandidaten bei moderaten Republikanern und unabhängigen Wählern abschneiden werden, ist offen. Unabhängige sind in der Regel das Zünglein an der Waage und neigen eher zu gemäßigten Politikern. Mit der zunehmenden Medienaufmerksamkeit verlor die anfangs auf viel Sympathie stoßende Bewegung an Unterstützung.[361] Dazu trugen noch radikalere Politiker bei, die sich zu ihren Sprechern machten. Michele Bachman etwa rief ihre Landsleute zum Widerstand auf. Gegen die »Gangster-Regierung« sollten sie »bewaffnet und bereit« stehen.

Die Rhetorik hat reale Konsequenzen. Seit seiner Wahl erhielt Barack Obama fünfmal so viele Morddrohungen wie George W. Bush.[362] So früh wie kein anderer Kandidat vor ihm erhielt er Geheimdienstschutz. Unter seinem Codenamen »Renegade« (»der Abtrünnige«) stand er schon im Mai 2007 unter dem Schutz des Geheimdienstes. Nach seinem Wahlsieg erhielten auch seine Frau Michelle (»Renaissance«) und seine beiden Töchter Malia »Radiance« (»Glanz«) und Sasha »Rosebud« (»Rosenknospe«) Bewacher, ebenso wie die Familie des Vizepräsidenten Joe Biden. Auf dem Höhepunkt der Tea-Party-Bewegung im August 2009 waren es 30 Morddrohungen pro Tag. Die Agenten beklagen sich regelmäßig über die Unterbesetzung ihres Büros. Peinliche Pannen offenbarten die Schwächen des Schutzes. Neben Party-Crashern im Weißen Haus gab es auch gravierende Sicherheitslücken bei Obamas Amtseinführung. Nach später veröffentlichten Berichten wurden VIP-Gäste nur unzureichend kontrolliert. Und das, obwohl für diesen Tag nachrichtendienstliche Informationen über ein mögliches Attentat einer somalischen Terrorgruppe vorlagen. »Würde Obama weniger wie ein Minimalist vorgehen, wäre sein Leben noch mehr in Gefahr, als es ohnehin schon ist«[363], schrieb der Philosoph Norman Birnbaum in seinem Aufsatz »The Prisoner In The White House«.

Es kann kaum hoch genug eingeschätzt werden, welche Rolle Geld in der Politik der Vereinigten Staaten spielt. Barack Obama versprach eine Abkehr vom Lobbyismus und den »speziellen Interessen«. Es war ein Mantra seines Wahlkampfs, und doch könnte es am Ende heißen, dass die festgefahrenen politischen Strukturen in Washington, die Lobbyisten, die Industrievereinigungen und das politische Establishment zu stark waren. In seiner Präsidentschaft regnete es so viel Geld über Washington wie noch nie in der Geschichte der Vereinigten Staaten. Ein Trend setzte sich damit auch unter Präsident Obama fort: Seit zehn Jahren sind die Ausgaben der Lobbyisten ununterbrochen gestiegen. Allein im Jahr 2009 gaben Lobbyisten vor allem von Unternehmen und Berufsvereinigungen den Rekordbetrag von 3,5 Milliarden Dollar aus, um Großprojekte wie die Gesundheits-, Energie- und Finanzmarktreform in ihrem Sinne zu beeinflussen.[364] Es zeigte sich, dass Barack Obamas Einzug ins Weiße Haus nicht ausreichte, um die Welt von Washington zu verändern. Lobbyisten erhielten nicht nur Posten in seiner Regierung, sie behielten auch ihren Einfluss auf Capitol Hill. Es war dieselbe alte Politik. Bei jedem großen Projekt des Präsidenten waren sie einer der größten Player. In der Gesundheitsreform gaben Lobbygruppen 2009 zusammen rund 1,5 Millionen Dollar pro Tag aus, um die Gesetzgebung zu beeinflussen.[365] Im Endspurt im März 2010 gab eine der größten Lobbygruppen der USA, die U.S. Chamber of Commerce, innerhalb von zehn Tagen rund 30 Millionen Dollar für Attacken in Form von TV-Spots aus. Die Lobbyorganisation war 2009 mit Ausgaben von mehr als 144 Millionen Dollar auch der Topspender.[366] Unter den zehn größten Lobbyisten 2009 waren sechs aus der Gesundheitsindustrie. Eine ähnliche Entwicklung war 2010 angesichts der Diskussionen um eine Reform des Finanzmarkts zu beobachten. Vor allem Wall-Street-Banken organisierten eine PR-Offensive gegen Regulierungen mit einer Heerschar von Tausenden Lobbyisten.

Und sie bedachten von Anfang an auch den Mann im Weißen Haus. Kein Kandidat hat in der Geschichte der Vereinigten Staaten so viel Geld von Banken und Konzernen erhalten wie Barack Obama. Als dennoch die Angriffe von ihrer Seite im Zuge der Reform des Finanzmarkts zunahmen, wies Rahm Emanuel die Wirtschaftsführer an, die Attacken einzustellen.[367] Sie sollten dem US-Präsidenten vielmehr dankbar sein, so Emanuel. Man solle auf die wirtschaftsfreundliche Politik schauen, anstatt die vermeintlich unternehmensfeindliche Rhetorik überzubewerten. Als Beispiele führte er die Bankenrettung, lukrative Verträge aus dem Konjunkturprogramm und die Gesundheitsreform an, die das private Versicherungssystem aufrechterhalten habe.

Er hätte auch die Finanzmarktreform anführen können. Es ist bezeichnend, dass die Aktienkurse der größten Finanzhäuser wie Citigroup, JPMorgan Chase und Bank of America stiegen, kurz nachdem der Vermittlungsausschuss seine Arbeit an dem Gesetz beendet hatte.[368] »Die Banken sollten froh sein, dass es nicht schlimmer wurde, als es ist«[369], kommentierte der Analyst der Tower Group Jim Eckenrode. Das war eine nette Untertreibung. Nur ein Beispiel für die Schwächen des Gesetzes ist die Begrenzung der Investitionen von Banken in Hedgefonds und private Beteiligungsgesellschaften auf maximal drei Prozent ihres Kernkapitals. »Wen interessiert das?«, fragte Richard Bove, ein Analyst von Rochdale Securities. »Die Banken investieren ohnehin nicht mehr als drei Prozent.«[370]

Wenig hilfreich war zudem der von einer konservativen Mehrheit beherrschte Supreme Court, der in den vergangenen Jahren Gesetze systematisch demontiert hat, die den Einfluss reicher Kandidaten und von Konzernen zurückdrängen sollten. Noch im Januar 2010 entschied das höchste Gericht im fünften Jahr unter dem Vorsitz des konservativen und mit 55 Jahren relativ jungen Richters John Roberts in seiner Entscheidung »Citizens United v. United States« mit Verweis auf die Meinungsfreiheit, dass Spenden von Interessenvereinigungen und Konzernen keine Grenzen gesetzt werden dürfen. Schon 2008 hatte der Gerichtshof den sogenannten Millionärszusatz bei der staatlichen Finanzierung für Kongresswahlen kassiert. Die Regel erlaubte Kandidaten, mehr Geld zu sammeln, wenn sie gegen reiche Gegner antraten, die mehr als die staatliche Wahlkampfförderung ausgaben. Das Gericht hob die Regel mit Verweis auf die Redefreiheit der reichen Politiker auf, die andernfalls »Angst haben« müssten, mehr Geld auszugeben. Berufungsgerichte hatten die Klage abgewiesen und argumentiert, dass wohlhabende Kandidaten durch die Regelung nicht ruhiggestellt würden. Vielmehr erleichtere die Vorschrift finanzschwachen Kandidaten die Teilnahme am Wahlkampf. Noch im Juni 2010 hob der Supreme Court vorübergehend bis zu einer endgültigen Entscheidung (nach der Wahl) eine staatliche Regelung in Arizona auf, die die Höhe der staatlichen Wahlkampffinanzierung für die Gouverneurswahlen an die Ausgaben wohlhabender Gegner koppelte. Mit Rückendeckung der obersten Richter gibt es für Großkonzerne und Reiche keine Grenzen für eine Einflussnahme bei Wahlen. Unter dem Titel »Das konservativste Gericht seit Jahrzehnten« berichtete die *New York Times* von übereinstimmenden Studien der Supreme-Court-Entscheidungen der vergangenen Jahre, die den Schwenk nach rechts belegen.[371] Mehr Religion im öffentlichen Leben, ausgedehnte Waffenrechte und unternehmensfreundliche Entscheidungen sind das Markenzeichen der konservativen Richter. Ausschlaggebend für den Rechtsruck war die Ernennung von Samuel Alito unter George W. Bush 2006. Die Nominierung von Sonia Sotomayor und Elena Kagan unter Barack Obama wird angesichts der Stimmverhältnisse auch in Zukunft zu keiner Kursänderung führen.

Großer Widerstand gegen seine Reformen schlug Barack Obama auch in den Medien entgegen. Ganz vorn steht dabei der Kabelsender *Fox News*. Rupert Murdochs erzkonservatives Fernsehprogramm hat regelmäßig mehr Zuschauer als moderate oder progressive Konkurrenten wie CNN oder MSNBC zusammen. Die Moderatoren von *Fox* waren maßgeblich am Aufstieg der Tea-Party-Bewegung beteiligt. Für die Agenda Obamas ist der Einfluss von *Fox News* fatal. »Es ist so, als wäre Joe McCarthy nicht nur ein Senator, sondern auch ein Fernsehsender«[372], schrieb der Journalist Eric Alterman. Zahlreiche Sendungen sind offen parteiisch und erheben noch nicht einmal den Anspruch einer objektiven Berichterstattung. Hinzu kommt das »feinere« *Wall Street Journal*, das unter seinem neuen Eigentümer Rupert Murdoch einen steilen Abstieg erlebt. Auf den Meinungsseiten veröffentlicht die Zeitung inzwischen regelmäßig abstruse politische Kommentare, die beispielsweise den Klimawandel zum Mythos erklären, darunter Beiträge von Bushs Chef-Ideologen Karl Rove. »Follow the Money«, riet etwa ein Kommentar seinen Lesern verschwörungstheoretisch und suggerierte, dass es den Klimawissenschaftlern in einer »auf Angst« beruhenden »Wachstumsindustrie«[373] ausschließlich um Fördermittel gehe. Im Zusammenspiel mit konservativen Thinktanks wie der Heritage Foundation und dem American Enterprise Institute hat die Rechte damit eine formidable Propagandamaschinerie, der gemäßigte oder progressive Medienorganisationen bislang wenig entgegensetzen können.

Und sie beeinflusst auch den Qualitätsjournalismus. Nach einer Untersuchung der Harvard University hatten Zeitungen wie die *New*

York Times und das *Wall Street Journal* bis zur Präsidentschaft George W. Bushs Waterboarding – häufig im Zusammenhang mit Geschehnissen im Ausland – seit fast einem Jahrhundert als Folter bezeichnet.[374] Nachdem klar wurde, dass in der Folge der Anschläge vom 11. September auch die USA diese Foltermethode anwendeten, zogen sich die *New York Times* wie viele andere Medien auf verharmlosende Bezeichnungen wie »raue Verhöre« zurück. Mindestens ebenso einflussreich sind rechte Radiomoderatoren, allen voran Rush Limbaugh und Michael Savage, sowie eine Heerschar konservativer Blogger, bei denen der Sozialismus- oder wahlweise der Faschismus-Vorwurf gegen Präsident Obama zum Standardrepertoire gehören.

Ein Beispiel für die Macht dieses rechten Sumpfes lieferte der Fall Shirley Sherrod. Ein rechter Blogger veröffentlichte im Juli 2010 einen kurzen Ausschnitt einer Rede der Afroamerikanerin und Mitarbeiterin des Landwirtschaftsministeriums, in der sie vor der Bürgerrechtsorganisation NAACP über ihre gemischten Gefühle bei der Hilfe für einen verarmten weißen Farmer sprach. Rechte Medien wie *Fox News* rissen sich um den Clip und sahen darin einen Beleg für den vermeintlichen Rassismus der Schwarzen-Organisation gegenüber Weißen. Es war ein wohlkalkulierter Angriff auf die NAACP, die nur wenige Tage vorher Teile der Tea-Party-Bewegung aufgrund ihrer rassistischen Einstellungen kritisiert hatte. Und wie reagierte die Obama-Administration? Ohne abzuwarten, feuerte sie Sherrod – offenbar allein aufgrund der Angriffe konservativer Medien. Als die gesamte Rede an die Öffentlichkeit kam, stellte sich schnell heraus, dass Shirley Sherrod sich gerade gegen Rassismus ausgesprochen hatte: Sie sei in dem geschilderten Fall zu dem Schluss gekommen, dass es um Arm und Reich und nicht um Schwarz oder Weiß gehe. Die Kündigung durch das Landwirtschaftsministerium war ohne weitere Nachprüfung erfolgt, gestand der Pressesprecher des Weißen Hauses Robert Gibbs bei einer Pressekonferenz anschließend ein. Die nahezu panische Reaktion der US-Regierung auf die rechten Meinungsmacher war nicht nur peinlich, die Diskussion über die Kündigung verdeckte auch nahezu vollständig die feierliche Unterzeichnung der Finanzreform Präsident Obamas am selben Tag, eigentlich ein großer Sieg der Administration.

Wo bleibt die Debatte über Rassismus, die Barack Obama im Wahlkampf versprochen hatte?, fragten nun Journalisten bei der Pressekonferenz, in der sich Robert Gibbs für die Kündigung Sherrods im Namen der Administration entschuldigte. (Später entschuldigte sich auch Obama persönlich bei Shirley Sherrod.) »Ich war nie so naiv, zu glauben, dass es möglich sei, den Rassismus in einer Amtszeit zu überwinden«, hatte Obama in seiner großen Rede über Rassismus im Wahlkampf erklärt. Doch kaum im Amt, vermied er das Thema. Die Debatte um die Festnahme des schwarzen Harvard-Professors Henry Louis Gates als vermeintlichen Einbrecher in sein eigenes Haus in einer wohlhabenden Gegend von Cambridge versuchte Barack Obama mit einem »Bier-Gipfel« im Garten des Weißen Hauses zu lösen, zu dem er Gates sowie den Polizisten einlud, der ihn verhaftet hatte. Dennoch bleibt der strukturelle Rassismus. Überproportional viele Schwarze sind arm.[375] Sie leiden unter einer deutlich schlechteren Bildung. Und immer noch stellen sie 40 Prozent der Gefängnisinsassen, obwohl ihr Bevölkerungsanteil lediglich 14 Prozent beträgt.

Zugleich stieß Barack Obama seine linke Basis vor den Kopf. Seine Graswurzelbewegung Organizing for America eröffnete die Perspektive einer neuen demokratischen Alternative zur Macht des Geldes in Washington. »Dieser Sieg allein ist nicht der Wandel, den wir wollen«[376], sagte Obama im Grant Park von Chicago einen Tag nach seiner Wahl. Es war ein Ort von symbolischer Bedeutung: 1968 hatte die Polizei anlässlich des Parteitags der Demokraten Anti-Kriegs-Demonstranten durch den Park geknüppelt.[377] Die Gewalt hatte die Demokratische Partei gespalten und zum Sieg Richard Nixons beigetragen, einem besonders dunklen Kapitel in der amerikanischen Geschichte. Der Sieg sei eine Chance, den Wandel herbeizuführen, sagte Barack Obama. »Aber er wird sich nicht einstellen, wenn wir so weitermachen wie bisher. Und er kann nicht ohne euch kommen, ohne Einsatzwillen, einen neuen Geist der Aufopferung.«

Der Weg sei lang und steil, sagte er. »Wir werden unser Ziel vielleicht nicht in einem Jahr oder vielleicht nicht mal in einer Amtsperiode erreichen. Aber, Amerika, ich war noch nie so hoffnungsvoll wie heute Abend, dass wir es schaffen!« Die Menschen waren erfüllt von der Hoffnung. Für viele Amerikaner unabhängig von ihrer Parteizugehörigkeit war die historische Bedeutung der Wahl Barack Obamas unverkennbar. Sie beendete die Vorherrschaft eines konservativen Amerikas, das über

Jahrzehnte die Definition von Patriotismus für sich beanspruchte. Es war kulturell betrachtet ein Meilenstein. Das Ende der Bush-Administration und der hoffnungsvolle Anfang wurde weltweit gefeiert. Über Nacht wuchs das Ansehen der Vereinigten Staaten wieder.

Doch das Instrument, das sich im Wahlkampf als eine der effektivsten Waffen der Demokraten gegen den Republikaner John McCain erwiesen hatte, blieb angesichts der anstehenden politischen Schlachten erstaunlich passiv. Anstatt die Basisorganisation aus den Zeiten seiner Wahlkampagne zu reaktivieren, hoffte die Obama-Administration auf unrealistische Kompromisse mit einer destruktiven republikanischen Opposition. Integriert in den Parteiapparat, verkam Organizing for America zum passiven Adressaten von Verlautbarungen und Spendenaufrufen des Weißen Hauses.

Für die Gesundheitsreform etwa verließ Präsident Barack Obama sich auf Hinterzimmerdeals anstatt auf die Organisation von Millionen Menschen, die eine Reform unterstützten. Aber auch viele Aktivisten zogen sich mit dem Einzug Obamas ins Weiße Haus zurück. Selbstkritische Töne kamen von der politischen Aktivistin Angela Davis, die Barack Obamas Sieg als »unseren Sieg, den Sieg von Generationen von Menschen, die für Gleichheit und Gerechtigkeit gekämpft haben«, bezeichnete. Sie verurteilte den »Messias-Komplex«[378]. Anstatt von Projektionen auf Obama hätte die Bewegung zu einem radikalen Wandel beitragen können. »Wir haben diese Bewegung nicht aufrechterhalten. Wir sagten ihm, was wir wollten, und dann gingen wir nach Hause.« Doch die USA seien immer noch die »United States of Capitalism«, die »United States of Imperialism«. »Wären wir mobilisiert geblieben, hätte Obama vielleicht nicht die Truppen nach Afghanistan geschickt, vielleicht wäre Guantánamo inzwischen geschlossen«, sagte Davis. »Es ist unsere Verantwortung. Wir sind diejenigen, auf die wir gewartet haben.«[379]

Auch Präsident Obama braucht den Druck einer sozialen Bewegung, die ihn zu fundamentalen Änderungen zwingt. In entscheidenden Phasen der Geschichte der USA gab es solche Bewegungen, die den Druck auf die politische Führung aufrechterhielten. Dieses Wechselspiel der Kräfte galt für die Bewegung zur Abschaffung der Sklaverei unter Präsident Abraham Lincoln ebenso wie für die Frauenbewegung und den erfolgreichen Kampf für ein allgemeines Wahlrecht sowie für Präsident

Lyndon B. Johnsons Bürgerrechtsgesetze, die er nicht ohne den Druck der Bürgerrechtsbewegung hätte durchsetzen können.

Der 44. Präsident der Vereinigten Staaten Barack Obama hat den historischen Moment nicht genutzt – noch nicht. Er verpasste bislang die Gelegenheit, einer machtvollen neuen sozialen Bewegung auf die Sprünge zu helfen.

Ein Grund für die Passivität vieler seiner Anhänger war sicherlich deren Enttäuschung über das »alte Washington«, das auch mit dem neuen Präsidenten keineswegs seinen Hut genommen hatte. Zur Enttäuschung trug auch das Weiße Haus selbst bei. Anstatt »die alte Politik« zu korrigieren, griff es auf alte Tricks zurück. Die Politik im »Rahmbo«-Stil versuchte, konservativere Demokraten durchzusetzen, da sie gegen republikanische Gegner aussichtsreicher seien. Es war das altbekannte politische Taktieren.

Als sich angesichts der demokratischen Vorwahlen für die Midterm Elections 2010 Aktivisten für progressivere demokratische Kandidaten einsetzten, kam es zur Konfrontation mit dem Weißen Haus, das sich für konservativere Parteifreunde aussprach. Dazu gehörte etwa Blanche Lincoln aus Arkansas, die bedeutende Teile der demokratischen Reformen, wie die gesetzliche Erleichterung der gewerkschaftlichen Organisation in den Betrieben, behindert und George W. Bushs Steuererleichterungen für Reiche unterstützt hatte. Gewerkschaften und Progressive investierten viel in den Sieg »ihres« Gegners und verloren knapp. Der Kommentar des Weißen Hauses kam in Form einer anonymen Nachricht eines hohen Regierungsmitarbeiters an die Zeitung *Politico*: »Die organisierte Arbeiterschaft hat gerade in einer sinnlosen Übung zehn Millionen Dollar ihrer Mitglieder die Toilette hinuntergespült«, hieß es darin. »Wenn nur die Hälfte davon gezielt für entscheidende Wahlen zum Kongress verwendet worden wäre, hätte das einen wirklichen Unterschied im November machen können.«[380] Doch viele Menschen aus der demokratischen Basis wollten nicht einfach nur gewinnen, sie wollten einen inhaltlich neuen Kurs. »Die organisierte Arbeiterschaft ist kein Geldautomat für die Demokraten«, erklärte Chuck Rocha in einer wütenden Stellungnahme für die Stahlarbeitergewerkschaft United Steelworkers of America. Die 1,2 Millionen Mitglieder starke Organisation hatte die Versuche unterstützt, Blanche Lincoln zu verhindern. »Ihr seid nichts ohne uns.«

In anderen Staaten konnten sich in den Vorwahlen für die Kongresswahlen dagegen fortschrittlichere Demokraten gegen die vom Weißen Haus geförderten konservativeren Kandidaten durchsetzen. Wie sich später allerdings herausstellte, hatte die Obama-Administration progressiven Kandidaten wie Andrew Romanoff aus Colorado und Joe Sestak aus Pennsylvania für ihren Verzicht auf die Teilnahme an den Vorwahlen Jobs im Weißen Haus angeboten. Es war nur ein weiteres Beispiel derselben alten Politik, die Barack Obama hinter sich zu lassen versprochen hatte.

Es mag sein, dass konservative Demokraten in manchen traditionell republikanischen Bundesstaaten bessere Chancen auf einen Sieg haben. Dennoch zeigt die Reaktion des Weißen Hauses zweierlei: Es ist sich der Treue seiner linken Basis sehr sicher. Und es geht weniger um politische Inhalte als um politische Punkte. Diese Strategie der »Mehrheit um jeden Preis« förderte die Entstehung einer Minderheit von zentristischen »New Democrats«, die gleichwohl die gesamte Demokratische Partei in den Verhandlungen um die Gesundheitsreform als Geisel nehmen konnte. Das war nicht nur eine Niederlage für progressive Demokraten: Diese kleine Gruppe gefährdete Obamas Präsidentschaft letztendlich mehr als die sture Blockade der Republikaner, die überwunden werden konnte.

Die Mehrheit der Demokraten im Senat und im Repräsentantenhaus wollte den Wandel, von dem ihr Kandidat Barack Obama im Wahlkampf gesprochen hatte. Sie hören die Beschwerden von ihren Wählern, den Menschen, die sich mit Unterstützung ihrer Nachbarn gegen die Zwangsversteigerung ihrer Häuser wehren, Arbeiter, die gegen die nächste Lohnkürzung und Entlassungswelle protestieren. Sie waren für einen fundamentalen Wandel, ob in der Gesundheits- oder der Finanzpolitik. Doch sie hatten – zu ihrer eigenen Überraschung – nach der Wahl nur einen bedingt hilfsbereiten Partner im Weißen Haus. Aus Obamas *team of rivals* wurde ein Team ohne Rivalen, in dem Falken und Marktliberale dominierten. Obama hat die zahlreichen fortschrittlichen Kräfte nicht ins politische System der Regierung integriert, weder in der Innen- noch in der Außenpolitik.

Aber es besteht die Chance, dass er aus seinen Fehlern Konsequenzen zieht. Ohne Zweifel sind die ersten zwei Jahre im Amt eine kostbare Erfahrung mit einer steil nach oben zeigenden Lernkurve. Den politischen Willen vorausgesetzt, könnte Präsident Obama seinen Kurs noch ändern. Washington ist jedoch nicht der Ort für verständnisvolle Gespräche. Der Präsident muss seine Samthandschuhe ausziehen und in die Offensive gehen. Das tat er im Kampf um die Gesundheitsreform zwar relativ spät, gleichwohl erfolgreich, als er sich direkt an seine Wähler wandte. Auch wenn der Kampf mit der Versicherungsindustrie zu diesem Zeitpunkt angesichts der ohnehin schwachen Reformpläne schon mehr einem Schaukampf glich, zeigte dieses Vorgehen die Grenzen der Macht des Geldes auf. Ebenso erfolgreich nutzte er in der Debatte um die Finanzreform den Druck der Öffentlichkeit gegen die Millionen von Dollar, die die Wall Street in das Lobbying investierte, und konnte so am Ende auch hier den Widerstand der Republikaner brechen. Sein politisches Kapital ist seine Fähigkeit, mit seiner Basis zu kommunizieren.

Zu Beginn seiner Präsidentschaft war die amerikanische Öffentlichkeit bereit für einen fundamentalen Wandel. Es war der Moment für einen sauberen Schnitt. Dass selbst ein derart talentierter und intelligenter Präsident wie Barack Obama diese Wende im politischen Apparat Washingtons nicht schaffte, spricht Bände. Seine Ziele waren ehrgeizig. Unerreichbar waren sie trotz aller Widerstände nicht.

Die Zahlen sprechen für Obama. Laut der mit dem Pulitzerpreis ausgezeichneten Website *PolitiFact* hat der US-Präsident zahlreiche seiner Wahlversprechen eingelöst. Von seinen 25 zentralen Versprechen erfüllte er bislang neun – einige davon in Form von Kompromissen. Dem steht lediglich ein gebrochenes Versprechen gegenüber (strengere Regeln gegen Lobbyisten).[381] Von der Liste aller seiner Zusagen hat Obama bislang immerhin 120 eingehalten und darüber hinaus 37 durch Kompromisse erreicht. Nur 19 Versprechen brach er.

Doch seine Siege erfolgten zu einem hohen Preis. Anstatt sein volles politisches Gewicht in die Diskussion einzubringen, wirkte er häufig distanziert und abgehoben. Sein fast schon zwanghafter Drang nach Kompromissen führte in Sackgassen. Noch bevor er irgendwelche Zusagen der Republikaner erhalten hatte, gab er bereits eigene Positionen auf. Zentrale Projekte wie ein Klimagesetz mit Emissionshandel ließ er fallen. Die Finanzreform blieb schwach. Seine Gesundheitsreform beruht im Wesentlichen auf dem Beispiel der von Republikanern 2006 verabschiedeten Reform in Massachusetts, wo es eine wirkliche, strukturelle Reform nicht gab und die Kosten des privaten Versicherungssystems seit Jahren steigen. Im Gegensatz dazu nutzten die Konservativen die Zeit nach ihrem Wahldebakel von 2008 für eine kompromisslose Offensive gegen Obama, dem sie sein »Waterloo« bereiten wollten. Angesichts ihrer erfolgreichen Blockadepolitik konnten sie sich reorganisieren, die eigenen Reihen schließen und inspirierten eine landesweite konservative Bewegung.

Für diejenigen, die mit dem Wahlsieg Barack Obamas ein neues Amerika herbeisehnten, ist diese politische Realität eine bittere Pille. Sie ist aber zugleich eine wichtige Lektion über die Möglichkeiten gesellschaftlicher Veränderung und die politischen Spielräume.

Fraglich ist, wie sich die Politik des Präsidenten langfristig auf seine Basis auswirken wird. Schon jetzt sorgten seine Entscheidungen für reichlich Frustration und enttäuschten junge Menschen, von denen sich viele 2008 zum ersten Mal politisch engagiert hatten. Keine Frage, Barack Obama bot frischen Wind und eine aufbauende, hoffnungsvolle Rhetorik, und das ist nicht wenig. In internationalen Beziehungen hat dies schon zu einer deutlichen Verbesserung des Klimas geführt. Der deutlichen neuen Sprache folgten jedoch viel zu oft traditionelle Antworten. Der bestenfalls naiven Haltung Obamas gegenüber der politischen Kultur in Washington, die er zu ändern angetreten war, entspricht die naive Heilserwartung vieler seiner Anhänger, die in seiner Amtsübernahme allein schon eine neue Ära sahen.

Der entscheidende Faktor für Erfolg oder Misserfolg seiner Präsidentschaft wird jedoch die Entwicklung der Wirtschaft sein. »Es ist unsere Aufgabe, unseren Mitbürgern wieder Arbeit zu beschaffen und Chancengleichheit für unsere Kinder herzustellen, den Wohlstand zu erneuern und Frieden zu fördern, den amerikanischen Traum zurückzugewinnen und uns klarzumachen, dass wir trotz unserer Unterschiedlichkeit eins sind, gemeinsam atmen und gemeinsam hoffen«, sagte er einen Tag nach seiner Wahl im November 2008. »Und wer uns mit Zynismus und Zweifeln kommt, wer uns weissagt, dass wir es nicht schaffen werden, dem werden wir mit dem nicht enden wollenden Glauben antworten, der sich in der Hoffnung eines Volkes vereint: Ja, wir schaffen es.«

Doch während der Reichtum für einen kleinen Teil der Bevölkerung auch aufgrund von großzügigen Steuergeschenken der Bush-Administration stieg, gab es für viele Menschen unter Barack Obama weniger Hoffnung denn je. 2007 vereinte das reichste Prozent der US-Bevölkerung 23,5 Prozent des Gesamteinkommens der Vereinigten Staaten auf sich, so viel wie seit 1928 nicht mehr. Die obersten 10 Prozent erhielten fast 50 Prozent, der höchste Wert der vergangenen 100 Jahre. Gleichzeitig ist die Armut so gravierend wie seit Jahrzehnten nicht mehr. Einer von acht Amerikanern lebt inzwischen von Lebensmittelmarken. Ein Ende der hohen Arbeitslosigkeit ist nicht in Sicht. Mehr als acht Millionen Arbeitsplätze gingen in der Wirtschaftskrise verloren. Mindestens 15 Millionen Menschen haben weiterhin keine Beschäftigung. Damit bleibt die Bilanz der ersten Jahre von Barack Obama im Amt ernüchternd. Mit ihm erlebten die Amerikaner einen Präsidenten, der »Hoffnung wagen« wollte und zögerlich regierte. »Hope« und »Change« waren im Wahlkampf. »Fired up, ready to go!« ist niemand mehr. Die Party ist schon lange vorbei.

ANMERKUNGEN

1 Kent Klein: »Obama Quietly Marks One Year In Office«. *Voice of America*, 20.1.2010. Auf: http://www1.voanews.com/english/news/news-analysis/Obama-Quietly-Marks-One-Year-In-Office--82212027.html.

2 Mark Knoller: »President Obama Year-In-Review: Key Facts«. WCCO, 20.1.2010. Auf: http://wcco.com/politics/obama.first.year.2.1437921.html.

3 Gallup: »Obama's Initial Approval Ratings in Historical Context«. 26.1.2010. Auf: http://www.gallup.com/poll/113968/Obama-Initial-Approval-Ratings-Historical-Context.aspx; Gallup: »Obama Starts 2010 With 50% Approval«. 6.1.2010. Auf: http://www.gallup.com/poll/124949/approval-obama-starts-2010-shaky-spot.aspx.

4 Gallup: »Obama's Approval Most Polarized for First-Year President«. 25.1.2010. Auf: http://www.gallup.com/poll/125345/obama-approval-polarized-first-year-president.aspx.

5 Peter Baker: »What Happened? The Limits of Rahmism«. *New York Times Magazine*, 14.3.2010.

6 Titel der Ausgabe des Magazins *Vanity Fair*, März 2009. Auf: http://www.huffingtonpost.com/2009/02/02/obama-in-vanity-fair-anni_n_163007.html.

7 Judith Butler: »Hoffnung gebiert Enttäuschungen«. *taz*, 13.11.2008. Auf: http://www.taz.de/1/debatte/kommentar/artikel/1/hoffnung-gebiert-enttaeuschungen/.

8 David Brooks: »The Insider's Crusade«. *New York Times*, 21.11.2008. Auf: http://www.nytimes.com/2008/11/21/opinion//21brooks.html?ref=opinion.

9 Peter Baker: »What Happened? The Limits of Rahmism«. *New York Times Magazine*, 14.3.2010.

10 Jacob Heilbrunn: »Obama's Team of Rivals«. *Huffington Post*, 14.11.2008. Auf: http://www.huffingtonpost.com/jacob-heilbrunn/obamas-team-of-rivals_b_143816.html.

11 ABC News: »Obama Proposes ›Team of Rivals‹ Cabinet«. 22.5.2008. Auf: http://blogs.abcnews.com/politicalpunch/2008/05/obama-proposes.html.

12 Barack Obama: *The Audacity of Hope. Thoughts on Reclaiming the American Dream*. New York 2006. S. 48.

13 Robert Kuttner: *A Presidency in Peril. The Inside Story of Obama's Promise, Wall Street's Power, and the Struggle to Control our Economic Future*. Vermont 2010. S. XVI.

14 US-Präsident Obama im Interview mit Brian Williams von NBC, 3.2.2009. Auf: http://www.msnbc.msn.com/id/28994296/.

15 Michelle Malkin: *Culture of Corrupiton. Obama and His Team of Tax Cheats, Crooks, and Cronies*. Washington 2010. S. 30.

16 US EPA Inspector General Report: »EPA Report Blasts New Jersey Toxic Clean-Ups«. PEER. 19.6.2008. Auf: http://www.peer.org/news/news_id.php?row_id=1068.

17 *Ethics Update* des Weißen Hauses. 10.3.2009. Auf: http://www.whitehouse.gov/blog/09/03/10/Ethics-Update/.

18 Mary Lu Carnevale: »Nominee Is Questioned About Pentagon's Revolving Door«. *Wall Street Journal*, 15.1.2009. Auf: http://blogs.wsj.com/washwire/2009/01/15/nominee-is-questioned-about-pentagons-revolving-door/.

19 Jeanne Cummings: »Geithner Enlists Lobbyist as Top Aide«. *Politico*, 26.1.2009. Auf: http://www.politico.com/news/stories/0109/18047.html.

20 Julie Creswell und Ben White: »The Guys From ›Government Sachs‹«. *New York Times*, 17.10.2008. Auf: http://www.nytimes.com/2008/10/19/business/19gold.html.

21 Fredreka Schouten: »Geithner Names Ex-Lobbyist as Treasury Chief of Staff«. *USA Today*, 27.1.2009. Auf: http://www.usatoday.com/news/washington/2009-01-27-lobbyist_n.htm.

22 Jonathan Hiatt: »Good Lobbyists, Excluded«. *New York Times* (Letters to the Editor), 1.5.2009. Auf: http://www.nytimes.com/2009/05/02/opinion/lweb02lobbyist.html.

23 AP: »Obama Admits Some Ambassador Picks Political«. *USA Today*, 9.1.2009. Auf: http://www.usatoday.com/news/washington/2009-01-09-obama-ambassadors_n.htm.

24 Toby Harnden: »Barack Obama to Appoint Louis Susman American Ambassador in London«. *Telegraph*, 21.5.2009. Auf: http://www.telegraph.co.uk/news/worldnews/northamerica/usa/5359230/Barack-Obama-to-appoint-Louis-Susman-American-ambassador-in-London.html.

25 Ralf Beste und Gregor Peter Schmitz: »Berlin gibt grünes Licht für Obamas Botschafter«. *Spiegel online*, 1.7.2009. Auf: http://www.spiegel.de/politik/ausland/0,1518,633816,00.html.

26 Peter Dreier und Marshall Ganz: »We Have the Hope. Now Where's the Audacity?«. *Washington Post*, 30.8.2009. Auf: http://www.washingtonpost.com/wp-dyn/content/article/2009/08/28/AR2009082801817.html?sid=ST2009090403398.

27 AstroTurf ist der Name für eine Kunstrasenmarke und steht für eine von Parteien und Unternehmen verwendete Lobbying-Strategie, bei der Demonstrationen und ähnliche Aktionen zu bestimmten Themen zentral organisiert werden, jedoch den Eindruck einer spontanen Bewegung machen sollen.

28 Kirk Johnson: »Utah Delegates Oust Three-Term G.O.P. Senator From Race«. *New York Times*, 8.5.2010. Auf: http://www.nytimes.com/2010/05/09/us/politics/09utah.html?scp=2&sq=bennett%20ousted%20gop%20convention&st=Search.

29 Bill Moyers auf PBS, 4.9.2009. Auf: http://www.pbs.org/moyers/journal/09042009/watch3.html.

30 Judith Butler: »Hoffnung gebiert Enttäuschungen«. *taz*, 13.11.2008. Auf: http://www.taz.de/1/debatte/kommentar/artikel/1/hoffnung-gebiert-enttaeuschungen/.

31 Scott Shane: »Administration Takes a Hard Line Against Leaks to Press«. *New York Times*, 11.6.2010. Auf: http://www.nytimes.com/2010/06/12/us/politics/12leak.html?hp.

32 ACLU, 26.2.2010. Auf: http://www.aclu.org/blog/national-security/congress-drops-ball-upgrading-patriot-protections.

33 Charlie Savage: »Obama Said to Be Open to New Miranda Look«. *New York Times*, 10.5.2010. Auf: http://www.nytimes.com/2010/05/11/us/politics/11miranda.html?scp=3&sq=obama%20miranda%20right&st=cse.

34 Rede Obamas in der Carnegie Mellon University, Pittsburgh, 2.6.2010. Auf: http://www.whitehouse.gov/the-press-office/remarks-president-economy-carnegie-mellon-university.

35 *U.S. Census Bureau: »Poverty: 2008 Highlights«.* Auf: http://www.census.gov/hhes/www/poverty/poverty08/pov08hi.html.

36 Cornel West: »Obama is for Big Business Not the Jobless«. *Obama Watch Blog*, 1.4.2010. Auf: http://www.obamawatchblog.com/2010/04/cornel-west-obama-is-for-big-business-not-the-jobless/.

37 Arianna Huffington: »Obama One Year Later: The Audacity of Winning vs. The Timidity of Governing«. *Huffington Post*, 3.11.2009. Auf: http://www.huffingtonpost.com/arianna-huffington/obama-one-year-later-the_b_343209.html.

38 Jonathan Alter: »Obama Takes Charge Before the Election«. *Newsweek*, 17.5.2010. Auf: http://www.newsweek.com/2010/05/17/obama-takes-charge-before-the-election.html.

39 Richard Wolffe: *Renegade. The Making of a President*. London 2009. S. 274.

40 Henry M. Paulson: *On the Brink. Inside the Race to Stop the Collapse of the Global Financial System*. New York 2010. S. 296.

41 Ebd.

42 Ebd. S. 298. Jonathan Alter: *The Promise. President Obama, Year One*. New York 2010. S. 11.

43 Jonathan Alter: »Obama Takes Charge Before the Election«. *Newsweek*, 17.5.2010. Auf: http://www.newsweek.com/2010/05/17/obama-takes-charge-before-the-election.html.

44 Robin Abcarian: »Ferraro Quits Clinton Campaign After Obama Remarks«. *Los Angeles Times*, 13.3.2008. Auf: http://www.latimes.com/news/nationworld/nation/la-na-ferraro13mar13,0,7597884.story.

45 David Mendell: *Obama. From Promise to Power*. New York 2007. S. 289.

46 Jonathan Alter: *The Promise*. S. 145. David Remnick: *The Bridge. The Life and Rise of Barack Obama*. New York 2010. S. 207.

47 David Mendell: *From Promise to Power.* S. 89.

48 Raymond Hernandez und Cristopher Drew: »It's Not Just ›Ayes‹ and ›Nays‹: Obama's Votes in Illinois Echo«. *New York Times*, 20.12.2007. Auf: http://www.nytimes.com/2007/12/20/us/politics/20obama.html?_r=1.

49 Jonathan Alter: *The Promise*. S. 146.

50 David Remnick: *The Bridge*. S. 317.

51 Barack Obama: *The Audacity of Hope*. S. 433.

52 »The GOP's Rent-a-Senator«. *Chicago Tribune*, 6.8.2004.

53 Jeff Zeleny: »Once a Convention Outsider, Obama Navigated a Path to the Marquee«. *New York Times*, 26.8.2008. Auf: http://www.nytimes.com/2008/08/27/us/politics/27obama.html.

54 Transkript der Rede Obamas. *Washington Post*, 27.7.2004. Auf: http://www.washingtonpost.com/wp-dyn/articles/A19751-2004Jul27.html.

55 Bob Herbert: »A Leap of Faith«. *New York Times*, 4.6.2004. Auf: http://www.nytimes.com/2004/06/04/opinion/a-leap-of-faith.html.

56 Transkript vom Media Research Center: 2004 Conventions. Morning Edition, 28.7.2004. Auf: http://www.mediaresearch.org/cyberalerts/2004/cyb20040728am.asp#1.

57 Barack Obama: *The Audacity of Hope*. S. 249.

58 »The Plan, October 2006«. *The Atlantic*, 11.8.2008. Auf: http://www.theatlantic.com/politics/archive/2008/11/-the-plan-october-2006/37951.

59 Rede von Barack Obama, 10.2.2007, Springfield, Illinois. Auf: http://www.barackobama.com/2007/02/10/remarks_of_senator_barack_obam_11.php.

60 Jonathan Alter: *The Promise*. S. 33.

61 David Plouffe: *The Audacity to Win. The Inside Story and Lessons of Barack Obama's Historic Victory.* New York 2009. S. 56.

62 Ebd. S. 53.

63 »Obama Top Fundraiser on Wall Street«. *Washington Post*, 18.4.2007. Auf: http://www.washingtonpost.com/wp-dyn/content/article/2007/04/17/AR2007041701688.html.

64 Robert Kuttner: *A Presidency in Peril.* S. 11.

65 Jodi Kantor: »Disinvitation by Obama is Criticized«. *New York Times*, 6.3.2007. Auf: http://www.nytimes.com/2007/03/06/us/politics/06obama.html.

66 Gwen Ifill: *The Breakthrough. Politics and Race in the Age of Obama.* New York 2009. S. 60.

67 Ebd. S. 54.

68 Barack Obama: *Dreams from My Father. A Story of Race and Inheritance.* New York 2004. S. III.

69 Reuters: »Jesse Jackson: Obama ›talking down‹ to blacks«. 10.7.2008. Auf: http://www.reuters.com/article/idUSN0918037220080710.

70 Gwen Ifill: *The Breakthrough.* S. 57.

71 Mike Glover: »Obama says Republicans trying to scare voters«. *breitbart.tv*, 31.7.2008. Auf: http://www.breitbart.com/article.php?id=D928S7080&show_article=1.

72 Barack Obama: »A More Perfect Union«. Philadelphia/Pennsylvania, 18.3.2008. Auf: http://www.barackobama.com/2008/03/18/remarks_of_senator_barack_obam_53.php.

73 Barack Obama: »Renewing the American Economy«. *Cooper Union*, 27.3.2008. Auf: http://www.nytimes.com/2008/03/27/us/politics/27text-obama.html.

74 Michael Powell: »Obama Addresses Critics on ›Centrist‹ Moves«. *New York Times*, 8.7.2008. Auf: http://thecaucus.blogs.nytimes.com/2008/07/08/obama-addresses-critics-on-centrist-moves/.

75 Will Bunch: »Obama Would Ask His AG to ›Immediately Review‹ Potential of Crimes in Bush White House«. *(Philadelphia) Daily News*, 14.4.2008.

76 Mark Benjamin: »Would Obama Prosecute the Bush Administration for Torture?«. *Salon.com*, 4.8.2008.

77 Barack Obama: »The American Promise«. 28.8.2008. Auf: http://www.barackobama.com/2008/08/28/remarks_of_senator_barack_obam_108.php.

78 »Obama Campaign Financed by Large Donors, too«. *PolitiFact*, 21.4.2010. Auf: http://www.politifact.com/truth-o-meter/statements/2010/apr/22/barack-obama/obama-campaign-financed-large-donors-too/.

79 David Brooks: »Obama's Money Class«. *New York Times*, 1.7.2008. Auf: http://www.nytimes.com/2008/07/01/opinion/01brooks.html?_r=2&hp&o.

80 Robert Kuttner: *A Presidency in Peril.* S. 16.

81 Niall Stanage: *Redemption Song. An Irish Reporter Inside the Obama Campaign.* Dublin 2008. S. 163.

82 Jonathan Alter: *The Promise.* S. 5.

83 John Heilemann und Mark Halperin: *Game Change. Obama and the Clintons, McCain and Palin, and the Race of a Lifetime.* New York 2010. S. 676 (LP).

84 »Palin Gets Media Savaging after Faltering Interview«. AFP, 26.9.2008. Auf: http://afp.google.com/article/ALeqM5i7lJ7uGNOkOTK964WwjybvKVDouA.

85 Ebd.

86 Robert Rubin und Jared Bernstein: »No More Economic False Choices«. *New York Times*, 2.11.2008. Auf: http://www.nytimes.com/2008/11/03/opinion/03rubin.html?pagewanted=1&ref=opinion%29.

87 Mark Murray: »Poll: Obama Opens Biggest Lead Over McCain«. MSNBC, 23.10.2008. Auf: http://www.msnbc.msn.com/id/27297013/.

88 Bei einem Treffen im Weißen Haus mit den Geschäftsführern der größten US-Banken, 27.3.2009. Eamon Javers: »Inside Obama's Bank CEOs Meeting«. *Politico*, 3.4.2009. Auf: http://www.politico.com/news/stories/0409/20871.html.

89 Kim Chipman und Matthew Benjamin: »Obama Names Rubin Ally Furman to Economic Policy Post«. *Bloomberg News*, 9.6.2008. Auf: http://www.bloomberg.com/apps/news?pid=20601103&sid=acigw2e6gl8Y&refer=us.

90 Center for American Progress: »Economic Snapshot for October 2008«. Stand 15.10.2008. Auf: http://www.americanprogress.org/issues/2008/10/econ_snapshot.html.

91 Jonathan Alter: *The Promise*. S. 5.

92 Center for Responsive Politics: »Barack Obama: Top Contributors«. Stand 13.7.2009. Auf: http://www.opensecrets.org/pres08/contrib.php?cycle=2008&cid=N00009638.

93 Jonathan Alter: *The Promise*. S. 27.

94 Center for American Progress: »Economic Snapshot for November 2008« und »Economic Snapshot for December 2008«. Auf: http://www.americanprogress.org/issues/2008/11/economic_snapshot.html; http://www.americanprogress.org/issues/2008/12/econ_snapshot.html.

95 Jonathan Alter: *The Promise*. S. 29.

96 *Time*, 15.2.1999. Auf: http://www.time.com/time/covers/0,16641,19990215,00.html.

97 Barack Obama: *The Audacity of Hope*. S. 206–207.

98 Richard Teitelbaum und Hugh Son: »New York Fed's Secret Choice to Pay for Swaps Hits Taxpayers«. *Bloomberg*, 27.10.2009. Auf: http://preview.bloomberg.com/apps/news?pid=newsarchive&sid=a7T5HaOgYHpE.

99 Heidi Moore: »Bear Stearns' Jimmy Cayne's Profane Tirade Against Treasury's Geithner«. *Wall Street Journal*, 4.3.2009. Auf: http://blogs.wsj.com/deals/2009/03/04/bear-stearns-jimmy-caynes-profane-tirade-against-treasurys-geithner/.

100 Robert Kuttner: *A Presidency in Peril*. S. 186.

101 »Fed-Chef Bernanke erhält Rückendeckung«. *Frankfurter Allgemeine Zeitung*, 24.1.2010. Auf: http://www.faz.net/s/RubEC1ACFE1EE274C81BCD3621EF555C83C/Doc~E767C68B5349844658E1B47AAFC293399~ATpl~Ecommon~Scontent.html.

102 Matthew Jaffe: »Ben Bernanke Wins Fed Reappointment Vote in Senate Banking Committee«. ABC, 17.12.2009. Auf: http://abcnews.go.com/Business/ben-bernanke-reappointment-federal-reserve-bank-senate-banking/story?id=9362540.

103 Jonathan Alter: *The Promise*. S. 161.

104 M. Stephey und Kate Pickert: »Rahm Emanuel«. *Time*, 6.11.2008. Auf: http://www.time.com/time/politics/article/0,8599,1856965,00.html.

105 Peter Wallsten: »Chief of Staff Draws Fire From Left as Obama Falters«. *Wall Street Journal*, 26.1.2010. Auf: http://online.wsj.com/article/SB10001424052748703808904575025030384695158.html?mod=WSJ_latestheadlines#printMode.

106 Lindsay Renick Mayer »Obama's Pick for Chief of Staff Tops Recipients of Wall Street Money«. *Opensecrets.org*, 5.11.2008. Auf: http://www.opensecrets.org/news/2008/11/obamas-pick-for-chief-of-staff.html.

107 Volcker ist Vorsitzender des President's Economic Advizory Board.

108 Patrick Welter: »Obamas Kehrtwende«. *Frankfurter Allgemeine Zeitung*, 12.6.2010. Auf: http://www.faz.net/s/Rub0E9EEF84AC1E4A389A8DC6C23161FE44/Doc~E62E893A106014AF8AC677A48D2D96E34~ATpl~Ecommon~Scontent.html.

109 Jonathan Alter: *The Promise*. S. 315.

110 Bureau of Labour Statistics: »Increase in unemployment rate in January 2009«. Stand 10.2.2009. Auf: http://www.bls.gov/opub/ted/2009/feb/wk2/art02.htm.

111 Ebd. Außerdem: Center for American Progress: »Economic Snapshot for February 2009«. Stand: 24.2.2009. Auf: http://www.americanprogress.org/issues/2009/02/econ_snapshot_0209.html.

112 Jonathan Alter: *The Promise.* S. 79.

113 Ebd. S. 117.

114 Robert Hendin: »Poll Reveals Most Americans Don't Know They Got a Tax Cut«. CBS, 12.2.2010. Auf: http://cbsnews.com/8301-503544_162-6201911-503544.html.

115 Sheryl Gay Stolberg und Stephen Labaton: »Obama Calls Wall Street Bonuses ›Shameful‹«. *New York Times*, 29.1.2010. Auf: http://nytimes.com/2009/01/30/business/30obama.html.

116 Deborah Solomon und Mark Maremont: »Bankers Face Strict New Pay Cap«. *Wall Street Journal*, 14.1.2009. Auf: http://online.wsj.com/article/SB123457165806186405.html.

117 Peter Goodman: »U.S. Loan Effort Is Seen as Adding to Housing Woes«. *New York Times*, 1.1.2010. Auf: http://www.nytimes.com/2010/01/02/business/economy/02modify.html?pagewanted=1.

118 Brai Odion-Esene: »TARP IG Slams Govt Housing Assistence Efforts, Results ›Anemic‹«. *imarketnews.com*, 21.7.2010. Auf: http://imarketnews.com/node/16790. Außerdem: James Hagerty: »Inspector General Slams Obama Foreclosure-Prevention Drive«. *Wall Street Journal*, 2.4.2010. Auf: http://online.wsj.com/article/SB10001424052748704896104575140570649787654.html.

119 David Streitfeld: »U.S. Plans Big Expansion in Effort to Aid Homeowners«. *New York Times*, 25.3.2010. Auf: http://nytimes.com/2010/03/26/business/26housing.html.

120 Jeff Zeleny: »As the Public Simmers, Obama Lets Off Steam«. *New York Times*, 20.3.2009. Auf: http://www.nytimes.com/2009/03/21/us/politics/21memo.html.

121 Mike Allen und Eamon Javers: »Obama: Block AIG Bonuses«. *Politico*, 16.3.2009. Auf: http://www.politico.com/news/stories/0309/20054.html.

122 Eamon Javers: »Inside Obama's Bank CEOs Meeting«. *Politico*, 3.4.2009. Auf: http://www.politico.com/news/stories/0409/20871.html.

123 Victoria McGrane und Lisa Lerer: »Democrats Blame White House for Bankruptcy Bill«. *Politico*, 30.4.2009. Auf: http://www.politico.com/news/stories/0409/21962.html.

124 Jonathan Alter: *The Promise.* S. 318.

125 Paul Krugman: »Financial Policy Despair«. *New York Times*, 22.3.2009. Auf: http://www.nytimes.com/2009/03/23/opinion/23krugman.html.

126 James Quinn: »Geithner Rescue Package ›Robbery of the American People‹«. *Independent*, 24.3.2009. Auf: http://www.telegraph.co.uk/finance/financetopics/recession/5045421/Geithner-rescue-package-robbery-of-the-American-people.html.

127 Michael de la Merced: »A Ruling May Speed New Plans for Chrysler«. *New York Times*, 2.6.2009. Auf: http://nytimes.com/2009/06/03/business/03chrysler.html.

128 http://money.cnn.com/2009/06/17/news/economy/regulatory_reform/index.htm?postversion=2009061717.

129 Christian Weller: »Economic Snapshot vor July 2009«. Center for American Progress, 9.7.2009. Auf: http://www.americanprogress.org/issues/2009/07/econ_snapshot_0709.html.

130 George Stephanopoulos: »Biden: We ›Misread the Economy‹«. *ABC News*, 5.7.2009. Auf: http://blogs.abcnews.com/george/2009/07/biden-we-misread-the-economy-.html.

131 Mark Pittman und Bob Ivry: »Warren Winning Means No Sale If You Can't Explain It«. *Bloomberg*, 19.11.2009. Auf: http://preview.bloomberg.com/apps/news?pid=newsarchive&sid=aQVAo.N2XoO8.

132 Stephen Grocer: »Banks Set for Record Pay«. *Wall Street Journal*, 14.1.2010. Auf: http://online.wsj.com/article/SB10001424052748704281204575003351773983136.html.

133 Elizabeth Williamson: »Obama Slams ›Fat Cat‹ Bankers«. *Wall Street Journal*, 14.12.2009. Auf: http://online.wsj.com/article/SB126073152465089651.html.

134 Eamon Javers und Carol E. Lee: »Bank Execs Miss Obama's Tough Talk«. *Politico*, 14.12.2009. Auf: http://www.politico.com/news/stories/1209/30568.html.

135 Patrick Welter: »Obama sagt Großbanken den Kampf an«. *Frankfurter Allgemeine Zeitung*, 21.1.2010. Auf: http://www.faz.net/s/Rub58241E4DF1B149538ABC24D0E82A6266/Doc~EC5D9AF3B7CCC45AE94C9AE5BC9F6B6E5~ATpl~Ecommon~Scontent.html.

136 »Analysts View: 2010 budget deficit to hit record«. *Reuters*, 1.2.2010. Auf: http://www.reuters.com/article/idUSTRE61029V20100201.

137 Barack Obama: »State of the Union Address«. 27.1.2009. Auf: http://www.whitehouse.gov/the-press-office/remarks-president-state-union-address.

138 Edward Wyatt und Eric Lichtblau: »A Finance Overhaul Fight Draws a Swarm of Lobbyists«. *New York Times*, 20.4.2010. Auf: http://www.nytimes.com/2010/04/20/business/20derivatives.html.

139 Mark Pittman und Bob Ivry: »Warren Winning Means No Sale If You Can't Explain It«. *Bloomberg News*, 19.11.2009. Auf: http://preview.bloomberg.com/apps/news?pid=newsarchive&sid=aQVAo.N2XoO8.

140 John Nichols: »Feingold Will Vote Against Financial Services Reform Bill«. *The Nation*, 14.7.2010. Auf: http://www.thenation.com/blog/37393/feingold-will-vote-against-financial-services-reform-bill.

141 »House Passes Landmark Financial Reform Bill«. *Reuters*, 30.6.2010. Auf: http://www.reuters.com/article/idUSTRE65L4A920100630.

142 Victoria McGrane: »Obama Signs Financial-Regulation Bill«. *Wall Street Journal*, 21.7.2010. Auf: http://online.wsj.com/article/SB10001424052748704684604575381120852746164.html.

143 Rede im Wahlkampf in Iowa 2007. Auf: http://my.barackobama.com/page/community/tag/Ames.

144 Peter Wallsten: »Chief of Staff Draws Fire From Left as Obama Falters«. *Wall Street Journal*, 26.1.2010. Auf: http://online.wsj.com/article/SB10001424052748703808904575025030384695158.html?mod=WSJ_latestheadlines#printMode.

145 Jonathan Alter: *The Promise*. S. 407.

146 Ben Smith: »Health Reform Foes Plan Obama's ›Waterloo‹«. *Politico*, 17.7.2009. Auf: http://www.politico.com/blogs/bensmith/0709/Health_reform_foes_plan_Obamas_Waterloo.html.

147 Excerpt from President Roosevelt's January 11, 1944 message to the Congress of the United States on the State of the Union. Auf: http://www.fdrheritage.org/bill_of_rights.htm.

148 Robert Pear: »Administration Opposes Democrats' Plan for Negotiating Medicare Drug Prices«. *New York Times*, 13.11.2006. Auf: http://www.nytimes.com/2006/11/13/washington/13medicare.html.

149 Milt Freudenheim: »A Windfall From Shifts to Medicare«. *New York Times*, 18.7.2006. Auf: http://www.nytimes.com/2006/07/18/business/18place.html.

150 Michael Falcone: »David Axelrod: After Health Care No One Should Doubt ›Warrior‹ Obama's ›Strength‹, ›Perseverance‹«. *Huffington Post*, 21.5.2010. Auf: http://www.huffingtonpost.com/2010/03/23/david-axelrod-after-healt_n_510648.html.

151 Studie der Harvard University: »New Study Finds 45,000 Deaths Annually Linked to Lack of Health Coverage«. 17.9.2009. Auf: http://www.harvardscience.harvard.edu/medicine-health/articles/new-study-finds-45000-deaths-annually-linked-lack-health-coverage.

152 Catherine Arnst: »Study Links Medical Costs and Personal Bankruptcy«. *Business Week*, 4.6.2009. Auf: http://www.businessweek.com/bwdaily/dnflash/content/jun2009/db2009064_666715.htm.

153 CBS News: »Obama Makes Final Health-Care Pitch«. CBS, 19.3.2010. Auf: http://www.cbc.ca/world/story/2010/03/19/obama-healthcare.html.

154 Jonathan Alter: *The Promise*. S. 38.

155 Ceci Connolly: »Obama Urges Groups to Stop Attacks«. *Washington Post*, 4.7.2009. Auf: http://www.washingtonpost.com/wp-dyn/content/article/2009/07/03/AR2009070302309.html?wprss=rss_nation.

156 Jonathan Alter: *The Promise*. S. 398.

157 Philip Elliott: »Sebelius: Public Health Care Option ›Not the Essential Element‹«. *Huffington Post*, 16.8.2009. Auf: http://www.huffingtonpost.com/2009/08/16/sebelius-public-health-ca_n_260511.html.

158 Alex Isenstadt: »Nancy Pelosi: No Public Option, No Bill«. *Politico*, 4.9.2009. Auf: http://www.politico.com/news/stories/0909/26742.html.

159 Jonathan Alter: *The Promise*. S. 397.

160 John Calfee: »How Clinton Lost vs. Harry & Louise«. *AdAge*, 29.8.2010. Auf: http://adage.com/article?article_id=90367.

161 Irwin Redlener: »Obama Hires ›Harry and Louise‹ to Attack Hillary's Plan for Health Care: Republicans Thrilled!« *Huffington Post*, 3.2.2008. Auf: http://www.huffingtonpost.com/irwin-redlener-md/obama-hires-harry-and-lou_b_84716.html.

162 Reed Abelson: »In Health Care Overhaul, Boons for Hospitals and Drug Makers«. *New York Times*, 21.3.2010. Auf: http://www.nytimes.com/2010/03/22/business/22bizhealth.html?scp=1&sq=in%20health%20care%20reform,%20boons%20for%20hospitals%20and%20drug%20makers&st=cse.

163 Umfrage von Thomson Reuters und Pulse Healthcare: »Most in U.S. Want Public Health Option: Poll«. *Reuters*, 12.12.2009. Auf: http://www.reuters.com/article/idUSTRE5B20OL20091203.

164 Rede vor dem Kongress, 9.9.2009. Auf: http://www.whitehouse.gov/the_press_office/remarks-by-the-president-to-a-joint-session-of-congress-on-health-care/.

165 »CBO: Public option premiums higher than private plans«. *Politico*, 29.10.2009. Auf: http://www.politico.com/livepulse/1009/CBO_Public_option_premiums_higher_than_private_plans.html.

166 Jonathan Alter: *The Promise*. S. 404.

167 Barack Obama: »Weekly Address: Taking the Insurance Companies on Down the Stretch«. 17. Oktober 2009. Auf: http://www.whitehouse.gov/photos-and-video/video/weekly-address-taking-insurance-companies-down-stretch.

168 Jonathan Alter: *The Promise*. S. 410.

169 Rachel Weiner: »Kill The Bill? Some Progressives Say Nothing is Better Than Senate Health Care Bill«. *Huffington Post*, 15.12.2009. Auf: http://www.huffingtonpost.com/2009/12/15/kill-the-bill-some-progre_n_392436.html.

170 Mike Allen: »David Axelrod: Left ›Insane‹ to Sink Health Bill«. *Politico*, 17.12.2009. Auf: http://www.politico.com/news/stories/1209/30728.html.

171 Charles Babington: »Backroom Health Care Deals Fuel Voter Anger«. *ABC News*, 27.1.2010. Auf: http://abcnews.go.com/Business/wireStory?id=9672328.

172 Jonathan Alter: *The Promise.* S. 395.

173 AP: »Obama to Dems: Don't Jam Through Health Care Bill«. *Huffington Post*, 20.1.2010. Auf: http://www.huffingtonpost.com/2010/01/20/obama-to-dems-dont-jam-th_n_430134.html.

174 Remarks by the President in State of the Union Address, 27.1.2010. Auf: http://www.whitehouse.gov/the-press-office/remarks-president-state-union-address.

175 Sam Stein: »Obama Goes to GOP Lions' Den – And Mauls The Lions«. *Huffington Post*, 29.1.2010. Auf: http://www.huffingtonpost.com/2010/01/29/obama-goes-to-the-gop-lio_n_442331.html.

176 Kevin Sack: »In California, Exhibit a in Debate on Insurance«. *New York Times*, 15.2.2010. Auf: http://www.nytimes.com/2010/02/16/health/policy/16anthem.html.

177 Sheryl Gay Stolberg und David M. Herszenhorn: »Obama's Health Bill Plan Largely Follows Senate Version«. *New York Times*, 22.2.2010. Auf: http://www.nytimes.com/2010/02/23/health/policy/23health.html.

178 »Palin, McCain Rally In Arizona: GOP is ›Party of Hell No‹«. *Huffington Post*, 26.3.2010. Auf: http://www.huffingtonpost.com/2010/03/26/palin-mccain-rally-in-ari_n_515026.html.

179 Patrick O'Connor: »Dems: Time to ›rip the band-aid off‹«. *Politico*, 12.3.2010. Auf: http://www.politico.com/news/stories/0310/34335.html.

180 Jonathan Alter: *The Promise.* S. 251.

181 David U. Himmelstein und Steffie Woolhandler: »Obama's Reform: No Cure for What Ails Us«. *Physicians for a National Health Program*, 30.3.2010. Auf: http://www.pnhp.org/news/2010/march/obamas-reform-no-cure-for-what-ails-us.

182 David Saltonstall: »Timeline of Health Care Reform: Things May Get Worse Before They Gets Better«. *New York Daily News*, 22.3.2010. Auf: http://www.nydailynews.com/news/politics/2010/03/22/2010-03-22_impact_of_president_obamas_health_care_reform_bill_wont_be_felt_for_years.html#ixzz0osQwhR1q.

183 Peter Baker: »Obama's War Over Terror«. *New York Times*, 17.1.2010. Auf: http://www.nytimes.com/2010/01/17/magazine/17Terror-t.html?pagewanted=1&partner=rss&emc=rss&src=ig.

184 »Obama is Said to Consider Preventive Detention Plan«. *New York Times*, 21.5.2010. Auf: http://www.nytimes.com/2009/05/21/us/politics/21obama.html?scp=1&sq=obama%20human%20rights%20may%202009&st=cse.

185 Jonathan Alter: *The Promise.* S. 79.

186 Richard Kim: »The Torture Memos, Obama and the Banality of Evil«. *The Nation*, 17.4.2009. Auf: http://www.thenation.com/blog/torture-memos-obama-and-banality-evil.

187 Glenn Greenwald: »The suppressed fact: Deaths by U.S. Torture«. *salon.com*, 30.6.2009. Auf: http://salon.com/news/opinion/glenn_greenwald/2009/06/30/accountability.

188 Carrie Johnson und Julie Tate: »Authors of waterbording memos won't be disciplined«. *Washington Post*, 20.2.2010. Auf: http://www.washingtonpost.com/wp-dyn/content/article/2010/02/19/AR2010021904157.html.

189 »More than 500 Guantanamo detainees were released or transferred under Bush«. *PolitiFact*, 18.6.2009. Auf: http://www.politifact.com/truth-o-meter/statements/2009/jun/18/steny-hoyer/hoyer-correct-500-guantanamo-detainees-were-releas/.

190 »Accused 9/11 Plotter Khalid Sheikh Mohammed Faces New York Trial«. CNN, 13.11.2009. Auf: http://edition.cnn.com/2009/CRIME/11/13/khalid.sheikh.mohammed/index.html?eref=onion.

191 Peter Baker: »Obama's War Over Terror«. *New York Times*, 17.1.2010. Auf: http://www.nytimes.com/2010/01/17/magazine/17Terror-t.html?pagewanted=1&partner=rss&emc=rss&src=ig.

192 Charlie Savage: »Obama Said to be Open to New Miranda Look«. *New York Times*, 10.5.2010. Auf: http://www.nytimes.com/2010/05/11/us/politics/11miranda.html?scp=3&sq=miranda&st=cse.

193 Jennifer Loven: »9/11 Trial Reversal: Obama Advisers set to Recommend Military Tribunals«. *Huffington Post*, 5.3.2010. Auf: http://www.huffingtonpost.com/2010/03/04/911-trial-reversal-obama-_n_486758.html.

194 Peter Baker: »Obama to use Current Law to Support Detentions«. *New York Times*, 24.9.2009. Auf: http://www.nytimes.com/2009/09/24/us/politics/24detain.html?_r=3&hp.

195 Julian E. Barnes und Christi Parsons: »White House reconsiders holding terror trials in civilian court«. *Los Angeles Times*, 5.3.2010. Auf: http://articles.latimes.com/2010/mar/05/nation/la-na-terror-trial6-2010mar06.

196 Ebd.

197 Scott Shane: »Obama Orders Secret Prisons and Detention Camps Closed«. *New York Times*, 22.1.2009. Auf: http://www.nytimes.com/2009/01/23/us/politics/23GITMOCND.html.

198 Alissa J. Rubin: »Afghans Detail Detention in ›Black Jail‹ at U.S. Base«. *New York Times*, 28.11.2009. Auf: http://www.nytimes.com/2009/11/29/world/asia/29bagram.html.

199 Mathias Gebauer: »Rotes Kreuz bestätigt Existenz von US-Geheimgefängnis«. *Spiegel online*, 11.5.2010. Auf: http://www.spiegel.de/politik/ausland/0,1518,694362,00.html.

200 »Obama Backs Bush on Afghanistan Detainees«. VOA, 23.2.2009. Auf: http://www1.voanews.com/english/news/ a-13-2009-02-21-voa4-68797217.html.

201 Matthias Gebauer, John Goetz und Britta Sandberg: »Das vergessene Guantánamo«. *Der Spiegel*, 21.9.2009. Auf: http://www.spiegel.de/spiegel/print/d-66970454.html.

202 Barack Obama: »Transparency and Open Government«. 21.1.2009. Auf: http://www.whitehouse.gov/the_press_office/TransparencyandOpenGovernment/.

203 ACLU: »Justice Department Releases Bush Administration Torture Memos«. 16.4.2009. Auf: http://www.aclu.org/national-security/justice-department-releases-bush-administration-torture-memos.

204 Pamela Hess: »Four CIA Chiefs Said ›Don't Reveal Torture Memos‹«. *Independent*, 19.4.2009. Auf: http://www.independent.co.uk/news/world/americas/four-cia-chiefs-said-dont-reveal-torture-memos-1671068.html.

205 Protected National Security Documents Act.

206 Mark Mazzetti und Scott Shane: »C.I.A. Abuse Cases Detailed in Report an Detainees«. *New York Times*, 24.8.2009. Auf: http://www.nytimes.com/2009/08/25/us/politics/25detain.html.

207 ACLU: »Establishing a New Normal«. Juli 2010.

208 Christopher H. Pyle: *Getting Away With Torture. Secret Government, War Crimes, and the Rule of Law*. Washington 2009. S. 263.

209 John Schwartz: »Obama Backs off a Reversal on Secrets«. *New York Times*, 9.2.2009. Auf: http://www.nytimes.com/2009/02/10/us/10torture.html.

210 Carrie Johnson: »Appeals Court Rejects ›State Secrets‹ Claim, Revives Detainee Suit«. *Washington Post*, 29.4.2009. Auf: http://www.washingtonpost.com/wp-dyn/ content/article/2009/04/28/AR2009042803368.html.

211 ACLU: »Confusion and Disarray in the Government's Secrecy System«. 16.4.2010. Auf: http://www.aclu.org/blog/national-security/confusion-and-disarray-governments-secrecy-system.

212 Christopher H. Pyle: *Getting Away With Torture*. S. 264.

213 Jonathan Alter: *The Promise*. S. 154f.

214 Mark Mazetti: »C.I.A. Document Details Destruction of Tapes«. *New York Times*, 15.4.2010. Auf: http://www.nytimes.com/2010/04/16/us/16tapes.html?hp.

215 David Johnston: »U.S. Says Rendition to Continue, but With More Oversight«. *New York Times*, 24.8.2009. Auf: http://www.nytimes.com/2009/08/25/us/politics/25rendition.html.

216 Dana Priest und William Arkin: »Top Secret America«. *Washington Post*, 19.7.2010. Auf: http://projects.washingtonpost.com/top-secret-america/articles/a-hidden-world-growing-beyond-control/.

217 Peter Baker: »Obama's War Over Terror«. *New York Times*, 17.1.2010. Auf: http://www.nytimes.com/2010/01/17/magazine/17Terror-t.html?pagewanted=1&partner=rss&emc=rss&src=ig.

218 Kenneth Roth: »Empty Promises«. *Foreign Affairs*, 24.2.2010. Auf: http://www.hrw.org/en/news/2010/02/24/empty-promises.

219 ACLU, Anzeige in der *New York Times*, 7.3.2010. Auf: http://www.aclu.org/aclu-ad-what-will-it-be-mr-president.

220 William Yardley: »Arctic Drilling Proposal Advanced Amid Concern«. *New York Times*, 19.5.2010. Auf: http://www.nytimes.com/2010/05/20/science/earth/20alaska.html?pagewanted=all.

221 »Obama kündigt neue Umweltpolitik an«. *Frankfurter Allgemeine Zeitung online*, 27.1.2009. Auf: http://www.faz.net/s/RubA1169E18C724B0980CCD7215BCFAE4F/Doc~EA50EABA60A2D42B0B0F31D86F1F98D8E~ATpl~Ecommon~Scontent.html.

222 *National Security Strategy*, Mai 2010. Auf: www.whitehouse.gov/sites/default/files/rss.../national_security_strategy.pdf.

223 Jonathan Alter: *The Promise*. S. 94.

224 Stephen Power und Christopher Conkey: »U.S. Orders Stricter Fuel Goals for Autos«. *Wall Street Journal*, 19.5.2009. Auf: http://online.wsj.com/article/SB124266939482331283.html.

225 Peter Baker: »Obama Mandates Rules to Raise Fuel Standards«. *New York Times*, 21.5.2010. Auf: http://www.nytimes.com/2010/05/22/business/energy-environment/22fuel.html.

226 Patrick Reis: »Interior Moving to Curb Coal Mining Pollution, Require Mountaintop Restoration«. *New York Times*, 19.4.2010. Auf: http://www.nytimes.com/gwire/2010/04/19/19greenwire-interior-moving-to-curb-coal-mining-pollution-60221.html.

227 Jeff Goodell: »Coal's Toxic Sludge«. *Rolling Stone*, 17.3.2010.

228 Tim Dickinson: »The Eco-Warrior«. *Rolling Stone*, 20.1.2010. Auf: http://www.rollingstone.com/politics/news/12697/64893.

229 Ebd.

230 http://www.brookings.edu/opinions/2010/0115_prosperity_katz_puentes.aspx.

231 Tim Dickinson: »Climate Bill, R.I.P.«. *Rolling Stone*, 21.7.2010. Auf: http://www.rollingstone.com/politics/news/17390/183346.

232 Ramesh Jaura: »Obama Sounds too Much Like Bush«. IPS, 12.6.2009. Auf: http://ipsnews.net/news.asp?idnews=47202.

233 Oxfam: »Rich countries set to condemn billions to grim future«. 9.10.2009. Auf: http://www.oxfam.org/en/pressroom/pressrelease/2009-10-09/rich-countries-set-condemn-billions.

234 Giles Whittell: »President Obama won't talk climate change in Copenhagen«. *The Times*, 24.10.2009. Auf: http://www.timesonline.co.uk/tol/news/environment/article6888165.ece.

235 »US-Republikaner rebellieren gegen Obamas Klimapläne«. *Spiegel online*, 9.12.2009. Auf: http://www.spiegel.de/politik/ausland/0,1518,666026,00.html.

236 George Monbiot: »If you want to know who's to blame for Copenhagen, look to the US Senate«. *Guardian*, 21.12.2009. Auf: http://www.guardian.co.uk/commentisfree/2009/dec/21/copenhagen-failure-us-senate-vested-interests.

237 »Geheimer Mitschnitt enthüllt Eklat bei Klimagipfel«. *Spiegel online*, 2.5.2010. Auf: http://www.spiegel.de/wissenschaft/natur/0,1518,692471,00.html.

238 Mark Lynas: »How do I know China wrecked the Copenhagen deal? I was in the room«. *Guardian*, 22.12.2009. Auf: http://www.guardian.co.uk/environment/2009/dec/22/copenhagen-climate-change-mark-lynas.

239 »Geheimer Mitschnitt enthüllt Eklat bei Klimagipfel«. *Spiegel online*, 2.5.2010. Auf: http://www.spiegel.de/wissenschaft/natur/0,1518,692471,00.html.

240 Mark Lynas: »How do I know China wrecked the Copenhagen deal? I was in the room«. *Guardian*, 22.12.2009. Auf: http://www.guardian.co.uk/environment/2009/dec/22/copenhagen-climate-change-mark-lynas.

241 Ebd.

242 Barack Obama in seiner Rede zur Lage der Nation, 27.1.2010. Auf: http://www.whitehouse.gov/the-press-office/remarks-president-state-union-address.

243 Steven Mufson: »Energy Provision May Test Priorities«. *Washington Post*, 3.2.2009. Auf: http://www.washingtonpost.com/wp-dyn/content/article/2009/02/02/AR2009020203162.html.

244 Steve Vogel: »Controversy Over Yucca Mountain May Be Ending«. *Washington Post*, 4.3.2009. Auf: http://www.washingtonpost.com/wp-dyn/content/article/2009/03/03/AR2009030303638.html.

245 John Broder: »Environmental Advocates are Cooling on Obama«. *New York Times*, 17.2.2010. Auf: http://www.nytimes.com/2010/02/18/science/earth/18enviros.html.

246 Daniel Weiss: »Obama's nuclear error«. Center for American Progress, 1.2.2010. Auf: http://climateprogress.org/2010/02/01/obama-nuclear-error-nuclear-loan-guarantee.

247 Lisa Jackson: »The Murkowski Resolution: A Step Backward for American Clean Energy«. *Huffington Post*, 7.6.2010. Auf: http://www.huffingtonpost.com/lisa-p-jackson/the-murkowski-resolution_b_602793.html.

248 Ezra Klein: »Murkowski resolution fails, 47 to 53«. *Washington Post*, 10.6.2010. Auf: http://voices.washingtonpost.com/ezra-klein/2010/06/murkowski_resolution_fails_47-.html.

249 John Broder: »Environmental Advocates Are Cooling on Obama«. *New York Times*, 17.2.2010. Auf: http://www.nytimes.com/2010/02/18/science/earth/18enviros.html.

250 Frances Beinecke: »There is No ›Clean Coal‹«. NRDC, 3.2.2010. Auf: http://switchboard.nrdc.org/blogs/fbeinecke/there_is_no_clean_coal_but_oba.html.

251 Michelle Malkin: »Senate showdown over EPA power grab«. 10.6.2010. Auf: http://michellemalkin.com/2010/06/10/senate-showdown-over-epa-power-grab.

252 Barack Obama in seiner Rede auf der Andrews Air Force Base, 31.3.2010. Auf: http://www.whitehouse.gov/the-press-office/remarks-president-energy-security-andrews-air-force-base-3312010.

253 David Kocieniewski: »Oil Companies Reap Billions From Subsidies«. *New York Times*, 3.7.2010. Auf: http://www.nytimes.com/2010/07/04/business/04bptax.html.

254 Noelle Straub: »Interior Probe Finds Fraternizing, Porn and Drugs at MMS Office in L.A.«. *New York Times*, 25.5.2010. Auf: http://www.nytimes.com/gwire/2010/05/25/25greenwire-interior-probe-finds-fraternizing-porn-and-dru-45260.html.

255 William Yardley: »Arctic Drilling Proposal Advanced Amid Concern«. *New York Times*, 19.5.2010. Auf: http://www.nytimes.com/2010/05/20/science/earth/20alaska.html?pagewanted=all.

256 Ian Urbina: »Inspector General's Inquiry Faults Regulators«. *New York Times*, 24.5.2010. Auf: http://www.nytimes.com/2010/05/25/us/25mms.html.

257 Tim Dickinson: »The Spill, the Scandal and the President«. *Rolling Stone*, 8.6.2010. Auf: http://www.rollingstone.com/politics/news/17390/111965?RS_show_page=0.

258 Rick Jervis: »BP response plan shows lack of readiness«. *USA Today*, 17.5.2010. Auf: http://www.usatoday.com/news/nation/2010-05-17-oil-plan_N.htm.

259 »BP spill response plans severely flawed«. AP, 9.6.2010. Auf: http://www.google.com/hostednews/ap/article/ALeqM5j5wrBdUcklmSa7eViGBpOot8g1xQD9G82F6O0.

260 Ebd.

261 Leslie Kaufman: »Agency Agreed Wildlife Risk From Oil was ›Low‹«. *New York Times*, 5.7.2010. Auf: http://www.nytimes.com/2010/07/06/us/06wildlife.html.

262 Tim Dickinson: »The Spill, the Scandal and the President«. *Rolling Stone*, 8.6.2010. Auf: http://www.rollingstone.com/politics/news/17390/111965?RS_show_page=0.

263 Lea Winerman: »NOAA Confirms Presence of Subsea Oil Plumes in Gulf«. PBS, 8.6.2010. Auf: http://www.pbs.org/newshour/rundown/2010/06/government-confirms-undersea-oil-in-gulf-of-mexico.html.

264 Tim Dickinson: »The Spill, the Scandal and the President«. *Rolling Stone*, 8.6.2010. Auf: http://www.rollingstone.com/politics/news/17390/111965?RS_show_page=0.

265 Justin Gillis: »Scientists Fault Lack of Studies Over Gulf Oil Spill«. *New York Times*, 19.5.2010. Auf: http://www.nytimes.com/2010/05/20/science/earth/20noaa.html.

266 James Cameron auf MSNBC, 5.6.2010. Auf: http://www.mediaite.com/tv/james-cameron-finds-journalistic-value-in-his-potential-work-in-the-gulf-oil-spill.

267 Ian Urbina: »Despite Moratorium, Drilling Projects Move Ahead«. *New York Times*, 23.5.2010. Auf: http://www.nytimes.com/2010/05/24/us/24moratorium.html.

268 Michael Gerson: »Obama's address: grand setting, weak policies«. *Washington Post*, 15.6.2010. Auf: http://voices.washingtonpost.com/postpartisan/2010/06/obamas_oval_office_address_big.html.

269 Ezra Klein: »Where have we heard this before?« *Washington Post*, 15.6.2010. Auf: http://voices.washingtonpost.com/ezra-klein/2010/06/where_have_we_heard_this_befor.html.

270 »Confidence Waning in Obama, U.S. Outlook«. *Wall Street Journal*, 23.6.2010. Auf:http://online.wsj.com/article/SB10001424052748703900004575325263274951230.html?KEYWORDS=energy+bill+poll.

271 Matthew Rothschild: »Obama Throws No Bones to Progressive Base.« 19.11.2008. Auf: http://www.progressive.org/mag/wx111908.html.

272 Jonathan Alter: *The Promise*. S. 232.

273 Obama-Interview mit dem Fernsehsender al-Arabiya. *Huffington Post*, 26.1.2009. Auf: http://www.huffingtonpost.com/2009/01/26/obama-al-arabiya-intervie_n_161127.html.

274 »Obama umgarnt die Türkei«. *Spiegel online*, 6.4.2009. Auf: http://www.spiegel.de/politik/ausland/0,1518,617709,00.html.

275 Karl Rove: »The President's Apology Tour«. *Wall Street Journal*, 23.4.2009. Auf: http://online.wsj.com/article/SB124044156269345357.html.

276 Pew Global Attitudes Project: »Obama More Popular Abroad Than At Home, Global Image of U.S. Continues to Benefit«. *PewResearchCenter*, 17.6.2010. Auf: http://pewglobal.org/2010/06/17/obama-more-popular-abroad-than-at-home.

277 Ebd. Auf: http://pewglobal.org/2010/06/17/obama-more-popular-abroad-than-at-home/3/#chapter-2-views-of-president-barack-obama.

278 Philip Plickert: »Obama warnt vor zu raschem Sparkurs«. *Frankfurter Allgemeine Zeitung*, 18.6.2010. Auf: http://www.faz.net/s/Rub0E9EEF84AC1E4A389A8DC6C23161FE44/Doc~E081904B266C743EFB5368E8A081E9124~ATpl~Ecommon~Sspezial.html.

279 Rede auf dem Klimagipfel in Kopenhagen (»Cop 15«), 18.12.2009. Auf: http://www.huffingtonpost.com/2009/12/18/obama-in-copenhagen-speec_n_396836.html.

280 Jonathan Alter: *The Promise*. S. 357.

281 Rede Barack Obamas anlässlich der Verleihung des Friedensnobelpreises, 10.12.2009, Oslo, Norwegen. Auf: http://www.whitehouse.gov/the-press-office/remarks-president-acceptance-nobel-peace-prize.

282 *National Security Strategy*, 27.5.2010. S. 18.

283 »Obama's National Security Strategy: Not So Different From Bush's«. *Newsweek*, 27.5.2010. Auf: http://www.newsweek.com/blogs/the-gaggle/2010/05/27/obama-s-national-security-strategy-not-so-different-from-bush-s.html.

284 Matthias Rüb: »Obama legt Nationale Sicherheitsstrategie vor«. *Frankfurter Allgemeine Zeitung*, 27.5.2010. Auf: http://www.faz.net/s/RubDDBDABB9457A437BAA85A49C26FB23A0/Doc~EA5378728316F42F2B9A7E4C0CAE83E56~ATpl~Ecommon~Scontent.html.

285 »Obama Al-Arabiya Interview – Full Text«. *Huffington Post*, 28.1.2010. Auf: http://www.huffingtonpost.com/2009/01/26/obama-al-arabiya-intervie_n_161127.html.

286 »Obama offers Iran ›New Beginning‹«. Auf: http://news.bbc.co.uk/2/hi/americas/7954211.stm.

287 Seymour M. Hersh: »The Coming Wars«. *New Yorker*, 24.1.2005. Auf: http://www.newyorker.com/archive/2005/01/24/050124fa_fact.

288 Lally Weymouth: »All Options Means All Options«. *Newsweek*, 3.10.2009. Auf: http://www.newsweek.com/2009/10/02/all-options-means-all-options.html.

289 William Broad und David Sanger: »Report Says Iran has Data to Make a Nuclear Bomb«. *New York Times*, 3.10.2009. Auf: http://www.nytimes.com/2009/10/04/world/middleeast/04nuke.html.

290 Michael Slackman: »Iran Boasts of Capacity to Make Bomb Fuel«. *New York Times*, 11.2.2010. Auf: http://www.nytimes.com/2010/02/12/world/middleeast/12iran.html.

291 David Sanger und William Broad: »U.N. Says Iran has Fuel for 2 Nuclear Weapons«. *New York Times*, 31.5.2010. Auf: http://www.nytimes.com/2010/06/01/world/middleeast/01nuke.html.

292 »Frieden und Sicherheit in einer Welt ohne Atomwaffen«. *Frankfurter Allgemeine Zeitung*, 5.4.2009. Auf: http://www.faz.net/s/RubE073BC45BF914FEAA6F729039898A785/Doc~E65C399A575AF4957B5C15179E28328EF~ATpl~Ecommon~Scontent.html.

293 Glenn Kessler: »Hitting the Wrong Button«. *Washington Post*, 7.3.2009. Auf: http://voices.washingtonpost.com/on-the-plane/clinton-in-mideast-march-2009/hitting_the_wrong_button.html.

294 Peter Spiegel: »U.S. to Shelve Nuclear-Missile Shield«. *Wall Street Journal*, 17.9.2009. Auf: http://online.wsj.com/article/SB125314575889817971.html.

295 Horst Bacia: »Obama und Medwedjew einig über Atomabrüstung«. *Frankfurter Allgemeine Zeitung*, 27.3.2010. Auf: http://www.faz.net/s/RubDDBDABB9457A437BAA85A49C26FB23A0/Doc~E4642BB006A484585A667425B296C7E85~ATpl~Ecommon~Scontent.html.

296 AP: »Obama, Medvedev ›Reset‹ US-Russia Relations«. CBS, 24.6.2010. Auf: http://www.cbsnews.com/stories/2010/06/24/politics/main6614869.shtml.

297 Jonathan Alter: *The Promise*. S. 360.

298 Lisa Lerer: »President Obama's dramatic climate meet«. *Politico*, 18.12.2009. Auf: http://www.politico.com/news/stories/1209/30801.html.

299 Helene Cooper, Michael Wines und David Sanger »China's Role as Lender Alters Obama's Visit«. *New York Times*, 14.11.2009. Auf: http://www.nytimes.com/2009/11/15/world/asia/15china.html.

300 Mark Thompson: »U.S. Missiles Deployed Near China Send a Message«. *Time*, 8.7.2010. Auf: http://www.time.com/time/nation/article/0,8599,2002378,00.html.

301 Elisabeth Bumiller und Edward Wong: »U.S. and South Korea Plan Naval Drill as a Message«. *New York Times*, 21.7.2010.

302 Auf dem Gipfel der Union Südamerikanischer Nationen (UNASUR) in Ecuador: »Chávez droht Kolumbien mit Krieg«. *Die Zeit*, 11.8.2009. Auf: http://www.zeit.de/online/2009/33/kolumbien-venezuela-konflikt.

303 Mark Perry: »The Petraeus briefing: Biden's embarrassment is not the whole story«. *Foreign Policy*, 13.3.2010. Auf: http://mideast.foreignpolicy.com/posts/2010/03/14/the_petraeus_briefing_biden_s_embarrassment_is_not_the_whole_story.

304 Laura Rozen: »What Biden told Netanyahu behind closed doors: ›This is starting to get dangerous for us‹«. *Politico*, 11.3.2010. Auf: http://www.politico.com/blogs/laurarozen/0310/What_Biden_told_Netanyahu_behind_closed_doors_This_is_starting_to_get_dangerous_for_us.html.

305 Alastair Macdonald: »›Insulted‹ by Israel, U.S. scrambles to save talks«. *Reuters*, 13.3.2010. Auf: http://www.reuters.com/article/idUSLDE62B28W20100313.

306 Statements von Barack Obama und Benjamin Netanjahu, Washington, 6.7.2010. Auf: http://www.whitehouse.gov/the-press-office/remarks-president-obama-and-prime-minister-netanyahu-israel-joint-press-availabilit.

307 Peter Beinart: »Netanyahu's Latest Insult«. *thedailybeast.com*, 6.7.2010. Auf: http://www.thedailybeast.com/blogs-and-stories/2010-07-06/netanyahu-wastes-obamas-time-peter-beinart-on-israels-intransigence.

308 Rede Benjamin Netanjahus in der Bar-Ilan-Universität, 14.6.2009. Auf: http://www.mfa.gov.il/MFA/Government/Speeches+by+Israeli+leaders/2009/Address_PM_Netanyahu_Bar-Ilan_University_14-Jun-2009.htm.

309 Dana Milbank: »Netanyahu hears no discouraging words from Obama«. *Washington Post*, 7.7.2010. Auf: http://www.washingtonpost.com/wp-dyn/content/article/2010/07/06/AR2010070604005.html?nav=rss_opinion/columns.

310 E. J. Dionne Jr.: »Obama's Bush Doctrine«. *Washington Post*, 28.11.2008. Auf: http://www.washingtonpost.com/wp-dyn/content/article/2008/11/27/AR2008112702048.html.

311 Peter Baker: »Obama Puts his Own Mark on Foreign Policy Issues«. *New York Times*, 13.4.2010. Auf: http://www.nytimes.com/2010/04/14/world/14prexy.html.

312 http://www.whitehouse.gov/omb/factsheet_department_defense.

313 Peter Beinart: »Obama Shrinks the War on Terrorism«. *Time*, 7.12.2009. Auf: http://www.time.com/time/nation/article/0,8599,1945182,00.html.

314 Peter Baker: »Obama Puts His Own Mark on Foreign Policy Issues«. *New York Times*, 13.4.2010. Auf: http://www.nytimes.com/2010/04/14/world/14prexy.html.

315 Jonathan Alter: *The Promise*. S. 394.

316 Anand Gopal: »America's Secret Afghan Prisons«. *The Nation*, 15.2.2010. Auf: http://www.thenation.com/article/americas-secret-afghan-prisons

317 »Obama calls Iraq war a ›dangerous distraction‹«. CNN, 15.7.2008. Auf: http://www.cnn.com/2008/POLITICS/07/15/obama.iraq/index.html.

318 Robert Burns und Matthew Lee: »Obama: ›Hard Fighting‹ Ahead in Afghanistan«. *Time*, 12.5.2010. Auf: http://www.time.com/time/world/article/0,8599,1988879,00.html.

319 Elizabeth Williamson und Peter Spiegel: »Obama Says Afghan War ›of Necessity‹«. *Wall Street Journal*, 17.8.2009. Auf: http://online.wsj.com/article/SB125054391631638123.html.

320 Ann Scott Tyson: »Top U.S. Commander in Afghanistan is Fired«. *Washington Post*, 12.5.2009. Auf: http://www.washingtonpost.com/wp-dyn/content/article/2009/05/11/AR2009051101864.html.

321 Greg Jaffe: »U.S. Retreat From Afghan Valley Marks Recognition of Blunder«. *Washington Post*, 15.4.2009. Auf: http://www.washingtonpost.com/wp-dyn/content/article/2010/04/14/AR2010041401012.html.

322 Jonathan Alter: *The Promise*. S. 371.

323 Congressional Research Service: »The Cost of Iraq, Afghanistan, and Other Global War on Terror Operations Since 9/11«. 28.9.2009. Auf: www.fas.org/sgp/crs/natsec/RL33110.pdf.

324 Jake Tapper: »CIA: At most, 50–100 Al Qaeda in Afghanistan«. *ABC News*, 27.1.2010. Auf: http://blogs.abcnews.com/politicalpunch/2010/06/cia-at-most-50100-al-qaeda-in-afghanistan.html.

325 Jonathan Alter: *The Promise*. S. 372.

326 Ebd. S. 375.

327 Bob Woodward: »Key in Afghanistan: Economy, not Military«. *Washington Post*, 1.7.2009. Auf: http://www.washingtonpost.com/wp-dyn/content/article/2009/06/30/AR2009063002811.html.

328 »Whiskey Tango Foxtrott« steht mit seinen Initialen für »What The Fuck!?«.

329 Jonathan Alter: *The Promise*. S. 380.

330 Bob Woodward: »McChrystal: More Forces or ›Mission Failure‹«. *Washington Post*, 21.9.2009. Auf: http://www.washingtonpost.com/wp-dyn/content/article/2009/09/20/AR2009092002920.html.

331 John F. Burns: »McChrystal Rejects Scaling Down Afghan Military Aims«. *New York Times*, 1.10.2009. Auf: http://www.nytimes.com/2009/10/02/world/asia/02general.html.

332 Alex Spillius: »White House Angry at General Stanley McChrystal Speech on Afghanistan«. *Telegraph*, 5.10.2009. Auf: http://www.telegraph.co.uk/news/worldnews/northamerica/usa/barackobama/6259582/White-House-angry-at-General-Stanley-McChrystal-speech-on-Afghanistan.html.

333 Link zur Titelseite der *New York Times* vom 2.7.1971: http://select.nytimes.com/gst/abstract.html?res=F60814FD3A5B1A7493C0A9178CD85F458785F9&scp=1&sq=pentagon%20papers:%20vietnam%20study%20links%20gi%20to%20plannin&st=cse. Der Fall wurde in dem Dokumentarfilm *The Most Dangerous Man in America: Daniel Ellsberg and the Pentagon Papers* (USA 2009) dargestellt.

334 Jonathan Alter: *The Promise.* S. 379.

335 Ebd.

336 Greg Jaffe, Scott Wilson und Karen DeYoung: »U.S. Envoy Resists Increase in Troops«. *Washington Post*, 12.11.2009. Auf: http://www.washingtonpost.com/wp-dyn/content/article/2009/11/11/AR2009111118432.html?hpid=topnews&sub=AR&sid=ST2009111201583.

337 John F. Burns: »U.S. Repeats Soviet Missteps in Afghanistan, Envoy Says«. *New York Times*, 20.10.2008. Auf: http://www.nytimes.com/2008/10/20/world/asia/20iht-kabul.1.17101948.html.

338 Jonathan Alter: *The Promise.* S. 389.

339 Anne Gearan und Amir Shah: »General David Rodriguez: Afghanistan Troop Surge Will Take Longer«. *Huffington Post*, 14.12.2009. Auf: http://www.huffingtonpost.com/2009/12/14/afghanistan-troop-surge_n_391998.html.

340 Charlotta Gall: »Taliban Hold Sway in Area Taken by U.S., Farmers Say«. *New York Times*, 16.5.2010. Auf: http://www.nytimes.com/2010/05/17/world/asia/17marja.html.

341 »Afghans Wary as NATO Rebrands Kandahar ›Process‹«. *Reuters*, 7.5.2010. Auf: http://www.reuters.com/article/idUSTRE6464HS20100507.

342 Bob Herbert: »The Courage to Leave«. *New York Times*, 11.6.2010. Auf: http://www.nytimes.com/2010/06/12/opinion/12herbert.html.

343 Jonathan Alter: *The Promise.* S. 134.

344 Ann Jones: »Meet the Afghan Army: Is it a Figment of Washington's Imagination?«. *Huffington Post*, 20.9.2009. Auf: http://www.huffingtonpost.com/ann-jones/meet-the-afghan-army-is-i_b_292864.html.

345 Carlotta Gall: »Report Says Pakistan Intelligence Agency Exerts Great Sway on Afghan Taliban«. *New York Times*, 13.6.2010. Auf: http://www.nytimes.com/2010/06/14/world/asia/14pstan.html.

346 »Eingeladen, Amerikaner kämpfen zu sehen«. Zit. nach: Jonathan Alter: *The Promise.* S. 240.

347 »Petraeus predigt permanenten Kampf«. *Spiegel online*, 4.7.2010. Auf: http://spiegel.de/politik/ausland/0,1518,704543,00.html

348 »Obama Turns Up the Volume in Health Care Bid«. *New York Times*, 8.3.2010. Auf: http://www.nytimes.com/2010/03/09/health/policy/09health.html.

349 Washington Post/ABC News: »Confidence in Obama reaches new low«. *Washington Post*, 13.7.2010. Auf: http://www.washingtonpost.com/wp-dyn/content/article/2010/07/12/AR2010071205453_pf.html.

350 Jacob Heilbrunn: »Interim Report«. *New York Times*, 30.5.2010. Auf: http://www.nytimes.com/2010/05/30/books/review/Heilbrunn-t.html.

351 Opensecrets.org: »Congressmen Lose Big Bucks in 2008, But Still Rank Among Nation's Richest«. Center for Responsive Politics, Stand 4. November 2009; http://www.opensecrets.org/news/2009/11/congressmen-lose-big-bucks-in.html.

352 Sam Roberts: »Congress and Country: Behold the Differences«. *New York Times*, 9.2.2010. Auf: http://www.nytimes.com/2010/02/10/us/politics/10congress.html.

353 Center for American Women and Politics: »Facts on Women in Congress 2010«. Stand Juli 2010. Auf: http://www.cawp.rutgers.edu/fast_facts/levels_of_office/Congress-CurrentFacts.php.

354 Senate.gov: »Ethnic Diversity in the Senate«. Stand Juli 2010. Auf: http://www.senate.gov/artandhistory/history/common/briefing/minority_senators.htm.

355 Jonathan Alter: *The Promise*. S. 129.

356 James Pfiffner: *Power Play. The Bush Presidency and the Constitution*. Washington 2008. S. 3.

357 Dana Milbank: »In Cheney's Shadow, Counsel Pushes the Conservative Cause«. *Washington Post*, 11.10.2004. Auf: http://www.washingtonpost.com/ac2/wp-dyn/A22665-2004Oct10?language=printer.

358 Sam Stein: »John Yoo: Obama Is A Continuation Of Bush On Executive Powers«. *Huffington Post*, 31.12.2009. Auf: http://www.huffingtonpost.com/2009/12/31/john-yoo-obama-is-a-conti_n_408441.html.

359 Washington Post/ABC News: »Sizing up the ›birthers‹«. *Washington Post*, 7.5.2010. Auf: http://voices.washingtonpost.com/behind-the-numbers/2010/05/obama_birthplace.html.

360 Maggie Habermann: »Congress poll is Capitol hell«. *New York Post*, 17.2.2010. Auf: http://www.nypost.com/p/news/national/congress_poll_ralfzutWeCzpTpC6x1wrhP.

361 *Washington Post/ABC News*, Stand 6. Juni 2010. Auf: http://www.washingtonpost.com/wp-srv/politics/polls/postpoll_060810.html.

362 Toby Harnden: »Barack Obama faces 30 death threats a day, stretching US Secret Service«. 3.8.2009. Auf: http://www.telegraph.co.uk/news/worldnews/northamerica/usa/barackobama/5967942/Barack-Obama-faces-30-death-threats-a-day-stretching-US-Secret-Service.html.

363 Norman Birnbaum: »The Prisoner In The White House«. 12.1.2010. Auf: http://snuffysmithsblog.blogspot.com/2010/01/prisoner-in-white-house-norman-birnbaum.html.

364 »Lobbying Database«. *opensecrets.com*, Stand 25.4.2010. Auf: http://www.opensecrets.org/lobbyists/.

365 Center for Responsive Politics: »Federal Lobbying Climbs in 2009 as Lawmakers Execute Aggressive Congressional Agenda«. 12.2.2010. Auf: http://www.opensecrets.org/news/2010/02/federal-lobbying-soars-in-2009.html.

366 »Lobbying: Top Spenders«. *opensecrets.com*, Stand 25.4.2010. Auf: http://www.opensecrets.org/lobby/top.php?showYear=2009&indexType=s.

367 Ben White: »W.H. works to flip anti-business rep«. *Politico*, 8.7.2010. Auf: http://dyn.politico.com/printstory.cfm?uuid=B2F85DDF-18FE-70B2-A835FE1E7FA8D74C.

368 Christine Hauser: »Banks Likely to Offset Impact of New Law, Analysts Say«. *New York Times*, 25.6.2010. Auf: http://www.nytimes.com/2010/06/26/business/26reax.html?_r=1&pagewanted=1.

369 Ebd.

370 Ebd.

371 Adam Liptak: »The Most Conservative Court in Decades«. *New York Times*, 25.7.2010. Auf: http://www.nytimes.com/2010/07/25/us/25roberts.html.

372 Eric Alterman: »Kabuki Democracy: Why a Progressive Presidency Is Impossible, for Now«. *The Nation*, 7.7.2010. Auf: http://www.thenation.com/article/37165/kabuki-democracy-why-progressive-presidency-impossible-now.

373 »The Economics of Climate Change«. *Wall Street Journal*, 30.11.2009. Auf: http://online.wsj.com/article/SB10001424052748703499404574559491076961008.html.

374 Brian Stelter: »Study of Waterboarding Coverage Prompts a Debate in the Press«. *New York Times*, 2.7.2010. Auf: http://mediadecoder.blogs.nytimes.com/2010/07/02/study-of-waterboarding-coverage-prompts-a-debate-in-the-press/.

375 National Poverty Center: »Poverty in the United States«. Stand 2008. Auf: http://npc.umich.edu/poverty/.

376 Barack Obama: »Das ist euer aller Sieg«. *Spiegel online*, 5.11.2008. Auf: http://www.spiegel.de/politik/ausland/0,1518,588507,00.html.

377 Jonathan Alter: *The Promise*. S. 39.

378 Rede in der Cooper Union, 30.10.2008. Auf: http://www.youtube.com/watch?v=9LZ8lC4Oi6w&NR=1.

379 Rede am 1.3.2010. Auf: http://www.youtube.com/watch?v=vldq1bi4GqI.

380 Charles Mahtesian: »The center fights back«. *Politico*, 8.6.2010. Auf: http://www.politico.com/news/stories/0610/38307.html.

381 *PolitiFact*: »Promises about PolitiFact's Top Promises on the Obameter«. Stand 25.7.2010. Auf: http://www.politifact.com/truth-o-meter/promises/subjects/politifacts-top-promises/?page=1.